出版产业管理概论

主　编　宋　琪　占绍文
副主编　王　艳　胡金荣　黄　欣

西安交通大学出版社
XI'AN JIAOTONG UNIVERSITY PRESS

国家一级出版社
全国百佳图书出版单位

内容简介

本书介绍出版产业管理的基本学说和原理,在对出版产业的基本概念界定的基础上,阐明出版产业的属性及功能,梳理国内外出版产业的发展历程,从出版产业的生产管理、财务管理、人力资源管理及营销管理等微观管理方面进行了深入的探讨,分析了我国出版产业管理的规章制度及宏观调控政策,最后就我国出版产业集团及民营出版的发展状况、出版产业治理等实践方面的问题进行了总结与分析。本书是作者长期从事出版产业管理教学及研究工作经验、成果的总结,内容充实,体例规范,结构严谨,叙述清晰。

本书能够让读者很好地了解出版产业管理的基本规律和方法,也可以启发出版产业管理者对出版活动实践的思考。本书既适用于普通高等院校文化产业管理专业的教学,也适用于政府出版管理部门、出版企事业单位的从业人员的继续教育和培训。

图书在版编目(CIP)数据

出版产业管理概论/宋琪,占绍文主编. —西安:西安交通大学出版社,2019.1
ISBN 978-7-5693-1085-6

Ⅰ.①出… Ⅱ.①宋…②占… Ⅲ.①出版业-经济管理 Ⅳ.①G23

中国版本图书馆 CIP 数据核字(2019)第 011433 号

书　　名	出版产业管理概论
主　　编	宋　琪　占绍文
责任编辑	史菲菲
出版发行	西安交通大学出版社 (西安市兴庆南路 10 号　邮政编码 710049)
网　　址	http://www.xjtupress.com
电　　话	(029)82668357　82667874(发行中心) (029)82668315(总编办)
传　　真	(029)82668280
印　　刷	陕西日报社
开　　本	787mm×1092mm　1/16　印张 11　字数 238 千字
版次印次	2019 年 4 月第 1 版　2019 年 4 月第 1 次印刷
书　　号	ISBN 978-7-5693-1085-6
定　　价	29.80 元

读者购书、书店添货,如发现印装质量问题,请与本社发行中心联系、调换。
订购热线:(029)82665248　(029)82665249
投稿热线:(029)82668133
读者信箱:xj_rwjg@126.com

版权所有　侵权必究

前言 Foreword

党的十九大报告指出,发展中国特色社会主义文化,就是以马克思主义为指导,坚守中华文化立场,立足当代中国现实,结合当今时代条件,发展面向现代化、面向世界、面向未来的,民族的科学的大众的社会主义文化,推动社会主义精神文明和物质文明协调发展。近年来,我国出版事业繁荣兴旺,出版产业蓬勃发展,人民群众的文化需求更加丰富,文化获得感显著提升,中华文化走出去的影响力不断扩大,文化自信得到彰显。出版业作为文化建设的基础行业,在发挥文化引领风尚、传播真理、传承文明、教育人民、服务社会等方面发挥着重要作用。

改革开放之初,由于我国的历史与国情,对出版业的产业属性认识不足,强调意识形态属性,忽略了其固有的产业属性。因此,在相当长一段时间内,我国政府将出版机构归入事业单位,把出版产品和出版服务视作公共物品。随着改革开放的深入和市场经济的发展,出版物市场逐步形成并日渐繁荣,出版业的产业属性逐渐凸显。20世纪90年代开始,我国出版理论界开始使用"出版产业"这一概念,实践中,政府及社会各界对出版业的产业属性逐渐认识。出版产业是指生产图书、期刊、音像制品、电子出版物等多种传播媒介的信息产业,是国民经济中不可或缺的相对独立的重要部门,也是彰显中国"软实力"的重要指标之一。

进入新世纪后,我国出版产业面临着新的变革与更广阔的发展空间:全球化、互联网逐渐模糊了产业的边界,出版产业与相关产业发生产业融合;电子商务、大数据、现代物流改变着图书流通市场;粉丝经济、微电影、新媒体拓展了文化消费的方式。尤其是随着《文化产业振兴规划》《关于进一步推进新闻出版体制改革的指导意见》《关于进一步推动新闻出版产业发展的指导意见》《关于加快我国数字出版产业发展的若干意见》等一系列政策相继颁布,我国出版产业结构调整和发展的方向越来越清晰,增长方式由数量扩张向质量提高转变,行业实力和竞争力增强,结构调整升级步伐加快,业态不断创新,服务能力不断增强,若干个综合出版实力强的区域开始形成。从统计数据看,2017年,我国出版、印刷和发行服务(不含数字出版)实现营业收入18119.2亿元,较2016年增长4.5%;拥有资产总额22165.4亿元,增长3.0%;利润总额1344.3亿元,增长2.7%;2017年数字出版实现营业收入7071.9亿元,增长23.6%。截至2017年年底,我国共有经国家新闻出版行政管理部门或省级新闻出版行政管理部门批准的出版传媒集团125家,其中图书出版集团40家、报刊出版集团47家、发行集团27家、印刷集团11家;共有18家集团资产总额超过百亿元,其中凤凰出版传媒集团有限公司、安徽出版集团有限责任公司、江西省出版集团公司、湖南出版投资控股集团有限公司和浙江出版联合集团有限公司等7家集团资产总额、主营业务收入和所有者权益均超过百亿元。由法国《书业》杂志发起的《全球出版业排名》报告显示,中国图书市场规模仅次于美国、日本,成为世界五大出版大国之一;中南出版传媒集团、凤凰出版传媒集团、浙江出版联合集团、中国出版集团、中国教育出版传媒集团等五大出版产业集团进入"全球出版业二十强"。

党的十九大报告中还指出,我国正在向出版强国迈进。就当前的出版产业发展而言,与美国、英国、德国等国家相比较,我国只能称得上出版大国,不是出版强国,在出版产业影响力方面不如美国,出口能力方面不如英国,图书的制作方面不如德国。从出版产业内部发展来看,2016年上半年,文化信息传输服务业、文化休闲娱乐服务业、文化艺术服务业、文化用品生产输入等均保持两位数的增长,而新闻出版发行服务则和广播电影电视服务等发展较为缓慢。早在20世纪90年代末期,就有学者指出,我国出版产业以粗放型增长方式为主,产业发展过度依赖规模、数量的扩张和品种、定价、广告等的增长来带动总码洋的增长,经营方式粗放;许多图书出版单位长期过度依赖教材和教辅材料的出版和发行,很难适应市场经济对经营性出版主体的要求。出版产业发展仍然存在行政保护,没有充分发挥市场配置资源的基础性作用,资源配置的效率低下;我国各地区的出版产业结构趋同现象严重,出版企业规模偏小,布局分散,区域市场被分割,资源无法顺利合理地流动,阻碍了市场对资源配置基础性作用的发挥,难以在市场经济的作用下自觉形成规模经济效益和集约化经营效益,阻碍了出版大市场的形成。随着数字技术、网络技术和信息技术的发展,人们获取信息包括获取知识、获取能力的方式发生了很大变化,出版产业与广播电影电视及电信、娱乐业之间的边界越来越模糊,相互之间出现越来越多的融合。在产业融合大背景下,掌握我国出版产业的发展规律,构建系统的出版产业管理的理论框架与体系,对于实现我国出版产业治理现代化、实现"精品出版、精细出版、精准出版"具有十分重要的意义。

运用管理学、经济学、社会学及决策科学等学科的基本理论和基本方法,从出版产业基本理论、出版产业的生产与经营、政府规制与发展实践等四个方面揭示我国出版产业发展的基本规律,是本书的出发点。由此出发,经过所有编写人员共同商定,确定本书结构与框架,进行章节设计。全书共分为基础理论篇、经营管理篇、政府规制篇和发展实践篇,具体各章编写工作如下:第一章、第二章,宋琪;第三章,刘旭颖;第四章、第八章,黄欣;第五章,赵尔奎;第六章,李荣锦;第七章,张小刚;第九章,孔丹;第十章,占绍文;第十一章,王艳;第十二章,胡金荣。宋琪、胡金荣、黄欣负责统稿。西安建筑科技大学公共管理学院公共管理专业研究生王敏、李明悦、胡晓舟、许彤、刘怡松、关米娜、张天天、依丽非热·阿不都肉苏力、齐吉、吝芳等同学为本书付出了辛苦劳动,在此表示诚挚的感谢!

对于出版产业管理的研究尚未形成统一的理论体系,存在不同视角、不同观点,本书力求博采众长,为理论工作者、实际工作者及所有对出版产业管理感兴趣的人较为全面了解这门学科、进行理论探讨提供帮助。然而由于撰写人员水平有限,写作和最后统稿时间仓促,疏漏、不足之处在所难免,敬请读者和同行批评指正。另外,本书在编写过程中,参阅和吸收了大量同行们的学术成果,虽然我们在编写过程中要求注明出处,但由于部分编者是在教案的基础上整理成稿,再查询出处实属困难,所以还请各位专家学者多多包涵,我们在此表示诚挚的感谢!

编　者
2019年1月

目录 Contents

基础理论篇

第一章　绪　论 … (2)
第一节　出版产业管理的基本概念 … (2)
第二节　出版产业管理的研究内容 … (8)
第三节　出版产业管理的研究方法 … (10)

第二章　出版产业的属性与功能 … (13)
第一节　出版产业的属性 … (13)
第二节　出版产业的功能 … (18)

第三章　出版产业的发展历程 … (26)
第一节　我国出版产业的发展历程 … (26)
第二节　国外出版产业的发展历程 … (29)

经营管理篇

第四章　出版企业生产管理 … (42)
第一节　出版企业及出版物 … (42)
第二节　出版物的生产流程 … (47)
第三节　出版企业的组织管理 … (53)

第五章　出版企业财务管理 … (58)
第一节　出版企业财务管理概述 … (58)
第二节　出版企业财务预算和成本管理 … (60)
第三节　出版企业财务风险管理 … (65)
第四节　出版企业经营状况的财务评价 … (69)

第六章　出版企业人力资源管理 … (72)
第一节　出版企业人力资源概述 … (72)
第二节　出版企业人力资源管理的职能与任务 … (79)
第三节　提升出版企业人力资源管理水平的途径 … (86)

第七章　出版企业营销管理 … (91)
第一节　出版企业营销管理概述 … (91)
第二节　出版市场细分与市场定位 … (93)
第三节　出版企业营销策略选择 … (97)
第四节　出版企业营销管理创新 … (101)

政府规制篇

第八章 出版产业管理体制 ……………………………………………… (108)
 第一节 出版管理制度的演变 …………………………………………… (108)
 第二节 我国出版产业管理组织体系 …………………………………… (111)
 第三节 我国出版单位设立的条件 ……………………………………… (114)

第九章 出版产业发展政策 ……………………………………………… (118)
 第一节 出版产业政策概述 ……………………………………………… (118)
 第二节 出版产业政策的制定与执行 …………………………………… (123)
 第三节 我国出版产业政策体系 ………………………………………… (127)

发展实践篇

第十章 我国出版产业集团的发展 ……………………………………… (134)
 第一节 我国出版产业集团化的提出 …………………………………… (134)
 第二节 我国出版产业集团的发展现状 ………………………………… (137)
 第三节 我国出版产业集团的发展战略 ………………………………… (140)

第十一章 我国民营书业公司的发展 …………………………………… (145)
 第一节 我国民营书业公司的发展历程 ………………………………… (145)
 第二节 我国民营书业公司的发展现状 ………………………………… (148)
 第三节 促进我国民营书业公司发展的对策建议 ……………………… (153)

第十二章 我国出版产业治理现代化 …………………………………… (157)
 第一节 出版产业治理现代化的概念 …………………………………… (157)
 第二节 我国出版产业治理现代化的标准 ……………………………… (160)
 第三节 我国出版产业治理现代化面临的挑战 ………………………… (162)
 第四节 我国出版产业治理现代化的实现路径 ………………………… (164)

参考文献 …………………………………………………………………… (167)

基础理论篇

第一章 绪 论

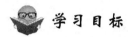

通过本章学习,应了解和掌握以下内容:
1. 出版、出版事业及出版产业、出版产业管理的基本概念。
2. 出版产业管理学科的研究内容及研究方法。

任何一门学科,都有其特定的概念、原理、目标、对象、范围和任务。概念的规范性、原理的适用性以及目标、对象、范围和任务的明确性往往决定着该学科的科学性。概念和范畴是人类认识世界的工具,也是从理论上建立一个学科体系的基石。为了加深对出版产业管理的认识,有必要对其最基本的概念做一些理论上的探讨。本章着重探讨出版产业管理的基本概念,阐述出版产业管理的研究内容及研究方法,并概述我国出版产业管理学科的发展实践和研究现状。

第一节 出版产业管理的基本概念

什么是出版?这是出版产业管理学研究中首先要明确的问题。对出版内涵的理解不同,对出版产业管理知识体系构架的认识也就不同。因此,中外学者都十分重视对出版内涵的研究,并形成了不同的认识。只有科学地认识出版这一概念,才能正确把握出版的性质、功能和特点,才能发现出版产业的发展规律,促进出版产业持续发展。

一、出版的概念

"出版"一词最早在日本开始使用。据1912年日本《德川幕府时代书籍考》记载,出版最初为"出板"。日本《世界大百科事典》中对"出版"一词的解释为:在木版印刷时代使用的是"板木",因此出版称为"出板"。西方活字版印刷术在日本推行后,"出版"一词取代了"出板"。1989年《牛津英语词典》将出版定义为:"出版是指向公众提供用抄写、印刷或其他任何方法复制的书籍、地图、版画、照片或其他作品。"联合国教科文组织1971年修订的《世界版权公约》认为出版是"可供阅读或者通过视觉可以感知的作品,以有形的形式加以复制,并把复制品向公众传播的行为"。

我国最早使用"出版"一词的是清末思想家黄遵宪。1879年黄遵宪在和日本学者的交谈中使用了该词,并在随后出版的《日本国志》中指出,"明治五年(1872年),仿西法设出版条例,著书者给以版权,许之专卖,于是士大夫多以著书谋利益者"。1889年梁启超在日本写的《自由书》的"叙言"中写道:"西儒约翰弥勒曰,人群之进化莫要于思想自由、言论自由、出版自由。三大自由皆备于我焉,以名吾书。"清光绪三十二年(1906年)和三十四年(1908年),"出版"一词被作为专业用语和政治用语写入《大清印刷物专律》和《钦定宪法大纲》中,在我国流传开来。

我国对出版这一概念的界定也是不断变化的。《辞海》将出版定义为"把著作物编印成为图书报刊的工作。……现代出版工作泛指出版、印刷、发行三方面工作,也专指报刊图书编辑部门的工作(包括组稿、审稿、编辑加工、出版设计和校对等各项工作)"。1991年,《中华人民共和国著作权法实施条例》中将出版定义为"出版,指将作品编辑加工后,经过复制向公众发行";将发行定义为"发行,指为满足公众的合理需求,通过出售、出租等方式向公众提供一定数量的作品复制件"。2001年修正后的《中华人民共和国著作权法》对出版概念进行了重新界定,指出"本法第二条所称的出版,指作品的复制、发行"。《现代汉语词典》(第7版)中将出版定义为"把书刊、图画、音像制品等编印或制作出来,向公众发行"。

上述关于出版的界定虽然在文字表述上存在差别,但对出版活动本质特征的描述却十分接近,都认为出版活动的内涵由以下内容构成:第一,出版是将已有的作品形成出版物的过程;第二,原始作品必须经过一个大量复制的过程,使其形成一定的载体形式,成为出版物;第三,公众通过一定方式获得这些出版物,也是出版活动不可或缺的重要组成部分。综合专家学者对出版活动内涵的认识,我们认为出版是人类文明的一种高级形式,它既是人类文明的必然结果,也是保全和传承文明的重要载体。出版应由以下四个方面的基本活动构成:

第一,出版是对已有的作品进行深层次开发的社会活动。出版不是对原始信息进行开发,而是对现成的作品进行开发。接受原始信息,将其归纳成知识,形成知识产品的任务,已由作者完成,或者说已主要由作者完成,已有作品的形成过程属于作者劳动过程,不归属于出版活动。因此,作家创作、画家写生、音乐家谱曲等,都不属于出版。

第二,出版是对原作品进行编辑加工,使其具有适合读者消费的出版物内容的过程。出版过程虽不是知识信息的主要形成过程,却是一个对知识信息体系进行选择的过程,这种选择是按照适合读者消费的要求进行的,还要按照同样的要求对所选定的作品里的知识信息进行整理、补充、完善,也就是通过编辑工作对原作品进行编辑加工。

第三,出版是对加工好的已有作品进行大量复制,使其具有能供读者消费的一定载体形式的过程。无论采用何种方式对作品进行复制,都是使加工好的知识信息具有能供读者消费的载体形式的过程。只有经过大量复制,作品中所含的知识信息才能被众多的读者接受。档案工作也需要对原作品(文件)进行编纂、整理,使分散的材料能编辑成案卷,但档案工作不是出版,因为没有大量复制的过程。在商品社会,作品大量复制过程也是出版物的商品生产过程。

第四,出版包括将出版物公之于众的过程。通过各种方式将大量复制的原作品广泛向读者传播,也是出版活动的重要内涵。

综合上述四个特征,对出版活动的内涵试加描述:出版是对已有的作品进行深层次开发的社会活动;出版是对原作品进行编辑加工,使其具有适合于读者消费的出版物内容的过程;出版是对加工好的已有的作品进行大量复制,使其具有能够供读者消费的一种载体形式的过程;出版是一个将出版物公之于众的过程。

要理解出版的内涵,还必须理清出版与印刷之间的关系。出版的发展与印刷术的发明与革新有着非常密切的关系,但出版并不是印刷术发明后的产物。在印刷术发明之前,人类已经有了手工刻写等复制手段,印刷术的发明只不过为信息知识的大量复制和传播提供了可能。随着信息技术的发展,人类又拥有了复印、下载、打印、屏幕显示等复制手段,如果将印刷界定为出版的必要条件,则不能全面概括出版的内涵,对出版的理解也是片面的。随着信息出版技术的发展,将会出现更多的复制方式,因而,将具体的复制手段作为出版概念中的必要条件是不科学的。因此,印刷不能作为出版概念的必要条件。

很多西方国家使用与印刷无关的两个词语"publish"或"edit"表示出版。"publish"和"edit"的区别在于,前者表示的是将作品公之于众,后者则表示出版社出版作品的行为。据韦氏词典和Encarta词典的词源解释,"publish"一词约在14世纪就开始表示出版,比中国活字印刷术1476年传入英国早很多年。这也就是说,在欧洲,"出版"一词的使用早于印刷术的发明和使用。在印刷术发明前出版的复制方式主要为抄写。

从技术角度来看,在出版历史上曾进行过四次革命。第一次为人类祖先将口语传播逐渐改变为文字等传播方式。这是人类首次将语言以文字、符号、图画等形式记录在竹木、龟甲、缣帛、青铜器、泥石、莎草纸、皮革、树皮、树叶等介质上,其中最重要的是文字的出现。中国造纸术的发明是出版历史上的第二次革命。造纸术的发明使大规模的出版活动成为可能,出版成本的降低使文献的受众大为增加。出版生产力的提高,使出版成为一种行业出现在社会上,大大推动了出版业的发展,也推动了人类文明的进程。第三次革命是印刷术的发明。毕昇在公元11世纪发明了印刷术,经过德国人约翰尼斯·谷登堡等的不断改进,印刷术在电子出版技术发明之前一直在出版史上占统治地位,图书、期刊、报纸等印刷品成为人类思想文化传播的主要媒介,在人类生活中一直起着重要的作用。出版历史上的第四次革命是网络电子出版技术的出现,它使得人类信息复制与传播方式发生了根本的改变。因此,可以说,印刷术的发明极大程度地推动了出版的发展。

二、出版事业及出版产业

出版产业与出版事业密不可分,同时,又由于当代中国的出版产业是在建立和完善社会主义市场经济体制的过程中,随着出版管理体制不断的变革而产生的,因而又是一个极具时代感的概念。中华人民共和国成立以后,由于当时的历史与国情,我国政府强调出版的意识形态属性,因此,在相当长一段时间内,将出版机构归入事业单位,把出版产品和出版服务视作公共物品。因此,"出版事业"这一概念一直被广泛使用。随着改革开放的深入和社会主义市场经济的发展,出版物市场逐步形成并日渐繁荣,出版业的产业属性逐渐凸显。20世纪90年代开始,我国出版界开始使用"出版产业"这一概念,实践中,政府及社会各界对出版业的产业属性逐渐认识。

(一)出版事业

《现代汉语词典》对"事业"有两种解释:第一种解释是"人所从事的,具有一定目标、规模和系统而对社会发展有影响的经常活动";第二种解释为"特指没有生产收入,由国家经费开支,不进行经济核算的事业"。由此可知,出版事业是指具有一定目标、规模和系统的对社会发展有影响的经常性的出版活动;它区别于一般企业,是没有生产收入,由国家经费开支,不进行经济核算的社会活动。这一界定反映出,事业是我国特有的与全体人民整体利益有关的,以满足公众关于科、教、文、卫、体等特定公共需要为基本活动内容的社会活动,在本质上属于社会公共事务的范畴,涉及的主要是通常所说的非政治、非经济的公共事务,即狭义的社会公共事务。从处理公共事务、解决公共问题以满足公共需要的角度看,事业所涉及的是特定的社会公共服务对计划经济管理体制下所形成的事业单位,一般认为它不具有行政职能,也不以营利为目的,而是为了满足社会的公共需要,保证和改善公众的基本生活,在国家的领导下,主要利用国家财政拨款,从事教育、科技、文化、卫生、体育等活动的实体性社会组织,是一个特定的公共服务机构。就事业单位所提供的产品的性质来看,事业活动具有服务性、公益性。相应地,事业单位管理体制指的是国家或政府通过财政支持建立事业单位,通过全面负责事业单位的运行,向社会提供一定形式的事业产品以满足公众需要的公共服务运行管理体制。其运行机制和管理方式具有政府投资、政府主办、政府管理的基本特点,一定程度上体现为政府事业。事业单位管理体制反映的是一定条件下我国处理社会公共事务的发展水平。

我国早期的出版词典大多没有将出版业作为条目,而是对出版事业进行了解释。出版事业被解释为:"编辑出版印行各种图书、报刊、音像读物,传播、积累一切有益于社会发展的科学技术和文化知识,提供精神文化食粮的一项政策性、知识性、专业性的行业。我国的出版事业是社会主义文化教育事业的一个组成部分。"出版事业是出版物生产机制组织的一种形式,出版活动是一种政府行为,由国家进行财政拨款和统包,人员、资金、物资等实行统一分配,资金实行预算管理制,不进行单独经济核算。国家的意识形态决定其存在和发展,其运行受国家行政政策的保护。在出版目标、任务、人员编制、人事任免以及奖惩机制、福利制度、财务制度等方面要符合国家的有关政策,而不能自主决定。

出版业在国内许多论著中被称为出版行业或出版事业,是指生产传播出版物的各个出版单位活动的总称。因为出版物具有意识形态特征,因此1950年政务院《关于改进和发展全国出版事业的指示》首次明确把出版业当成新中国一项崭新的事业来加速发展,此后的几十年,出版一直被认为是公共事业范畴,出版业即出版事业。

(二)出版产业

产业是生产性国民经济部门的集合。产业的总体特征是生产性,其表现形式是其资本在生产中可以得到增值,可通过市场机制实现再生产。从经济发展规律看,产业化一定要求市场化和出版机构企业化。20世纪90年代中后期,我国出版界提出了"出版产业化",认可了"出版产业"的概念。出版产业是生产图书、期刊、音像制品、电子出版物等多种传播媒介的信息产业,是国民经济体系中一个相对独立的重要部门。出版产业要求出版活动要按照市场经济规律办事,要求市场在出版资源配置中发挥基础作用,要求出版单位必须成为真正意义上的企业,具有对出版资源配置的决策权,在市场竞争中求生存,求发展。

出版产业在产业分类上属于第三产业。早在20世纪20年代,新西兰和澳大利亚等国家就出现了第一产业、第二产业这两个词,当时将农业、畜牧业、渔业、林业和矿业称为第一产业,把制造业称为第二产业。1935年,新西兰学者费尔希教授提出了第三产业的概念。1940年,英国经济学家和统计学家科林·克拉克在其著作《经济进步的条件》中运用三次产业分类法,研究经济发展与产业结构变化之间的规律,把全部经济活动划分为第一次产业、第二次产业和第三次产业。以后经济学界通行按经济发展与产业结构、层次等标准将产业划分为第一产业、第二产业和第三产业的做法。在我国,第一产业指农业、林业、牧业、渔业等,第二产业指工业(含采矿业,制造业,电力、热力、燃气及水生产和供应业,建筑业等),第三产业则指商业、服务业、邮电通信业、金融保险业及科研、文教、卫生等行业。第三产业的根本特征是服务性。出版业作为第三产业,成为国民经济的重要组成部分和新的经济增长点,是全面建设小康社会的重要途径和国家综合国力的重要标志之一。

出版产业是以知识、信息为主体元素的特殊产业,它具有文化积累及思想传播的重要功能。根据产业划分标准,出版业中的印刷属于第二产业中的制造业,发行属于第三产业中的批发零售业,出版属于第三产业中的文化、体育和娱乐业。因此,出版业是一个横跨第二、第三产业的综合性产业。

现阶段,学术界一致认为,出版产业具有以下特征:第一,"内容为王",即出版产业作为国民经济的重要组成部分,以知识、信息为核心内容;第二,出版产业具有出版产业和信息产业的双重属性;第三,出版产业以市场为纽带,具有较强的经济性和广泛的传播性;第四,对技术具有较强的依赖,随着数字技术、网络技术和信息技术的发展,出版产业与广播电影电视及电信、娱乐业越来越多融合,出版业态也逐渐多元化。

(三)出版事业与出版产业的区别

根据对出版事业和出版产业的认识,结合当前我国出版业发展的要求,可以归纳得出出版事业和出版产业之间的区别在于:

第一,生产目的不同。出版产业是指从事出版物生产和提供出版服务的经营性行业,是和出版事业相对应的概念。虽然它们都是社会文化建设的重要组成部分，但是它们的生产目的不同。出版事业部门生产的是公共产品，以满足国家和政府需要为目的，而出版产业必须考虑市场需要。出版产业是社会生产力发展的必然要求，是随着社会主义市场经济体制的逐步完善和现代生产方式不断进步而发展起来的新兴产业。

第二，资本来源不同。生产文化产品必须有资本作为物质基础。出版事业部门所需的生产资本由国家财政或社会资助提供。出版产业部门所需的生产资本主要由企业提供，具体的资本来源和所有制形式因社会制度而异。在我国的社会主义市场经济制度下，出版产业是多种所有制和多种经济成分并存，生产资本需从不同经济成分中获取。广泛吸收民营资本进入出版产业经营领域，是发展出版产业的重要战略之一。

第三，运营机制不同。出版事业部门由国家财政提供经费维持其日常的生产与经营活动，以追求最高的社会效益为运营原则。出版产业的本质是经营性活动，以少投入多产出、追求最高经济效益为运营原则。社会效益与经济效益有时是一致的，有时则是矛盾的。在有矛盾的时候，出版事业部门必须把社会效益放在第一位；出版产业中的企业，虽然也必须坚持其社会责任，但必须要考虑企业的利润目标和承受能力。

第四，调控方式不同。对于出版事业部门，国家可以采取行政命令的方式直接调控，要求它生产指定的文化产品，为大众提供服务。对于出版产业中的企业部门，一般以间接调控为主。间接调控的方法主要有三种：一是法律，国家通过立法程序把生产和经营文化服务商品的基本准则写进法律，要求企业依法经营，违法必究；二是税收政策引导，对企业经营国家和社会最需要的商品实行低税率，对限制的文化商品则实行高税率；三是价格杠杆，通过工资、利率等，都可以对企业进行引导。

三、出版产业管理的概念

管理是一种普遍的社会活动。通常将管理活动分为主体、客体、目的、方法和环境五个基本要素，根据各要素在实际管理活动中的作用和地位，以及它们之间的内在逻辑关系，可以把管理定义为：在一定环境中，管理主体为了达到一定目的，运用一定的职能和手段，对管理客体加以调节控制的过程。出版产业管理作为现代管理的一个重要领域，其管理活动也是由特定的管理主体、管理客体、管理目的、管理职能和方法以及管理环境等要素构成的。管理主体，即由谁进行管理；管理客体，即管理的对象或管理什么；管理目的，即为何进行管理；管理的职能和方法，即如何进行管理；管理环境，即达到管理目的的宏观条件是什么。可以说，出版产业管理即出版产业管理部门和出版企业通过制度、法规以及计划、组织等步骤，充分调动、协调和运用各种社会资源，促成出版产业经济功能、文化功能、社会功能和政治功能实现的活动过程。

出版产业管理活动在宏观和微观层面都有不同的内容。从宏观层面来看，出版产业具有意识形态传播的特殊属性以及其在社会政治、经济和文化等多方面的巨大影响，决定了政府相关主管部门及相关立法机构必然会对出版产业采取更为直接和严格的管理手段。出版产业是提供信息产品的特殊行业,它的产品不仅具有物质属性,而且具有精神属性。出版产品的特殊性使出版产业所受到的规范和管理同样具有特殊性。作为对人的意识形态产生着重要影响的出版产品,其生产和传播受到国家法律、制度方面的严格约束。出版产业的管理者要知道自己应该恪守的道德和法律规范,这是出版产业生存的环境之一。在微观层面上,出版产业管理研究需要关注产品、从业人员、财务、技术、渠道等方方面面的协调,如:出版组织作为由不同的人、体制、资源等组成的社会机构,怎样运作才能实现最大化的效率;从人的管理上看,出版产品的生产和传播通过出版从业者进行,这些人如何才能团结为一个整体,形成出版组织的合力,以实现出版组织的社会目标和经济目标。

第二节 出版产业管理的研究内容

出版产业管理是一门实践性很强的学科。早期对出版产业管理的研究是零散和不成系统的,随着整个社会科学化程度的加深和速度的加快,越来越多的人开始从事出版产业管理研究,其研究也越来越与出版实践相结合,形成了独特的科学建制。现代化的科学建制是指"以科研活动的主体承担者科学家和一切科技人员为基础所组成的科学活动机构,在科研活动中逐渐形成的组织原则、组织方式和活动制度,以及科学活动的组织系统及其运行机制的总和"。具体来讲,出版产业管理科学建制指的是以出版研究人员与从业人员为基础所组成的出版产业管理的科学活动机构,在出版产业管理的科研活动中逐渐形成的组织原则、组织方式和活动制度以及出版产业管理科学活动的组织系统及其运行机制的总和。它包括从事出版工作、科技研究和组织管理的人员,出版行业和专业协会,出版科学研究机构,出版学方面的高等院校专业设置,出版学方面的专业文献的出版渠道等,其运行的好坏直接影响着出版产业管理发展的水平。

一、我国出版产业管理思想的发展和研究现状

尽管出版产业实践活动的产生与发展已经历了漫长的岁月,在实践中人们对出版产业活动的规律性也从未停止过探索,但以形成较为系统的知识体系为标志的出版科学的建立与发展,则还处于较稚嫩的阶段。

国外学者对出版的研究,至今不过60余年的历史。起步较早的日本,1956年成立出版科学研究所,1969年成立出版学会,从1970年开始出版学术杂志《出版研究》;国际性的出版学术组织迄今还未问世。中国则到20世纪80年代初期才有组织地开展出版科学及其分支学科的研究。1983年,宋原放在第一届出版研究年会上发出"迫切需要建立社会主义出版学"的呼声(后其文章《迫切需要建立社会主义出版学》发表在《出版工作》1984年第1期上)。《出版工作》1984年第10期和第12期又分别发表了肖月生的《建立"出版学"随想》和康秉礼的《要建立现代出版学》。1985年,袁亮分别在《出版工作》第1期和《编辑之友》第3期上发表《古老而

新兴的学科》《出版科学的研究工作需要加强》等文章,提出建立出版学的紧迫性,并开始探讨出版工作的内在规律。1983年4月,武汉大学率先在我国高校成立了第一个出版类专业"图书发行管理学专业"。1985年3月,中国出版发行科学研究所成立。这一时期,《中国出版》《出版发行研究》《编辑学刊》《编辑之友》《图书发行研究》《出版广场》《出版天地》《出版广角》等一批学术期刊相继问世。1989年,宋原放先生在参加第四届国际出版学研讨会时又一次提出:"怎样使出版产业既能在经济上发展又能很好地完成社会责任,10年来一直是困扰中国出版界的大问题。"

从20世纪90年代中期开始,我国的出版科学研究有了进一步的发展,以中国出版科学研究所、中国编辑学会、中国图书商报等机构带头组织的全国性出版理论研讨会十分活跃,《出版科学》《出版经济》《编辑学报》《电子出版》等一批高质量出版学术刊物的创办使出版科研园地大为拓展,大批学术专著及出版研究文集的出版使此期间出版研究呈现出硕果累累的景象。无疑,上述出版科学理论研究使人们对出版实践的认识更为丰富,也使出版科学理论体系的建立不断完善。

由传统的出版事业向出版产业的转变是出版产业管理科学形成的重要标志之一。我国实行出版体制改革和结构优化等都是为了加速出版产业化的步伐,在优化出版产业结构的基础上,建立起适应社会主义市场经济的现代出版体制和运行机制。现代出版管理体制和运行机制的建立和完善为出版产业管理科学的形成奠定了坚实的社会基础。作为出版科学知识体系重要组成部分的出版产业管理的理论研究,也随着出版研究的整体发展越来越引起国内外出版界人士的广泛关注。

二、本书研究内容

一种理论或一门学科是对客观世界的某种现象及其过程的规律的反映。本书即要研究出版产业管理的学科体系框架和基本内容,并有侧重地对某些内容进行深入分析。出版产业管理主要是从理论与实践的结合上,从总体上阐述出版产业管理的学科体系和基本的重要的内容,研究出版产业管理的基本过程和基本规律。这一总体阐述涉及出版产业特征及功能,出版产业生产管理、财务管理、人力资源管理、营销管理、管理制度及管理政策法规体系、出版产业发展实践等方面内容,并把它们作为相互联系的整体进行理论抽象和分析。同时,这种研究不是简单的描述,它有明确的目的或目标,管理强调的是效率,可以说,出版产业管理研究如何提高出版产业管理效率、效果、效能及公平性等。

本书分为四篇:基础理论篇、经营管理篇、政府规制篇及发展实践篇。

第一篇为基础理论篇,包括第一章、第二章和第三章。第一章主要界定出版产业管理的基本概念,涉及出版、出版事业及出版产业、出版产业管理等基本概念。第二章探讨出版产业的属性,并就出版产业的政治功能、文化功能、经济功能及社会功能进行了阐述。第三章按照时间顺序简述我国出版产业发展历程,并就美国、德国、英国及日本的出版产业发展进行阐述。

第二篇为经营管理篇，包括第四章、第五章、第六章及第七章，分别是出版企业生产管理、财务管理、人力资源管理及营销管理。

第三篇为政府规制篇，包括第八章和第九章，涉及出版产业管理体制及出版产业管理政策法规。

第四篇为发展实践篇，包括第十章、第十一章及第十二章，分别为我国出版产业集团的发展、我国民营书业公司的发展及我国出版产业治理现代化。

第三节 出版产业管理的研究方法

出版产业管理作为一门独立的学科，有自己确定的研究对象和研究方法，由此形成了自己的学科体系。学习和研究出版产业管理，应当以马克思主义的辩证唯物主义和历史唯物主义为指导，从当前我国出版产业发展的实际出发，并借鉴和吸收关于世界各国出版产业管理的实践和理论中一切有用的经验和知识，以及相关的研究方法，研究与探索中国特色社会主义出版产业管理体制，逐步建立和完善中国特色社会主义出版产业管理的学科体系，为促进经济发展和社会进步服务。

出版产业管理是一门实践性、应用性的学科。从学科归属来看，它既是一个独立的研究领域，又是出版科学的一个重要分支学科，因此它的研究方法与出版科学研究有诸多的相同和相似之处。出版产业管理常用的研究方法主要有：

一、实践抽象法

社会管理是人类社会最基本也是最古老的管理职能，因而在出版产业管理理论产生之前，就已存在着出版产业管理的行为和实践，而且在长期的出版产业管理实践中，人们已形成一些较稳定、定型化的行之有效的操作方式或思考方式。因此，如果将这些经验式的程式加以总结、概括和抽象，就可以形成一定的出版产业管理理论。这种对管理实践进行总结、概括和抽象，以获得新的出版产业管理理论的方法，就是实践抽象法。这种研究方法主要是通过分析出版产业管理人员怎样进行实际操作，例如他们如何确立问题、如何收集信息去分析问题、如何寻求判别与选择解决问题的种种方案、如何实施最优的方案等，找出出版产业管理过程或某一个环节中带有规律性的东西，从而抽象出出版产业管理的原理、原则、方法等，用以指导出版产业管理实践。实践抽象法的基本取向，是从实践中来，再回到实践中去的不断反复。

二、案例分析法

案例分析法又叫问题法，它是包括管理学、法学、社会工作学等应用性社会科学中最常用的研究方法，也是这些学科的一种基本而重要的学习方式和教学形式。在出版产业管理中，案例分析法主要是给人们提供一种真实的或假定的出版产业管理场景，要求人们去思考和寻求答案。案例分析中的案例一般要求来自于实际,且有某种特定研究和学习价值。案例既可以是他人的成功实例,也可以是他人的失败教训,需要用出版产业理论去加以说明,从中得到现实的启发。采用案例分析法具有真实感,对于没有实践经验的人来说有相当大的影响和作用。在出版产业管理中,案例分析法一般过程或步骤是:第一,发现问题;第二,明确问题;第三,分析问题;第四,提出备选方案;第五,选择与评估方案;第六,实施步骤和计划;第七,评估方案;第八,反馈意见。这一过程必须针对具体的场景来进行分析。从对出版产业管理的研究来说,案例分析的目的是通过对相应的案例发生全过程的回顾与评价,发现其成功与失败的原因,并提出对策与建议。

三、比较分析法

在认识世界的过程中,人类观察到事物之间同时存在同一性和差异性,由此产生了比较的方法。比较方法承认同一性和差异性是事物存在的既相互对立又相互统一、在一定条件下相互转化的两个方面。可以这样说,比较分析法是指把所要研究的对象与不同的或相似的事物放在一起做比较,或将研究对象在不同阶段的情况进行比较,通过鉴别事物之间的异同及其制约因素等,从而加深对事物的认识,找出事物的本质或规律性的东西的方法。相应地,比较分析法可分为纵向比较法和横向比较法。比较分析法是出版产业管理研究和学习中的一个极为常用的方法,尤其是对我国来说,在当今社会主义市场经济体制的改革走向深入、在加入WTO后参与国际经济竞争的背景下,这一方法尤为重要。例如,运用纵向比较法,通过对中华人民共和国成立以来不同的历史时期对出版产业这一概念的看法的比较,就能从历史演变的角度,对出版产业管理不同特点进行比较,寻找出这种变化的历史原因和实质,加深对现阶段出版产业管理的认识。又如,运用横向比较法,通过对不同国家或地区同一时期或不同时期出版产业管理系统和过程的分析,可以发现各国家或地区在不同时期的出版产业管理特色,尤其是总结发现其成功的经验或失败的教训,从而择优弃劣、取长补短,为提高我国的出版产业管理水平提供有益的借鉴。

四、实证研究法

实证主义所推崇的基本原则是科学结论的客观性和普遍性,强调知识必须建立在观察和实验的经验事实上,通过经验观察的数据和实验研究的手段来得出一般结论,并且要求这种结论在同一条件下具有可证性。根据以上原则,实证性研究方法可以概括为通过对研究对象大量的观察、实验和调查,获取客观材料,从个别到一般,归纳出事物的本质属性和发展规律的一种研究方法。它回答"是什么"的问题。它试图摒弃一切价值判断,只研究经济现象各变量之间客观存在的相互联系和规律,分析、预测各种经济行为可能带来的各种后果,据此提出政策建议。然而,在分析、寻求出版产业活动的客观规律时,不可避免地受到其个人的经济地位、价值观念等的影响。毕竟,出版产业管理研究是人类的活动,研究者作为社会成员之一,很难不偏不倚,超然于经济利益之外。他们的价值判断会不自觉地在实证分析中产生影响。

 关键术语

出版　出版事业　出版产业　出版产业管理　实践抽象法　案例分析法　比较分析法
实证研究法

 问题与思考

1. 如何理解出版的含义?
2. 出版事业和出版产业有什么区别与联系?
3. 什么是出版产业管理?
4. 简述我国出版产业管理学科的发展。

第二章 出版产业的属性与功能

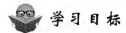学习目标

> 通过本章学习,应了解和掌握以下内容:
> 1. 出版产业的经济与文化双重属性。
> 2. 出版产业的创意性和高附加值性。
> 3. 出版产业的经济功能和文化功能。
> 4. 出版产业的社会功能。

当"出版产业"这一概念被社会认可之后,出版活动就不再被人们仅仅看作是一种公共事业,其产业属性也就被认可,而由此也能够使得出版活动的多重功能包括政治功能、经济功能、文化功能及社会功能得以正常发挥。作为一个产业,出版产业除具备产业应该具备的所有属性和功能外,还具有自己特殊的属性和功能。本章主要探讨出版产业的属性及出版产业的功能。

第一节 出版产业的属性

出版活动的本质属性是传播性,这是由出版活动自身发展规律决定的,在任何社会形态中都存在,是其他出版性质发生作用的基础。出版活动传播性指的是一定的信息知识通过复制,向社会广泛传播的属性。出版活动的传播性质又决定了出版活动具有很强的工具属性,信息知识传播者与接受者都可以利用出版来达到自己的目的。当说到出版产业的属性时,在出版活动传播性这个本质属性基础上,它还具有以下属性:

一、出版产业的经济与文化双重属性

从世界范围来看,出版产业已经发展成为许多国家国民经济门类中的重要产业。出版产业作为文化产业的基本组成部分,具有宣传教育、传递信息和娱乐消遣等多种功能,是文化传承与发展的重要产业表现形式,它最重要的一个属性就在于它具有产业和意识形态的双重属性,使其产品和服务具有明显的经济属性和文化属性。

出版产业的经济属性体现在:第一,出版产品的知识、信息价值对社会经济发展具有重要

影响。从知识、信息生产和获取的角度考察，出版产业所体现的价值就在于能够源源不断地生产信息、传播信息和创造新知识，这符合信息社会整体发展趋势的要求。第二，出版产业链的拓展对社会经济发展具有深远影响。从传统的图书、期刊、音像制品出版到现今的数字出版，出版产业链已经得到了极大的拓展，这不仅给传统出版业带来新的发展契机，而且使新的出版模式成为社会经济新的增长点。出版产业的文化属性则体现在它能够积累文化、传播知识和影响人们的精神世界。

出版产业的经济与文化的双重属性，也决定了其经营管理必须实现"双重效益"。经济效益是用来衡量一切经济活动的指标，一般反映的是资金投入或者成本支出与生产成果及产生的收益之间的比较；社会效益则更强调非经济性质的社会有益成果。很多学者都试图诠释社会效益的概念，学术界目前没有统一的标准概念。通常情况下可以把社会效益理解为尽可能地利用各类有效资源使得社会群众的物质和精神层面的需要得到满足，社会效益的内容是指教育、艺术、科技、文化领域的有利于社会的贡献性的成果。现阶段我国出版企业生产的图书应当具有正确的思想内涵，具备精品意识，通过高质量的出版物的生产与服务，向人民群众传播正确的价值观念以及各类先进的思想文化和技术知识，在思想意识层面带来有益的贡献，帮助群众建立具有凝聚力的群众意识形态，推动社会进步。

经济效益和社会效益之间不存在相互分离的状态，这两者应当是共同存在以及相互影响的关系，是辩证统一的整体。一方面，出版企业的经济效益能够为社会效益提供物质基础，有了好的经济收益，企业就能够引进现代化设备、招纳出版人才、提升技术水平等。同时，出版企业的社会效益也可以带来直接或间接、短期或长期的经济效益。另一方面，出版企业的社会效益和经济效益二者在一致性之外，还有着相互制约的矛盾关系。在二者的实现过程中，其矛盾性就表现出来。出版企业在追求经济利益的过程中，受到社会公众精神层面水平的影响。也就是说，出版商的产品是否能够实现销售和获利，其中较为主要的制约因素就是公众的文化水平以及思想素质等社会效益层面的内容。在图书市场上，一些富有趣味容易阅读的大众图书经常成为销量很高的畅销书，而一些具有较高专业水平或者需要较强的文化素养才能理解的专业性书籍却无人问津，这就造成这类图书不能很好地创造经济效益。

资料链接

出版产业必须坚守社会效益底线

社会效益是指主体实践活动对社会发展所起的积极作用或产生的有益效果，在现代话语体系中，社会效益与经济效益是相伴相生的。当然，社会效益中也包含经济的部分，比如出版物进入市场获利后通过纳税为社会所做的贡献就属于社会效益。

最早将"社会效益"一词写入报告的是党的十六大。党的十六大、十七大、十八大、十九大报告对这一词都有不同层次的表述：十六大报告提出"始终把社会效益放在首位"，十七大报告提出"始终把社会效益放在首位，做到经济效益与社会效益相统一"，十八大报告提出"要坚持把社会效益放在首位、社会效益和经济效益相统一",十九大报告提出"加快构建把社会效益放在首位、社会效益和经济效益相统一的体制机制",不难发现,党中央关于社会效益问题的认识已经从意识层面逐步上升到了实践层面。

2015年9月,中共中央办公厅、国务院办公厅印发《关于推动国有文化企业把社会效益放在首位、实现社会效益和经济效益相统一的指导意见》(以下简称《意见》),这是新时代指导文化领域把社会效益放在首位、实现社会效益和经济效益相统一的纲领性文件。《意见》指出,尽管当前文化市场尽显繁荣之貌,但"片面追求经济效益、忽视社会效益现象时有出现,两个效益相统一的问题还没有得到很好的解决"。因此,《意见》强调"文化企业必须始终坚持把社会效益放在首位、实现社会效益和经济效益相统一","国有文化企业要充分发挥示范引领和表率带动作用,在推动两个效益相统一中走在前列"。实际上,早在1983年,《中共中央、国务院关于加强出版工作的决定》就已提出:"社会主义的出版工作,首先要注意出版物影响精神世界和指导实践活动的社会效果,同时要注意出版物作为商品出售而产生的经济效果。"换言之,出版工作必须坚守社会效益为先的底线,同时兼顾社会效益和经济效益的统一发展。

二、出版产业的创意性

通俗地讲,创意是人的大脑产生与老思想、老点子和老办法不同的新思想、新点子和新办法。人类所有的有形的和无形的创新过程及其结果,最初都可以追溯到某一创意。创意是一切创新活动得以展开的前提和基础,是一切创新的起点或源头。创意是客观存在,可从两个方面去理解:一是指创意作为一种创新思维是人类大脑活动的过程,存在于人的大脑中。这种存在以物质为基础,是人的大脑物质的物理化学反应过程。二是指创意作为人的一种意识,是对人的外部世界客观存在进行反映的过程。人的思维是一种精神、意识或观念活动,这种精神、意识或观念活动来源于外部世界。创意是人类生产劳动实践引起的精神活动。

"资本和技术主宰一切的时代已经过去,创意的时代已经来临。"与物质生产领域的产业相比,出版产业是文化内容的提供者,生产文化产品或提供文化服务,担负着传承精神文化的重任,原创性成为其生命力之源。任何一个伟大的文化作品都是独一无二的,每一件创意产品和服务都是创造者灵感、智慧和思想的结晶。只有不断进行创新和突破,才能为消费者提供独一无二并且与众不同的产品和服务,从而实现所有出版企业自身的价值和整个产业的蓬勃发展,也就是说如果缺乏了创意,出版产业就成了无源之水、无本之木,也失去了立足之本。毫无创意的出版产品是不具有生命力的,也难以引起消费者的兴趣。也可以说,没有创意,出版就失去了灵魂,创意只有运用于出版,才能充分发挥其创造的力量。

就出版产业链来看,创意融于整个出版链之中,从出版选题开始,到策划、组稿、审稿、编辑、设计制作、印刷和发行推销。创意的迸发不是偶然的,是阅读、调研、交友、交流、观察、沉思、漫步的结果。一个优秀的出版人要满脑子创意和"点子",不仅出版选题需要创意,处于产业链链条末端的图书发行,也需要创意。可以说,创意能够使出版产业的经济效益和社会效益很好地得以实现。另外,出版产业的创意性还体现在出版产业对自身拥有的丰富的内容资源的进一步开发,如将有影响力的文学作品改编成电影、电视剧、网络游戏等。当前,国内一些出版社通过自己拥有的出版物版权开始与影视企业联姻,实现出版产业链的横向拓展。

资料链接

"图文"创意

以文字为主导符号的书籍一向被尊崇为精神文化的载体,一行行饱满厚重的印刷文字代表着人类理性、智慧之光。然而,随着摄影技术、印刷技术、计算机技术和数码技术的飞速发展及电子视觉媒介对人类获取信息方式的深入影响,视觉图像符号正在或已经超越了语言文字符号而成为文化的主导形态。不仅现代传媒如电影、电视、网络等视觉媒体给大众制造着视觉图像的盛宴,即使在传统的出版领域——图书出版领域,也开始打破文字的统治地位,出现"图像化"的趋势。自20世纪末以来,漫画书、图文书、插图本种类急剧增多,图书从封面设计到版式设计,都极尽吸引视觉之能事,使出版开始摆脱纯文字形式,进入一个新的"图文"创意时期。

漫画常常被视为小孩的读物,但现代漫画早已进入成年人的世界,如在日本,供成年读者阅读的青年、淑女漫画,早发展为成熟的书系。漫画旋风在21世纪初也已在中国大陆流行,各类漫画作品作为承袭者重新让图画进入了我们的阅读视野。随着台湾地区蔡志忠的古籍漫画系列、朱德庸的《现代风情·朱德庸都市生活漫画系列》、几米的绘本等热销,大陆同类漫画、绘本出版物也大量涌现,很多出版社也积极打造自己的绘本、漫画品牌。另外,有的摄影图书成为畅销书,如《今天你心情不好吗?》《我的野生动物朋友》等。

这类图书完全以图像为主,用读图来代替文字叙述,更加直观和形象,打破了视觉上的沉闷,加之漫画本身有丰富多彩的内容、轻松幽默的风格,很符合现代人的生活节奏和阅读趋向。欧洲著名的艺术家、柏林大学艺术教授鲁尔曾经指出,漫画的生动和现场感给人们带来的视觉冲击,有时任何语言的描述都没有办法达到,这种作用至今依然不变。他认为漫画代替文字成为主流,是不可逆转的趋势,它体现了后现代文化对知识的一种解构,也是现代审美的一种要求。随着视觉文化时代的到来,读图依然成为阅读的重要方式,也成为出版创意的一个巨大空间。

三、出版产业的高风险性

出版产业是通过创造产品和服务来培育消费需求的。在创造出版产品时,创作者也许是靠涌动的创作激情,抑或是靠对市场需求的理性预期,总之,都没有明确的消费对象,也没有明确的消费质量要求。也就是说,在出版物还未被生产出来之前,市场对该出版物的需求是难以准确判断的,因此个人或出版企业的生产便承担着市场的高风险。当然,任何生产都有风险和不确定性,但大多数产品的生产可借助经验和调查方法,实现相对准确的预测,如汽车生产商可根据已有款型的销量确定新款汽车产量、农业种植户可根据价格变化调整种植规模等,这种预测主要基于这些产品具有同质性或相似使用价值,消费也是连续性的。然而对于出版商而言,要预测一本新书的实际需求比其他商品困难得多。从简·奥斯汀到 J.K. 罗琳,许多名家名著都曾被出版商无情退稿;积压库存与高退货率是各国出版业的顽疾。正如法国出版家伽利玛所言:"如果你说话总那么肯定,那你当不了出版人。在这个行业干了四十年后,我只能告诉你,我们永远无法预知一本书的命运。"这种风险源自文化产品是精神产品,具有鲜明的个体性,每本书都是独一无二的存在,这使得出版商的经验积累几乎不能发挥作用,不能因为某位作者的一本书畅销,就能够预测他的另一本书也畅销。

阅读是个人化的行为,不同读者对同一本书的评价可能天壤之别。正是由于消费者对出版物的评价具有较强的主观性,这也使消费者对出版物的需求具有较强的随机性和选择性。出版物生产的供给和需求之间存在严重的信息不对称,造成了出版物的投入风险。早在 18 世纪末,狄德罗就说过:"绸布店仓库里积压的过时布料还有一定价值,而出版商积压的一种糟糕的图书就什么都不是了。据统计,在每 10 项出版投资中,有 1 个能成功已经不错,有 4 个从长远看能不赚不赔,有 5 个则要亏本。"英国杂志中只有三分之一到二分之一收支平衡,仅有四分之一可以盈利。20 世纪 80 年代,美国平均每年出版的五万多种图书中,80% 都遭遇财务危机。

同时,也应该注意到,消费者对出版物的评价也许会在一段时间过后发生变化,也就是说,消费者对出版物的价值内涵会有一个认识过程,对出版物的评价也许会由开始的抵触与不接受变成喜爱。不同时代对不同作品均有不同的鉴赏,或许需要经过一段时间的认识,通过展示、宣传,价值才可以不断挖掘出来,这便是创意产品的价值挖掘过程。在快节奏的信息化消费社会里,速度和效率是人们追求的目标之一。精心设计、策划的出版物,一旦"价值挖掘"的时间过长,很可能被淹没在泛滥的信息之中。这时,媒体的力量渐渐呈现。媒体的运作可以帮助人们发现创意产品的价值,发现沙堆里的金子,所以出版物的价值实现,需要媒体的推介和帮助。

四、出版产业的高附加值性

附加值即附加价值,是在产品的原有价值的基础上,通过生产过程中的有效劳动新创造的价值,即附加在产品原有价值上的新价值。产品附加值包括通过企业生产创造的生产附加值和通过市场在流通领域创造的流通附加值。高附加值产品,指"投入产出"比较高的产品,其技术含量、文化价值等比一般产品要高出很多,因而市场升值幅度大,获取高额利润。

出版产业的高附加值性源于出版产业的创意性。创意使得版权资源使用方式多元化,充分使用优质版权资源和品牌资源,延伸出版产业链,带动相关产业发展。尤其在媒介融合的背景下,"一种资源,多重使用"会产生轮次效应。通过版权及翻译权、连载权、俱乐部版图书权、平装书重印权、汇编缩编权、电子音像制品复制权、多媒体权和网络传播权、合作出版权等可以进行多轮次的出版活动,而影视或戏剧改编权、作品形象使用权等附属版权则可以跳出出版领域,和其他产业进行融合,从而开发出新的市场空间,在更广泛的产业中创造价值。可以看出,在出版产业链条的扩展上,版权是核心和基础,其他要素和环节均是围绕版权运转的。只有拥有版权这一核心资源,才能掌握主动权,形成以版权交易为核心的出版产业链。通过出版产业与其他产业的渗透融合,产业链的延伸与拓展,资源重组整合,出版产业才更加有活力。

随着数字技术的飞速发展,数字出版正日益成为全球出版产业的新趋势。国外数字出版的战略定位,侧重于内容深度挖掘和高附加值增值服务,通过网络平台为读者提供教材制作、教辅更新、考试和评估等全方位的服务。数字出版的高附加值体现在它以创意为推动产业的核心,推崇设计创新,尊重个人或团体的创造力,将科技创意和具体的原创文化转换为具有高度经济价值的产业形式,并大力发挥产业功能去创造价值,增加社会就业。

 资料链接

哈利·波特系列图书的出版及其产业链

2000年7月8日深夜12时,《哈利·波特与火焰杯》在全球发售,其狂热场面轰动西方,美国最大的网上书店亚马逊公司与美国最大的速递公司联邦快递通力合作,在全美部署9000辆送货车和3万名员工送货上门,这才使"哈迷"能在第一时间见书。

美国传媒巨头时代华纳公司投资1.25亿美元将《哈利·波特与魔法石》拍成电影,如愿以偿产生轰动效应,全世界热爱哈利·波特图书以及这个英俊少年的传奇魔法故事的大人和孩子,就像被集体施了魔法一样,狂热地拥向影院,使《哈利·波特与魔法石》获得全球票房收入超过8亿美元的天文数字。随后,哈利·波特电影推出了第二部、第三部……轰动如初。

随着哈利·波特电影系列的推出,哈利·波特日历、玩具、衬衫、魔法小屋、魔法长袍、飞天扫帚、魔杖、金饰与各种糖果等很快充斥商店,澳大利亚还开始发行哈利·波特系列人物纪念邮票。从出版开始,到电影、录像带,再到饮料、玩具、文具、游戏、服装等成千上万种特许经营商品,再到主题公园,以及哈利·波特旅游业,哈利·波特已经不再是一个小说人物,而成为一个产业,一个最终价值可能超过千亿美元的产业,创造儿童文学乃至小说史上一个绝无仅有的商业奇迹。"品牌乘数"一再发生在哈利·波特身上,符号化的哈利·波特不但将千百万游戏机前的孩子们重新拉回到了阅览室,而且创造了网络时代的阅读神话。同时,让许多相关行业借助"魔法扫帚",赚到了丰厚的利润。

第二节 出版产业的功能

出版产业对文化知识的传播积累与社会经济的繁荣与发展,都有着非常重要的意义。出版产业所具有的功能,使其在推动人类社会文明的前进与发展中扮演着非常重要的角色。所以,通过深入探讨出版产业的功能,可以揭示出版产业的社会意义。众多中外学者对出版产业功能从不同的角度和不同的侧面进行了研究,本节中我们从出版产业的政治功能、经济功能、

文化功能、社会功能四个方面进行综述。

一、经济功能

产业是具有某种同一属性的经济活动的集合体。当"出版产业"这一概念被普遍认可时，出版的经济功能是不言而喻的。也就是说，出版不仅是文化现象，不仅属于文化范畴，不仅是一种文化的传播、文化的积累和文化的传承，而且它本身具有经济的属性，具有产业功能。如果说在工业化时代国民经济发展主要取决于能源、动力和技术等硬实力的话，那么在后工业化时代，则主要取决于文化、知识和创意等软实力。出版产业的经济功能，具体体现在以下两个方面：

（一）出版产业是国民经济产业部门的重要组成部分

出版产业成为新的经济增长点。出版产业是大众传播业的一个部分，属于信息服务产业群的一个子产业。信息产业的崛起是近二三十年来出现的重要经济现象。美国在20世纪90年代的经济持续增长，主要得益于信息产业的迅速成长和突飞猛进的发展。几乎是在同时代我国信息技术也获得了超常规发展，每年都以30%的速度增长，超过了任何其他产业的发展。出版行为在本质上是为人们提供信息，它是信息内容提供者，信息的功能在某种意义上说就是出版的功能。在知识经济中，知识作为信息本身就是资源，是经济过程中的要素，信息资源成为诸多资源中最重要的资源，与信息相关的一切行业都纳入了知识经济的产业范畴。这就使出版作为知识和信息载体的提供者，成为一种产业，最终使出版从产业外的行业（意识形态和宣传）进入产业内的行业（信息服务业），形成真正意义上的出版产业。在知识经济中，人力资本是最重要的资本，人才资源是第一资源。而人才的成长、培养和发展，离不开知识和学习。"干中学"、终身学习的观念是知识经济时代最重要的观念。学习的过程是和出版、出版物紧密相关的。出版、出版物通过对人力资本的哺育，直接进入生产环节，进入经济活动之中，成为国民经济不可或缺的部分。

承担知识传播、积累和开发任务的出版产业，在信息社会中扮演着举足轻重的角色。出版产业的总产值、人均利润等指标在各产业部门中已不容小觑，已经成为具有独立产业地位的部门经济，在现代经济增长和发展中起着越来越重要的作用。

（二）出版产业是创造社会财富的重要途径

出版产业是社会财富积累的源泉。社会财富积累主要来自两方面：一是自然资源，二是生产劳动。在社会发展的初级阶段，自然资源在社会财富的积累中起着主要的作用。自然资源丰富的国家或地区，只需付出与其他国家或地区少得多的劳动，就可以获得较多的财富。而自然条件恶劣的国家或地区，即使付出巨大劳动，仍然只能获得较少的财富。但是，随着经济社会的发展，特别是科技的发展，自然资源在社会财富积累中的重要位置逐渐被文化所取代，文化产业成为当今社会及未来社会财富积累的重要源泉。随着社会的发展，社会财富的形态也发生了变化,从过去重视物质形态向重视精神形态转变,知识产权、信息技术等文化财富的含金量大大超过了以金、银等为基础的物质财富的含金量。

资料链接

数字出版收入快速增加

2017年7月,第七届数字出版博览会在北京隆重开幕,中国新闻出版研究院院长魏玉山发布了《2016—2017中国数字出版产业年度报告》,为数字出版发展提供了强有力的数据分析。2016年我国数字出版产业总收入5720.85亿元,比2015年增长29.9%。其中:互联网期刊收入达17.5亿元,电子书达52亿元,数字报纸(不含手机报)达9亿元,博客类应用达45.3亿元,在线音乐达61亿元,网络动漫达155亿元,移动出版达1399.5亿元,网络游戏达827.85亿元,在线教育达251亿元,互联网广告达2902.7亿元。网络广告收入占数字出版收入的50.7%,移动出版收入占24.46%,网络游戏占14.47%,网络广告在2006—2016年的11年间连续大幅度增长,表现出强劲的发展势头。虽然网络游戏在全年总收入占比有所下降,但依然是构成数字出版产业收入的主力军。

2016年移动出版收入为1399.5亿元,在线教育收入251亿元,网络动漫收入为155亿元,三者收入占数字出版收入的31.56%,比2015年增长了2.49%。移动出版成为数字出版的重要发展方向,具有雄厚的发展潜力;在线教育作为数字教育出版的核心部分,翻转课堂、MOOCs、SPOCs、数字教材、电子书包、微课等教育教学服务模式与产品不断涌现,经过多年布局与市场竞争,产业取得进一步发展。网络动漫经过多年的探索和坚持,在IP运营日益受到重视的情况下,已经进入发展快车道。

二、文化功能

文化是一种社会现象,是人们长期创造形成的产物,同时又是一种历史现象,是社会历史的积淀物。确切地说,文化是指一个国家或民族的历史、地理、风土人情、传统习俗、生活方式、文学艺术、行为规范、思维方式、价值观念等,是人类之间进行交流的普遍认可的一种能够传承的意识形态。广义的文化是人类在社会历史发展过程中所创造的物质财富和精神财富的总和。狭义的文化,特指意识形态所创造的精神财富,包括宗教、信仰、风俗习惯、道德情操、学术思想、文学艺术、科学技术、各种制度等。

出版产业的文化功能体现在以下四个方面:文化选择功能、文化创造功能、文化传播功能、文化积累功能。

(一)文化选择功能

文化选择功能是通过出版活动中的编辑工作环节来履行的。不论是对出版物的选题策划,还是对某一部作品进行的具体编辑加工,都是一种去劣存优的文化选择过程。对于格调庸俗低下的色情读物、以拜物及拜金为出发点的财经类和工商大鳄传记等励志类图书、速读快餐

类图书、"歪说"名著类读物等,都通过编辑的工作,禁止或减少此类图书的出版。出版实质上是一种文化承载物的生产,它是作者文化创造的继续,编辑对著作的选择、整理、审读、加工等都是一种文化创造活动。一个国家的出版业发达状况,可以作为衡量一国文化发展水平的标志。

(二)文化创造功能

文化创造功能主要通过出版活动中的作品创作环节来实现。我国传统文化是基于农耕文化而形成的,由此形成了崇尚"男耕女织""自力更生"等观念,稳定的小农经济和自给自足的生产方式,曾被许多人看作理想的生活,也由此使得中华民族成为世界上强烈依恋故乡故土的民族。古代文学创作中,许多思乡之作感人心弦、动人心魄,流传至今,如:《诗经》中的"昔我往矣,杨柳依依;今我来思,雨雪霏霏",杜甫的"露从今夜白,月是故乡明",李白的"举头望明月,低头思故乡",王安石的"春风又绿江南岸,明月何时照我还",等等。文学创作一般是以个人为单位来进行的,但它从来不只是事关个人,它还事关国家、事关民族。因此,文化工作者是构建和塑造国家和民族精神面貌的主力军。作品中彰显出的信仰之美、崇高之美、进取之美,以文化人,渗透人心,而且可以通过作品传播与传承。这些正是出版产业文化创造功能的最好体现和说明。

(三)文化传播功能

文化传播功能是通过出版活动中的批量生产及出版物的广泛传播过程来实现的。我国著名文化学者余秋雨在一篇谈都市文化的文章中,用生动的事例对出版的文化传播功能做了有力的阐述。他说,在新文化运动的进程中,北京曾发生了著名的白话文与文言文的激烈争论。然而,白话文战胜文言文的最终标志并不是白话文在论点中居于上风,而是胡适等在北京提出白话文学原则后,上海的商务印书馆等产业机构投入运作,以白话文印刷的教科书通过商业渠道进入中国的穷乡僻壤。中国的各个中小学开始采用白话文教科书,新的一代文化人以商务印书馆印制的课本接受启蒙。从这个意义上说,白话文乃至整个新文化运动才真正在中国社会确立了根基。这个事实无疑揭示出现代文化取得实质性胜利的基本途径,即文化上的理论思辨成果须通过一定的商业手段转化为商品,强有力地渗透到社会整体的各个细胞中。

(四)文化积累功能

文化积累功能是通过出版物为旧文化的保存与新文化的增长创造条件来实现的。在人类文化发展的历史上,出版物的产生、印刷术的发明、出版技术的改进以及图书流通的发展,都对旧文化的保存和新文化的增长起了巨大的推动作用。文化不同于器物,器物都是用于当时而毁于以后,文化不仅能够用于当时,而且能够延续而泽及后人。无论《阿房宫赋》如何铺陈,留下来的只是著名的"赋",而阿房宫早已化为废墟,无迹可寻。薪尽火灭的,仅仅是宫殿楼宇、器物,而薪尽火传者,则是观念形态、文化。文化具有承载和传递文明的功能,这种传递文明的功能,使个人可以在较短的时间内掌握人类在较长的时间中积累的经验、知识和价值观念。这是一种教化，更是一种积累，是信息的积累，也是知识的积累。

出版产业正是通过其文化选择、文化生产、文化传播及文化积累等功能的发挥，才对人类文明的进步和社会文化的发展产生了巨大的推动作用。

三、政治功能

政治功能，顾名思义就是某种主体在政治方面发挥的功能，它的基本属性区别于经济、文化等社会功能，主要表现在其对于国家意志表达、民众利益实现、党群关系协调、政治民主建设和社会秩序维护等方面的功能。政治功能不同于经济功能，没有精确的数字标准的限制。一个国家或许会对本国的经济发展制定具体量化的发展目标，却很难对该国的政治发展制定量化标准。政治功能包括了政治传播功能、政治监督功能以及政治社会化功能等。政治传播功能涉及政治问题的形成与宣传；政治监督功能涉及对于公众政治认知的监督、对于政府处理政治问题的态度与方式的监督等；政治社会化功能涉及公众对政治问题形成的政治认知和公众舆论等。

学者们大都认为，出版产业的政治功能主要表现在思想教育与舆论导向上。出版物是宣传思想的有力武器，任何阶级、学派、团体、宗教，无不利用这一武器来宣传自己的思想。出版是人类精神活动的重要传播媒介，科学的进步、思想文化的积累离不开出版。特别是报刊和图书对于政治宣传、思想教育的巨大作用尤其不可忽视。此外，通过对出版物作用的描述来揭示出版活动的思想教育功能的论述还有很多。阙道隆从编辑的角度对出版功能进行了阐述。在《编辑学理论纲要》一文中，阙道隆提到了编辑活动的两大政治功能，"第一项重大政治功能是维护现存政治制度、政治权力的合法性，或者为建立新的政治制度、政治权力制造舆论。……编辑活动的第二项重大政治功能，是推动社会的民主和法制建设的进程，对权力机关进行舆论监督。"他同时指出，这两大政治功能的发挥，是通过书籍报刊的传播来实现的。可见，阙道隆提到的两大政治功能，是整个出版活动所具有的政治功能。英国学者斯坦利·昂温则从出版自由的角度探讨出版活动的思想教育功能。他指出："要使新思想和不受欢迎的意见得到仔细而又彻底的鉴定，除了出版之外，还有更好的办法吗？破坏性思想的敌人，不是镇压，而是公之于众；真理不必害怕阳光，谬误在阳光下会枯萎。"

出版物作为一种重要的传播媒介，能够从五个方面影响受传者的立场、观点和行为：一是可以为受传者提供支持固有立场、观点和行为的有关情况，从而增强受传者的固有观念；二是在争议不大且没有外部因素干扰的问题上，重复传播内容能直接改变受传者的行为；三是只要善于把一种新观点同受传者的原有价值观和需要联系起来，就可以使受传者在不改变原有立场的情况下接受新观点；四是为受传者提供证明他基于某些需要和固有观念而采取行为的正确性的材料，支持受传者业已采取的行动；五是提供与受传者固有观念相联系的新情况，对受传者的思想注意力起一种引导作用。

尤其值得说明的是，随着科学技术的发展逐渐衍生出的新媒体，如IPTV、电子杂志、微博、微信等数字化媒体,呈现出海量信息承载特征、碎片化信息传播特征、虚拟化信息传播环境特征,在传播政治信息、实现政治说服、调动民众的政治参与积极性、实现政治沟通、塑造政府形象、提高政府公信力等方面的作用更加值得关注。

四、社会功能

出版产业的社会功能体现在信息传播功能、社会调控功能、社会教育功能及消遣娱乐功能等方面。

(一)信息传播功能

出版产业的信息传播功能即通过出版物的生产和流通,实现信息的社会化分享。出版是人类独有的一种交往手段,也是社会发展到一定的阶段才出现的信息传播方式。它可以超越时间和空间的限制,也可跨越社会群体的局限,使人类创造的精神财富得到纵向的发展和横向的交流。任何一种思想的传播和知识的传授,如果只通过言传身教,其效率之低下是可想而知的;任何一个社会群体,如果离开了出版文化信息的交融,要进行深层次的社会交往活动也是不可思议的。从历史角度看,出版传播目的是随着社会的发展而发展的,如封建社会形态下的出版传播主要是为了封建统治的巩固和改善,而资本主义社会的出版只能顺应资本主义社会的实用主义的目的。现阶段我国处于社会主义建设的初级阶段,出版宗旨则是:传播和积累有益于提高民族素质、有益于经济发展和社会进步的科学技术和文化知识,弘扬民族优秀文化,促进国际文化交流,丰富和提高人民的精神生活。

(二)社会调控功能

出版产业的社会调控功能是指通过出版物的传播,能帮助人们界定、适应社会环境,能够按照社会规范要求来约束、调整自己的思想和行为。社会是建立在分工合作基础上的有机体,只有实现了社会各组成部分之间的协调和统一,才能有效地适应环境的变化。出版正是执行联络、沟通和协调社会关系功能的重要社会系统,是建立社会调控机制的重要渠道。社会调节机制是指以社会发展需要为目标,整合社会的经济、政治和文化资源来防范、控制和调节社会矛盾与冲突,实现社会合理有序、良性运行的一种自组织系统。

(三)社会教育功能

出版产业的社会教育功能体现在以下方面:首先,出版物所具有的教育价值及其对智力发展的影响对于那些没有机会接受良好教育的人来说,起到了等同于学校的作用;其次,正规或非正规的学校教育同样需要出版活动的参与,出版活动为学校提供三大教育支柱之一的教材;再次,出版活动在现代社会的普遍存在,标志着对人的品格来说出现了一种新的具有教育意味的环境。

(四)消遣娱乐功能

出版产业还具有消遣娱乐功能,恩格斯早在《德国民间故事书》一文中就做了很好的解释:

"民间故事书的使命是使农民在繁重的劳动之余,傍晚疲惫地回到家里时消遣解闷,振奋精神,得到慰藉,使他忘却劳累,把他那块贫瘠的田地变成芳香馥郁的花园……使他意识到自己的力量、自己的权利和自己的自由,激发起他的勇气并唤起他对祖国的热爱。"许多人阅读文学艺术图书的一个重要动机,就是要从图书内容中得到娱乐、消遣和休息。文学艺术图书可以寓教于乐。生活在广大农村和边远地区的读者,文化生活比较枯燥,在紧张的劳动之余,读读文艺小说、故事,可以获得愉悦和娱乐,消除疲劳。

资料链接

《读者文摘》(Reader's Digest)的创办

德威特·华莱士(DeWitt Wallace)的朋友们觉得他是个怪人,当然,更多人觉得,他是个天才。说他是天才的,自然由于他创办了令他富甲天下的《读者文摘》,而他鲜明又古怪的个性色彩无疑又影响到他的杂志。华莱士成长在一个双亲婚姻关系并不幸福的家庭中。他擅长恶作剧,求学虎头蛇尾。但那个自我放逐的少年时代,却隐约蕴藏着《读者文摘》诞生的火种。华莱士坚持在闲暇时间积极地、大量地把他的各种心得记在笔记本、目录卡和活页纸上。而不写东西的时候,华莱士钟爱阅读杂志,近乎贪婪,并且将喜欢的文章精要抄在卡片上存档。华莱士的创作和摘要大都是一些名言、引文、自我提升的信条,以及赚钱的点子。

后来的数次实习经验,使得他洞察人们对实用知识的需求——显然,这便是《读者文摘》的种子。而华莱士通过阅读杂志谙熟的一些著名记者、作家,许多人后来成为《读者文摘》的旗下笔锋。

19世纪末20世纪初的美国,还保持着科技时代全面到来之前最后的纯真,美国的殖民影响力那时还非常巨大。华莱士深受这种简单、天真、全能美国的观念的影响,后来渗透进《读者文摘》,使其反映着创办者毕生致力于留存及重新创造这套观念的努力。19世纪末的三项发明:高效且廉价的邮政系统,奥特马·墨根瑟勒发明的铸造排字机,以及卷筒纸印刷机和折叠机的革新,《读者文摘》深受其惠。

从编辑专供农民、商人阅读的实用知识小册子到第一期《读者文摘》样刊的出炉,不过五年。从战场归来的华莱士用养伤的时间为士兵们编纂文摘。1920年,华莱士用从父亲和兄长那儿借来的钱印刷的《读者文摘》样刊,没有赢得任何出版商的青睐。1921年底到1922年,华莱士夫妇用邮寄推销的方式,收到了第一批订单。1922年2月,《读者文摘》创刊号诞生了。创刊号沿袭两年前的样本,共6页,黑白封面,一些样刊中的文章亦收录在内——这证明了华莱士坚持出版具有长久价值文章的信念。在封面下方的中央部分,有宣示其信条的一排字:"每个月从主要杂志选录31篇文章,每篇文章都有长久的价值和趣味,以浓缩和精简的形式表现。"

21世纪初的《读者文摘》被认为是"比《纽约时报》和《时代周刊》更能影响美国人"的一份杂志,取得了世界性的成功:在全球60个国家和地区以21种语言发行50种版本,每期发行量达到 1800 万份,是全球读者人数最多的杂志。

 关键术语

经济与文化双重属性　创意性　高风险性　高附加值性　经济功能　文化功能　政治功能　社会功能

 问题与思考

1. 如何理解出版产业的经济与文化的双重属性?
2. 试述出版产业的功能。
3. 联系我国实际,谈谈如何做到出版产业经济功能与文化功能的统一。

第三章 出版产业的发展历程

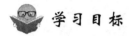 学习目标

> 通过本章学习,应了解和掌握以下内容:
> 1. 中华人民共和国成立后我国出版产业的发展历程。
> 2. 世界各国出版产业发展对我国的启示。
> 3. 数字化对各国出版产业带来的机遇与冲击。

中国历史悠久,自殷商时期就有了出版活动,随后造纸术、印刷术的发明更是推动了世界出版业的发展,而美国、德国、英国及日本的出版产业发展也呈现出各自不同的轨迹与特点,本章系统考察并梳理我国及世界各国出版产业发展历程,这不仅有助于对出版产业管理的理论研究,而且有助于建立和完善适合我国国情的出版产业管理体制。

第一节 我国出版产业的发展历程

由于社会发展演变历程的不同,中国的出版产业之路异于西方。在梳理我国出版产业的发展历程时,我们按照时间顺序,分为两个阶段来阐述我国出版产业的发展,即中华人民共和国成立以前的出版产业和中华人民共和国成立后的出版产业。

一、中华人民共和国成立以前的出版产业

距今 3000 多年,中国古人开始用木简书写文字,并穿串折叠、制装成册,还有用丝帛作为文字的载体,分卷成册,这就是中国书籍的初始。春秋战国时期,竹木简牍和绵帛已成为著书的主要材料。在百家争鸣的学术氛围下,出现了私人著书、编书、藏书的情况,许多门类的著作相继问世。手工抄写出版时期始于西汉末年,出版活动已经产生,延续到公元 8 世纪我国发明了雕版印刷术为止,经历了 800 余年。那个时期在"槐市"与"书肆"上交易的图书,都不是作者的原作品,而是用手抄或刀刻的方式对原作品内容进行复制的产品。"槐市"时期,一些士子将自己所念的教科书多抄一份,拿到集市上去与别人的家乡土特产、乐器等交换,已具备对原作品复制生产的性质;"书肆"时期所集中的众多的图书品种,更说明手写的方式对原作品进行复制生产的现象已较普遍。图书贸易活动的出现意味着将图书产品向社会传播采用的是市场交

换的方式。迄今为止,以市场交换方式使出版物向社会传播仍是出版物流通的主体。早在汉武帝到汉宣帝时期,我国就出现了原始的植物纤维纸,可惜质地粗劣,不能用于书写。公元105年,东汉蔡伦改进造纸术,对世界文明的发展产生了重大影响。这一时期是我国出版业的产生及初步发展时期,因而具有明显的初期发展特征。第一,图书的生产以手工抄写为主;第二,图书的流通以个体书摊、书贩为主;第三,图书的品种以佛道教经典及单篇文学作品为主。雕版印刷产生于公元8世纪,止于19世纪中叶机械化印刷厂在我国建立,经历了1000余年。19世纪中叶,美国基督教新教长老会于1844年在澳门建立"花华印刷房",开始使用印刷机械生产图书。

近代民族出版产业的兴起,是以1897年商务印书馆的出现为标志。民族出版产业为整理、出版中国古籍,介绍西方资产阶级民主思想和科学技术做出了贡献,促进了我国初期的民主革命和文化启蒙运动。民族出版产业发展初期的特点主要有:第一,民族出版产业取代教会的译书机构而逐步在中国出版产业取得了主导地位;第二,出版发行机构大多采用资本主义的经营管理方式运作;第三,出版内容以教科书、古籍工具书及翻译西方科技学术图书为主;第四,出版生产技术先进,设备精良。

二、中华人民共和国成立以后的出版产业

中华人民共和国的成立,使中国出版产业较1949年以前发生了巨大的变化,特别是中国共产党十一届三中全会以来的40年,中国出版从规模到质量均取得了空前的发展。迄今为止,新中国的出版产业经历了以下几个阶段:

(一)起步阶段(1949—1965年)

旧中国留下一个衰落凋零的出版业。1949年,全国仅出版图书8000余种,总印数1.05亿册;期刊257种,总印数0.2亿册。中华人民共和国成立后,中央人民政府设立了出版总署,政务院于1949年10月28日颁发《关于改进和发展全国出版事业的指示》,明确指出出版总署应当协助各大行政区分别筹建、改进或扶植地方的出版工作。国营书店应团结与组织一切私营书店,共同把书刊发行工作做好。将新华书店统一国营,1950年起,人民出版社、人民卫生出版社、人民教育出版社、科技出版社、青年出版社等专业出版社相继建立。1953—1957年间,新建了20多家出版科技图书的专业出版社及一些社会科学的专业出版社和地方综合出版社。1956年,全国已有出版社97家;出版图书28773种,总印数17.84亿册,分别是1949年的3.6倍和17倍;出版期刊3.53亿册,是1949年的17.7倍。从1953年开始,有计划地组织翻译出版了一批马恩列斯著作、学术新著、科技专著、中外文学作品及课本等各类图书。1961年4月,中共中央宣传部召开高等学校文科教材编选计划会议,在中宣部的直接领导下,国家教育部、文化部开始组织全国高校力量编写教材。1964年和1965年,中国印刷代表团和技术小组分赴日本、西欧考察,引进部分电子分色机等机器,这是中国在印刷方面应用技术的开端。这一时期还着重加强了对城市、工矿区和农村的图书发行。到1965年,全国已有图书发行网

点 52198 处,图书销售 18.58 亿册,计 4.26 亿元人民币。

(二)"文革"阶段(1966—1976 年)

"文化大革命"使得经过 17 年艰苦创业建立起来的中国出版业受到了极大的破坏和摧残。1965 年,全国有 87 家出版社,到 1971 年,只剩下 46 家;1965 年,全国出版图书 20143 种,到 1967 年,只有 2925 种;1965 年,全国期刊 790 种,到 1969 年,只剩下 20 种。1973 年 9 月,国务院设立国家出版事业管理局,恢复对全国出版事业的管理,但由于"四人帮"的干扰,出版业仍未出现根本性的转机。当时的出版业主要发挥意识形态工具的作用,出版量最大的图书是毛泽东著作,出版社数量少、规模小,除北京、上海等少数大城市外,其他省基本上每省仅有一家出版社。

(三)发展阶段(1977—2000 年)

随着"文化大革命"的结束,文化禁锢主义的打破,出版体制改革的推进,中国彻底摆脱了"文化大革命"造成的"书荒"的困境,出版业很快获得了恢复和发展。1977 年,图书出版种数 12886 种,总印数 33.08 亿册;期刊出版种数 628 种,总印数 5.59 亿册。到 1985 年,图书出版种数 45603 种,总印数 66.73 亿册。如此之长的增长周期,如此之高的增长速度,在世界出版史上也是罕见的,因此,我们把这一阶段称为中国出版业的超常规发展阶段。正是在这一阶段,中国出版业功能开始得到转变,在其后期,中国图书市场告别"短缺经济"时代,开始出现相对饱和、相对过剩局面。1986—1994 年中国改革继续展开,从计划经济向市场经济发展,出版业进入市场竞争的时期。1985 年后,中国出版业高速增长的势头不复存在。1986 年,图书出版总印数和总印张数同时猛跌,分别比 1985 年下降了 22.08% 和 22.03%,以后虽有所回升,但直到 1993 年,图书出版总印数和总印张数仍未超过 1985 年水平。1994 年,虽然图书出版总印张数终于超过 1985 年的 2.75 亿印张,但图书出版总印数仅为 0.8 亿册,仍然低于 1985 年。1986 年至 1994 年,中国图书出版总印数和总印张数年均增长率为 0.55% 和 0.6%,期刊总印张数年均增长率为 −2.1%,中国出版业经历了长达 9 年的调整和徘徊。由于出版业显著的意识形态特征,长期以来一直被视为党和政府机关的附属物,过分地强调其政治和教化功能。1994 年,我国明确了国家对新闻出版产业的宏观管理模式要从行政管理向宏观的依法管理模式转化,企业的管理体制要从传统的事业管理向产业管理模式转化,并探索建立现代企业制度。党的十六大报告明确提出了"出版产业"的概念,并强调指出:"发展出版产业是市场经济条件下繁荣社会主义文化,满足人民群众精神文化需求的重要途径。"在这一政策的导向下,出版社和发行单位逐渐由事业单位向市场化的现代企业管理模式转变。2001 年和 2002 年国家分别出台了图书出版领域改革的具体实施意见,我国的图书出版也进行了集团化试点工作,在全国组建了若干国有大型出版集团、发行集团、报业集团等。这些集团以资本和业务为纽带,在界定产权的基础上,规范集团内部成员之间的权利义务,明确了资产经营责任,实现了成员之间的优势互补和资源共用、利益共享、风险同担。在承担完成宣传文化工作任务的同时,还肩负着国有资产保值增值的责任。

(四)加入WTO后的转型阶段(2001—2014年)

中国加入世界贸易组织后,已履行了在入世谈判所做的承诺,向世界贸易组织成员方提供市场准入。就出版业而言,中国承诺入世一年之后放开出版物零售市场,三年后放开出版物批销市场。这些承诺已经变为现实。一些国外的跨国出版企业集团,以其雄厚的资本实力、先进的管理经验和成熟的市场运作机制正进入或准备进入中国的出版市场。中国由于包括受资本在内的各种因素的制约,尚未进入国外特别是西方发达国家的出版市场。这也在一个方面反映了中国出版业竞争力同发达国家存在的差距。

(五)互联网下的创新阶段(2014年至今)

以互联网为媒介的数字出版正在快速发展。以互联网为代表的新媒体对我国的出版业不只是冲击与挑战,更多的是机遇与发展。互联网新媒体能够与我国出版业和谐互补,共同发展。对于传统出版业而言,面对互联网新媒体的冲击,需要用积极乐观的心态去面对,积极去探寻并找到新媒体与出版业和谐共赢的方式与对策。结合最近几年媒体的发展状况来看,手机出版和网络多媒体出版等一些全新的出版方式成为一种发展趋势。

随着体制改革的日益深化以及全球化进程的不断迈进,我国出版产业呈现巨大活力,发展势头强劲。尤其在近年来国家出台的一系列政策的大力扶持下,产业规模不断扩大,产业结构日益优化,数字化转型步伐持续迈进,在为国家创造精神财富的同时,也创造了巨大的物质财富,极大地发挥了出版产业主力军的作用,国际影响也逐渐提升。然而不可否认的是,全球化时代的到来也催生了新的世界经济格局,使全球出版格局出现重构趋势,这必然对我国出版产业带来前所未有的压力与挑战。一方面,随着全球范围内企业兼并重组与业务整合大潮的出现,国内有限的出版市场、出版资源正受到国外出版商的强势争夺。另一方面,在参与日益激烈的国际竞争时,我国出版产业与美国、英国等世界出版强国争夺海外市场的能力明显不足,对外竞争十分乏力。还有一些突出问题摆在眼前:发行渠道不畅与盲目跟风出版造成大量积压书;"事转企"的并购使得图书出版呈现过于功利化的趋势,长期缺少必要的公益性、学术性出版;在内容为王的时代造成广播、电视媒介对于文本作品的挤压,使得图书出版沦为新媒体的附庸;互联网与手机阅读的广泛应用,造成对于纸质图书版权尤其是国际版权的无形侵害等。在这种形势之下,大力发展出版产业,提升产业国际竞争力已成为我国深化体制改革、应对国际竞争压力与挑战的重要环节与关键途径。只有这样,才能推动我国由出版大国向出版强国的跨越式转变,真正实现出版业走出去,建设社会主义文化强国。

第二节 国外出版产业的发展历程

美国、日本、英国和德国的出版产业发展轨迹在世界出版史上最具代表性,它们都已建立起了成熟的出版产业体系。不过由于经济环境和历史文化特点的不同,各国出版产业的发展历程和产业模式也不尽相同。

一、出版产业巨头——美国

自 20 世纪中后期以来,美国的出版产业在世界出版产业的地位首屈一指,它拥有世界上最大的图书市场,年出书种数、图书销售量都居全球前列,早已成为公认的世界出版产业中心。虽然 1990 年以来世界经济经历了几次大的衰退,美国出版产业却仍旧保持一枝独秀,在版权出口、收入水平、雇佣员工人数等许多方面对美国经济的拉动作用都高于其他经济产业。美国出版产业发展历经四个阶段。

(一)萌芽阶段

美洲大陆最早的图书是在 1620 年由清教徒携带进入的,用于传播宗教思想。锁匠出身的英国移民斯蒂芬·戴于 1638 年在波士顿建立了北美英殖民地第一家印刷所——坎布里奇印刷所,标志着图书出版业开始在美国起步。当时,书价十分昂贵,读书是件十分奢侈的事情,除了宗教人士和上流精英,普通百姓几乎不能接触图书。1776 年美国宣布独立以前,版权贸易并不是重要产业,并且其中的版权产品主要是图书、报纸、期刊等。1783 年康涅狄格州通过第一个鼓励文学和原创作品的法案,这一法案力争使得每个作者能从他的作品的销售中获得收益,激励人们去出版他们的作品服务人类。1790 年 5 月 31 日美国议会通过了第一个联邦版权法案来保护作者和版权所有人的利益,但该法案并不保护其他国家作者和版权所有人的利益,这使得之后美国出现了长达两个世纪的猖獗的盗版现象。

(二)发展阶段

南北战争以后,新机器、新能源的发明及开发推动了生产力的大幅提升,工业化和城市化趋势日益明显。印刷技术随着这股浪潮迎来大发展,铅板印刷、铅字排版、插图绘制、浇铸铅字等新技术大量运用到印刷工业中,显著提高了生产率,降低了印刷成本,图书价格大幅下调,许多 10 美分一本的图书开始走入普通家庭。基于规模经济,美国费城、波士顿和纽约这几个大城市逐渐成为出版产业的中心。1855 年之前,美国的图书大多从英国进口,到 1855 年,美国图书销售第一次超过英国,但是由于当时世界范围内没有有效的国际版权保护公约来约束盗版行为,美国此时执行的是以牺牲其他国家特别是欧洲国家的作者和艺术家的利益来便利本国居民的保护政策,技术和规模化集中生产在客观上也为盗版提供了便利条件。到了 19 世纪末期,义务教育的推广,使得具有读写能力的人数不断增加,针对大众的平装图书诞生并流行。平装书的革命极大地拓展了图书的作用,扩大了读者队伍。二战之后,印刷技术发展迅猛,中小型出版社应运而生。此时出版产业的法律规范逐渐完善,使盗版产业得到了遏制,市场逐步转向正规。这一时期,出版商发现人们开始对休闲活动产生兴趣,他们顺势而为,迅速改变出版策略,除通俗小说外,又增加了大量的非小说类图书,如烹饪、园艺、育儿、编织等,大大增加了人们的阅读选择,从而大幅提升销量。至此,美国逐渐成为世界上出版产业最发达的国家,经过200多年的发展,全美有商业图书出版社、政府出版机构和大学出版社等6万余家。其中,商业图书出版社有2万多家,学会、协会出版社6000多家,个体小型出版社1万余家。在这众多的图书出版社中,绝大多数是年出版图书3种以下的小出版社,大型集团不过40家。

(三)转型阶段

20世纪90年代,由于竞争激烈,美国图书产业开始出现了前所未有的大兼并、大收购现象,垄断进一步加剧。1997年企鹅公司兼并了普特南出版公司,成为一般图书出版的巨头。1998年荷兰克鲁维尔公司以3.75亿美元购进韦弗利公司而成为世界上最大的医学类图书出版社;德国贝塔斯曼集团于1998年收购美国兰登书屋,并将其与矮脚鸡-道布尔戴出版集团合并,组成了新兰登书屋,全球年销售19亿美元,美国本土销售14亿美元;同年,图书销售收入曾达24.7亿美元的西蒙与舒斯特公司破产,由培生集团收购了教育图书、职业图书和工具参考书等出版部门。1999年美国哈考特通用公司被英荷合资里德·爱思唯尔集团收购。2001年,时代华纳出版公司被美国在线收购。迫于市场竞争的压力,除了非营利性出版社,其余出版社的性质基本上是营利型的,早已形成完全的市场机制。随着出版业的不断并购,出版资本越来越集中,出版集团的规模日益扩大,跨地区、跨国家的巨型出版企业比重也大幅增加,其所占有的市场份额越来越多,图书市场的划分越发明显。其结果是产生了为数更少、地位更重要且规模更为庞大的出版企业。因此,美国出版业出现了集团化、跨国化和垄断化的趋势,出版业的产值在美国156个制造行业中居第3位。因此,可以说美国是一个当之无愧的出版产业大国。

(四)互联网阶段

美国的新技术尤其是网络技术、计算机技术的发展,创新了出版方式,"网络出版""无纸出版""按需印刷""电子书""网上销售"等新名词频频闯入人们的视线。借助新技术,美国传统出版业有了根本性的改变,人们开始处于纸-电双媒体世界,它不仅使出版形式更加多样化,也成为全球出版业竞争的重要手段。未来出版产业的发展将更着重于对新技术的采用,甚至可以说,高新技术决定着未来出版产业的发展方向。

如今,越来越多的美国出版商以及许多跨国性的大出版集团对出版产业进行融合发展,他们根据市场的需求,对某一出版物多次开发或出售版权,对资源进行深度挖掘,打破以往不同媒体间各自独立的局面,生产出多种媒介的知识产品,以此实现多媒体互动发展的态势。比如在图书出版之时,以同名电影、网上游戏、电影原声唱片、电视播映以及杂志连载等多种媒介形式共同铺天盖地地推向读者,形成一股流行浪潮。这种运用图书、影视、广播、音像、电子出版物及报刊等多种媒介,对同一出版资源多维度开发,使其形成交叉互动,甚至将它们融合为一体同时出版发行的方式,使图书的附加值达到极限,出版产业迎来新一轮大发展。可以看出,美国出版产业的垄断化、专业化、数字化程度会进一步加强,出版产业的格局也将发生改变,数字出版的发展将远远超过传统媒体,成为出版产业的未来主导方向。

二、老牌出版强国——英国

英国是世界上出版业最发达的国家之一,以英语语言的国际化应用为依托,成为世界上最大的印刷书籍出口国。同时,它也是第二大版权贸易国,与美国一起,是世界上仅有的能够在版权贸易上保持顺差的国家。与语言文化紧密相连的英语出版使英国的图书出版业具有得天独厚的优势,凡是以英语为母语的国家都是英国图书出版的市场,而以英语为第一外语的国家则又是它的目标市场。由于英国国内市场狭小,因此,英国出版商自19世纪以来就开始热衷于国际化,直接出口图书与版权贸易异常活跃。

由于"玫瑰战争"①的影响,英国的印刷出版业比欧洲大陆各国晚走了一步,但不影响其出版强国地位。英国出版产业发展历程大致分为四个阶段。

(一)王室控制

1476年,威廉·卡克斯顿将"古登堡革命"的成果——活字印刷术引入英国,在伦敦威斯敏斯特教堂附近开设了英国第一家印刷厂,从此开启了英国印刷出版业的大门。1477年在威斯敏斯特城出版的《哲学家的语言与格言》是英国第一部印刷出来的书。1534年,英国王室颁布了保护国内出版商的法令,那一年的圣诞节,亨利八世规定所有出版商开张营业前必须获得王室许可,从而建立起王室特许出版印刷制度,这是英国持续了许多年的书刊直接审查制度的开端。直接审查制度是以王室特许制度为基础,以王室特许出版公司为主要控制手段的书刊出版制度。王室特许出版公司的成员拥有独占出版各种印刷品的权力,并通过这一权力获得可观的经济利润。作为回报,他们必须维护王室的政治利益,出版物内容必须有利于王室。这种制度实际上是将王室的政治利益与出版商的经济利益紧密地联系在了一起,通过利益的联动,王室特许出版公司得以垄断出版行业,从而满足统治阶级控制言论的需要。由于英国本土出版力量薄弱,英王亨利八世于1534年下令禁止外国图书自由进口,同时下令在剑桥大学建立出版社。1856年,牛津大学出版社成立,英国的印刷业有了进一步的发展,所以严格说来,英国的出版业开创的主力是学术文化中心——剑桥和牛津。从16世纪90年代到17世纪20年代,英国已初步建立了自己的出版力量。根据书目统计,1660—1800年的140年间,英国总共出版了约30万种书籍,其中宗教读物、韵文故事书、小说占很大比例。

(二)工业革命带动

18世纪末到19世纪初的产业革命率先在英国爆发,引起了社会大变革,为各种出版物的出现与流通提供了技术保障,而新型刊物的出现又刺激了技术的不断革新,正是在这样的良性互动下,19世纪的英国出版业呈现出繁荣的景象。与此同时,印刷商、出版商的积极作用也不能被忽视,正是有了他们的支持,才使得纸张、雕版、印刷领域的变革如此顺利,从而促进了出

---

① 玫瑰战争(Wars of the Roses)是金雀花王朝第六代国王爱德华三世的后裔兰开斯特公爵家族与约克公爵家族为了争夺王位而发生的内战。

版业的整体发展。英国的出版业属于制造工业,"纸张、印刷与出版"是放在一起的,统计显示,在制造工业中它的总产值仅次于食品、机械、化工、电器而居于第五位。以纸张为例,1800年以前是手工造纸,图书生产成本中,纸张费用占20%,到19世纪末20世纪初,由于机械化造纸出现,纸张在成本费用中所占比重下降到7%,图书价格也随之大幅下降。17世纪末,英国宪法和政治制度中确立了私有财产神圣不可侵犯的原则,这使得在1695年英国议会否决了图书出版公司的许可证议案。为了改变许可证议案被终止后的出版业乱象,安娜女王于1709年签署了《安娜女王法》,之后废止《印刷法案》,这些都使得由英国皇室制定的"直接审查制度"逐步瓦解,为英国出版业的繁荣提供了政治契机。《安娜女王法》不仅是英国,也是世界上第一部版权法,它明确规定了资本主义制度下作者、出版商和书商之间的关系,以印花税、秘密津贴为代表的经济管制手段全面取代了以王室特许公司为代表的直接审查制度,为已经形成的印刷商、出版商、书商三足鼎立的局面做出了法律规定,进一步促进了英国出版业的发展。随着出版业的发展,1895年建立了英国书商协会,之后又建立了英国出版商协会,在麦克米伦发起下,两协会于1901年签订了净价图书协定,从此确定了图书由出版商定价(规定固定价格),书商从折扣中取得利润的办法,这是出版业发展过程中的一件大事。

(三)全球化进程

工业革命后英国图书销售额也有大幅增长(1965年突破一亿英镑大关;1982年达到十一亿英镑,折合三十多亿元人民币),但是因为英国国内市场狭小,前景并不乐观,有人认为英国出版业要同削减教育经费、削减海外贸易补贴和成本不断上涨做斗争,面临成本、质量、销售三方面的挑战。所以出版社之间的竞争十分激烈,为了提高竞争能力,一是要在内部结成集团,二是力求对外开拓海外市场。英国出版公司为了在海外英语书刊市场中占有一定的份额,采取了各种手段参与竞争。如牛津大学出版社为了进军美国图书市场和以使用美式英语为主的南美市场,在美国设立了牛津大学纽约分部,出版以美式英语为主的图书。麦克米伦出版公司为了开拓海外 ELT(English language teaching,英语语言教学)图书市场,收购了海涅曼 ELT 图书部,专门根据西欧某些国家国内英语教学需要编写和出版 ELT 图书。世界著名的 DK 出版公司从1974年成立起,就树立了为国际市场出版图书的出版理念,将出版主要定位于国际市场,从20世纪90年代以来先后在美国、法国、德国和澳洲成立了分公司,针对不同国家需要,专门设立有汉语、韩语、西班牙语、葡萄牙语等十多个不同语种的销售部。为了开拓中国的图书市场,DK 出版公司在北京设立了办事机构,主要加强与中国出版社进行版权贸易和合作出版。英国出版公司还通过收购或兼并国外出版公司的方式打入国际图书市场,例如:里德·爱思唯尔出版公司是1993年1月由英国里德公司和荷兰爱思唯尔公司合并组成的公司,里德国际公司除在英国拥有一些子公司外,还拥有美国的 R. R. 鲍克公司和德国的R.C.绍尔出版公司。作为世界第二大版权输出国,英国出版商的出口额占其总收入的40%,出版界高度重视版权工作,对版权的保护和开展国际版权贸易有一套完备的体系和成功的做法。他们从选题策划开始就着眼于国际市场,图书的设计通常采取"一书多版"的方式。剑桥大学出版社有

1.5万种图书已不再出版纸质版图书了,但出版社继续经营这些图书的版权,每年仍有较大收益;约翰·威立国际出版公司有一支40多人的版权经营团队,每年活跃在世界各地,创造巨大的收益;斯特林出版中心等一些大型出版社将纸质图书版权卖向全世界、卖给其他产业链,对版权经营的重视超过了纸质图书。欧洲的版权签约一般是终身制,并还可延续至作者故后的70年。

(四)数字化转型

受非英国传媒公司、商业化运作的图书销售连锁店和超市日益增长的支配力量、全新的全球竞争、数字出版和全新的版权威胁的挑战,各出版商正探索引入新的盈利模式。现阶段,增速最快的是包括电子书籍、网络下载、音频书籍等模式的消费类数字出版物。英国出版协会会长理查·莫利特说,无论从哪方面看,英国数字出版业的增长都非常迅速,但鉴于科技已把电子阅读器送到读者手中,出版商正在开发能接触更多读者的数字平台。英国出版协会新闻官维多利亚·拉斯蒂曼说,该协会很重视数字出版,已连续多年主办数字出版论坛,分别讨论数字出版的法律环境、网络模式转换、移动阅读技术等多个议题。英国数字出版业的市场环境涉及政治、经济、法律、社会和技术等领域,但目前业界最关心的是版权问题。出版业在投资、风险和时间投入方面可谓"三高"行业,而版权是创意行业的生存之本,能确保出版业的投入获得回报。英国依靠版权保护才能获得成功的行业占国民经济的8%,涉及数百万个就业岗位,然而数字出版业也深受非法下载之苦,英国出版协会数据显示,有700多万英国人非法下载,这使得数字出版物的销售额损失三分之一。另外,数字出版物的版权构成较传统出版物复杂,比如,一份数字出版物可能涉及多个版权所有者:拥有文字版权的作者,拥有排版版权的出版商,拥有软件版权的电脑企业,拥有视频及音频版权的其他各方,等等。数字出版物的版权保护涉及多方利益博弈。

值得注意的是,2016年6月23日英国全民公投退出欧盟,脱欧后英国经济发展的整体趋缓导致英国传统出版业销售下滑,同时脱欧后出现的与欧盟间的关税障碍造成出版成本上升、出口贸易下降,来自欧盟的研究资助经费大幅下降,种种原因将最终造成英国传统出版业利润下降,进而影响英国出版产业的整体规模。

三、出版产业强国——德国

作为"现代出版业发源地",德国是有着悠久出版传统的世界出版强国。近代以来,德国饱受战争蹂躏,但每次战祸之后又能迅速崛起。除此之外,制造业高度发达,长期在国际享有竞争优势等所有这些独特现象都直接或间接与一个基础性的支撑因素有某种关联,即发达的出版业。纵观历史,德国出版产业发展大致经历三个阶段。

(一)出版业萌芽阶段

在17世纪上半叶的三十年战争中,德国经济社会受到严重创伤。到了18世纪初期,德国农业依然处于原始落后的状态,工业发展停滞,各种贸易大幅下滑,国家凝聚力缺乏,在同外国打交道时各方面都软弱无能。在这百业凋敝的情况下,德国的出版业却蓬勃发展,并得到德国政府的重视和支持。这一方面得益于一系列技术发明,如1450年古登堡发明了印刷术,1811年柯尼希发明了蒸汽印刷机,1845年快速印刷机发明,1882年麦森巴赫发明了照片印刷术,1884年摩尔根塔勒发明了整行排铸机等;另一方面得益于出版市场的建立及管理体制的形成。德国早在1480年就有了法兰克福书市,1564年就有了莱比锡书市,这两个书市沿用至今,图书出版量数百年来长期居于欧洲第一;德国于1825年还成立了全世界最早的批发商联盟——"书业协会",于1852年成立全世界最早的出版培训机构——"莱比锡出版业培训学校",而且德国政府率先制定了对于图书出版长期激励、赞助与保护等具体的法律政策,如在1886年签订的强调国际版权意识的《伯尔尼公约》,这些都走在世界的前列。这些使得18世纪初期德国就成为欧洲的出版中心,一些国外的思想家也选择在德国出版他们的作品,法国启蒙运动思想领袖伏尔泰在德累斯顿的瓦尔特出版社出版了他的著作全集。19世纪,德国的书籍生产转变成了真正的工业活动,翻译也形成了工业化机制,它们迅速将畅销的通俗作品提供给德国读者大众。出版业为教育提供基础性支持,更重要的是,这些出版机构的知识传播活动为德国培养了大批有较高文化素养的国民。这些国民成为德国最宝贵的人力资源,奠定了德国兴起的人才基础。"由于图书尤其是教科书可以通过机器大规模生产,价格越来越低廉,这推动了德国基础教育、中等职业技术教育和高等教育的发展。1898年,德国9所工科大学的在校学生达万人以上。这必然需要大量的教科书和图书馆藏书,如果没有发达的出版业支持是不可能存在的。"由于教育的超前发展,1860年,普鲁士人口识字率已达97%,到19世纪末,德国成为全世界文盲率最低的国家。尽管仍然是个农业国,但德国在知识积累与文化创造上已经与欧洲强国并驾齐驱,像哲学界的康德、黑格尔,文学界的歌德、席勒,数学家高斯等都驰誉世界。在某种程度上,德国出版业在国际上的领先性,为国际出版业界制定了不成文的业界通则,起到了"定规矩"的作用。这一切成就了德国出版强国的地位。

(二)出版业飞速发展阶段

二战期间由于纳粹法西斯的专制,许多有才华的出版商、书商和一些进步作家纷纷逃亡,出版业遭受重创。有学者建议废墟中优先发展文化出版业,从文学入手,迅速恢复图书馆、书店和出版社,出版德国经典文学作品,鼓励建立文化社团,通过阅读这些作品重新追寻德国精神。德国分裂后,德国出版业便在两种政治体制下形成了截然不同的两种出版、发行、印刷体制。1949年,德国出版界开始策划第一届"法兰克福书展"。当时的物质条件极其艰苦,很难实现盈利,最终策展方克服重重困难,靠着一种文化信念坚持下来,使得书展顺利举行。1950年,彼得·苏尔坎普在作家黑塞的倡议下创立了苏尔坎普出版社;1951年开始出版"苏尔坎普文库",专门出版20世纪世界重要作家的代表作。1959年开始,翁泽尔德执掌苏尔坎普出版社,他继承并发扬光大苏尔坎普的创社理想。1963年开始出版"苏尔坎普书库图书系列",1971年开始出版"苏尔坎普袖珍丛书",这些丛书囊括了人文社会科学的所有领域。20世纪

80年代起德国一跃而成为国际上仅次于美国和苏联的第三号出版大国。当时,德国共有出版社2000多家,其中有近百家出版社营业额在1000万马克以上,1980年是德国出书创纪录年,出版图书近7万种,比1950年翻了两番。到20世纪80年代中期,德国已向国际市场提供了德文图书40多万种,当时,每年有50多种语言翻译的万种图书在德国各出版社出版。1990年两德实现统一,两德书业界开始融合,其全国性书业组织合而为一。在法律上德国出版社不能直接卖书给读者,只能通过书店,但现在已有所变化,每个出版社有自己的代理人。代理人每年春秋两季两次(或一年一次)跑全国所有书店,为自己所代理的出版社去做新书推销。世界上没有几个国家能像德国那样拥有那么多的书店,每1.6万名居民就有一家书店,而美国是27万居民才有一家书店。德国的书商是一个联系紧密的群体,被认为是国家文化的宝库。但是从经济角度看,德国的书商也会发生问题。德国零售书店大量增加,大书店和小书店之间的差距越来越大,导致零售业的发展非常不均衡。图书出口方面,德国政府起到了积极的作用,政府积极搭建世界级的图书展览会平台,为本国图书的出口推广以及德国与其他国家的图书出版合作牵线搭桥。德国的图书出版业不但以其高效的出版工作效率和图书销售量闻名于世,其举办的国际性图书博览盛会也使德国出版业在世界出版业中处于引领地位。德国国内的国际性图书博览盛会主要有两个,即莱比锡国际书展和法兰克福书展,每年都会推出数十万种新书,供来自世界各地100多个国家和地区的出版社和书商选购。除了国际性图书博览会这种方式,德国政府还设立专门奖项以鼓励世界范围内德语图书的出版,促进德国文化在全球范围内的传播。

(三)数字化浪潮的冲击

全球出版业数字化浪潮浩浩荡荡,传统出版业能否借势找到出路,转危为安,结果尚未可知。德国的图书出版业,既带有独特的本土文化,又是行业佼佼者,从而受到世人瞩目。德国大多数出版商对数字出版持谨慎态度,试图与新的数字技术保持距离,这可能是德国人求稳的性格使然。但面临数字出版大潮的冲击,德国的出版产业也开始谨慎转型,数字业务节节攀升,数字产品的销售额已经成为维持其业务增长不可小觑的力量,初步形成电子书、有声书、游戏和影视四大数字出版格局。从市场价值看,德国出版市场在过去的几年里处于停滞阶段,预计未来仍将处于停滞状态。在此种形势下,德国各大出版社纷纷寻求转型。如兰登书屋的数字转型之路,从开拓电子书疆域、开发有声书产业、实现跨媒体出版等层面着手,始终以读者为本,充分将自身传统图书的优势与新技术新媒介结合,重新点燃书籍的二次生命。在出版行业的大声疾呼下,德国书籍业者协会在2010年召开被冠之以"未来会议"的专题研讨会,围绕出版业发展50多个方面的问题进行探讨和预测,也就是对未来的社会、经济、技术、媒体使用状况的预测,列出详细的资料与数据。研讨会最显著的结果,是形成了两大倾向性看法:一是认为通信销售、互联网销售的市场份额迅速扩大;二是认为付费内容的市场份额迅速扩大,为出版行业提供了新的更大的机遇。

四、亚洲出版强国——日本

日本是世界公认的出版强国，稳居亚洲第一。日本的出版产业经过战后的短暂调整，到 20 世纪 60 年代，远远超过高速发展的经济水平和速度，一直处于持续上升的状态，人均图书消费水平居世界各国之首。20 世纪 90 年代中期，伴随日本泡沫经济的破灭，出版产业首次进入负增长时代，并一退再退，连续六年下跌，直到 2004 年才触底反弹，但不过是昙花一现，接着又连续跌入下降状态。日本出版产业的这种发展变化引起出版学术界的高度关注，也成为研究的热门课题之一。按照时间顺序，可以把日本的出版业分为以下几个阶段：

（一）明治维新时期

日本活版印刷术最早由西方九州基督封建主派往罗马的儿童使团于 1590 年带回，并用来在长崎地区印刷许多基督教出版物。但那时，活版印刷术的技艺并没有在日本扎下根来。17 世纪，德川幕府统治之下的日本的出版业开始在京都、大阪和东京三个城市形成。连同由幕府、地方政府、学校和宗教团体组成的非营利性质的出版业在内，日本迅速成为一个在出版领域有影响的国家。例如，从 18 世纪早期至 19 世纪初叶，以上三个城市出版的商业新版书每年平均达到 600 本，如果包括非营利团体的出书数量在内的话，估计总数在 1000 本左右。这个数量可与同时代的欧洲先进国家媲美。

自明治维新开始，日本就以"教育立国"为目标。教育的快速发展对出版物产生了巨大的市场需求，此时近代印刷技术革命取得重大突破，这为出版业的迅速发展提供了强大的支持。因此，日本的出版业随其近代化的兴起而迅速发展。活版印刷业和"洋纸"造纸业的产生，拉开了日本近代出版业的序幕。日本近代出版业的开端始于博文堂的成立。1878 年，大桥佐平创立博文堂，博文堂经营纸店、印刷厂、书刊批发公司、图书馆、广告代理等，属于出版业综合性的组织。当时的杂志都是 40～50 页的小册子。1895 年创刊的《太阳》就已经达到 12 开本、200 多页的规格。此后，中日甲午战争和日俄战争时期，一些与战争有关的期刊如《日清战争实记》《日俄战争实记》《日俄战争照相画报》等先后创刊，以此为轴心，日本出版业迅速发展起来。进入 20 世纪，大约与中国新文化运动提倡白话文的同一时期，为了阅读方便，日本报刊、图书的文体也由文语体改为口语体。口语体书刊的出现，扩大了出版物的读者群。1887 年，博文馆发行辑录杂志《日本大家论集》，取得巨大成功，从而开始了批量生产和销售的出版方式。1890 年大桥佐平、新太郎父子创办了零售企业东京堂，第二年开始批发业务。东京堂因销售博文堂的出版物而在中间商中占据重要位置，它的创立与发展是日本近代书店业发展的开端。20 世纪初期，日本一批著名的出版社相继诞生。它们的成立不仅推动了日本近代出版业的迅速发展，也构成了近百年来日本出版产业厂商结构的基本格局。

（二）战时体制下的日本出版业

1931 年日本发动了侵略中国的"九一八"事变，日本军国主义加快了向外侵略扩张的步伐,迅速走上向外侵略战争的道路。二战期间,军国主义者强化审查制度,使出版业的发展受到严重阻碍,1945—1949 年间日本出版业处于混乱停滞状态。到二战结束时,出版社不足 300 家。二战以后,日本出版业的产业化变革与转型促进了出版的繁荣发展,建立了比较成熟的出版机制,在世界出版业中位于美、德之后,排名世界第三。从 1976 年至 1981 年,日本年度出书总数呈逐年上升趋势,1976 年,日本共出版 35500 种图书,1981 年已达到 40439 种,其中 70% 的图书是初版图书。20 世纪 70 年代后期,日本图书出版发展达到鼎盛期,但此后便开始陷入长期停滞不前的境地。1956 年创办的《新潮周刊》是图书出版业出版周刊的创举,这个模式被许多图书出版社所仿效,从而形成了日本的图书出版社出杂志的特色。自 1975 年开始,日本的图书出版出现"杂高书低"的情况,1979 年甚至被称为杂志年。1980 年涌现出历史上最大的杂志出版潮,自此每年新创刊的杂志多达 200 多种,而每年亦有相近数字的杂志结刊。新创杂志成了每年出版量和营业额的支柱,这种出版现象在其他先进国家出版业很少见。而杂志发展中的明显倾向是周刊压倒月刊,内容以消闲、娱乐、情报为主,压倒新闻、文艺、知识、教育甚至实用的综合性杂志。读者对象细分化,如以女性为对象的杂志以消闲和娱乐为主;此外还有书籍杂志化、杂志书籍化等趋势。图书销售杂志化,内容也杂志化,1991 年到 1995 年的畅销新书都有杂志化的倾向。与此同时,漫画文库和女性漫画杂志又是日本出版的一大趋势。从 1970 年起,漫画主要集中于讲谈社、集英社和小学馆三家竞争,成为三家经营的重要业务。1995 年漫画的出版达 588 亿日元,占总营业额的 23%。漫画成了日本近年销售册数增加的依靠,读者由最初的儿童、青年扩大到中年人及老人。1995 年日本漫画的出版占全国销售额的 22.5%,册数占 39.3%,20 多年来漫画成为日本大出版社成长的支撑项目。

(三)20 世纪 90 年代至 2000 年

20 世纪 90 年代中期,日本以亚洲出版强国、世界出版大国的身份走在世界出版业前列。然而,20 世纪 90 年代末,日本出版业整体面临着"崩溃"的危险。自 1997 年以来,日本出版业一直处于大滑坡的严重危机之中。图书和杂志的销量逐年下降,出版、发行和销售行业陷入恶性循环当中。在 2009 年,几乎跌破 2 万亿日元大关,在"下滑不见底、前行不见路"的困境中越陷越深。这一现象让人们开始反思日本产业化的弊端。首先,日本杂志种类众多,受商业化、市场化影响,杂志出版过分追逐经济利益,造成通俗类杂志过剩,高层次作品不足,出版事业面临衰退的危机。其次,动漫出版过剩给日本整体出版结构带来负面影响。为满足市场需求,甚至不惜以低俗主题吸引读者,整个动漫出版低俗化严重。日本漫画新兴的编辑出版机制从本质上说就是编辑联合作者共同迎合读者的需求,也就是编创一体化。这种编辑出版机制"在抵抗市场风险,获得价值回报方面有着极大优势",它强化了编辑在选题策划、作品创作、开发中的主导地位,弥补了作者单人创作可能出现的缺陷,"通过群策群力,有利于进一步完善作品,激活出版业的文化创造活力"。然而,"编创一体化"可能存在着"压制作者创作灵感""损害文化的多样性"等弊端。再次,日本出版业过分追求经济产值,弃守文化,娱乐出版盛行。杂志在日本已经成为快速消费品,而更少具有传统意义上的文化产品的特征。编辑逐渐背离出版文化原点,一味追求市场利润,致使出版物文化性降低,娱乐化严重。最后,日本遭遇亚洲金融危机,日元连续贬值,国民购买力下降。受人口老龄化和"少子化"双重影响,读者数量持续减少。"新旧书店"和"漫画咖啡馆"的出现、图书馆体系的完善以及网络书店、数字出版的盛行,对传统出版业造成严重冲击。

(四) 2000年以来

为了应对衰退形势,挣脱困境,21世纪初以来,日本出版业采取了多种方式自救,日本各大出版社纷纷采取变革传统理念的多元化出版方式,把出版的图书投资拍成电影,或投资电影,再把电影剧本改编成图书,利用所有媒体集中、连续地展开广告宣传,造成社会文化热点,最终促成图书的畅销。这种集文字、映像、声音于一体的出版理念,使出版经营者得以引导控制读者的文化意识。更为重要的是,日本出版业也开始数字化转型。

第一,日本出版社的数字化转型。出版社转型最为典型的是2010年3月由朝日新闻出版社、学研社、讲谈社等31家日本出版社联合组建,以数字出版商务模型试行,以数字出版情报收集为目的的"日本电子书出版社协会"(EBPAJ)的成立。与此同时,2011年6月,软件银行创造社、主妇与生活社、三和书籍等八家出版社也联合成立了一家名为"Bookpub"的电子书店,书店将八家出版社精选的实体书数字化文本置于书店页面上,采用网络营销的形式,供读者在线购买。

第二,日本书店的数字化转型。日本的书店对于涉足数字化也不甚积极,其参与模式主要有两种:一种是纪伊国屋书店模式,另一种是三省堂书店模式。纪伊国屋书店模式起于2010年11月,书店专门设立了网络销售的网站——"纪伊国屋书店 Book Web",负责统筹电子书的销售。三省堂书店的模式又称为"按需印刷"(printing on demand),模式源于美国的兰登书屋。三省堂书店从2010年秋起试行这一模式,主要的服务内容是向购书者提供外文版书籍及店内长期脱销的日文版书籍。书店在店堂内安装有印刷装订一体机,购书者在确定所需购买的书籍后,就可以在店堂内直接印刷装订。

第三,日本印刷企业的数字化转型。相对于出版社及书店的被动转型,日本印刷企业的数字化转型要华丽得多。日本印刷产业联合会网站发布的一项调查结果显示,在接受调查的印刷企业中,有54%的企业参与了数字出版业务,即将参与的企业占到27%,预定参与的企业占7.9%,三者合计为88.9%。调查结果还显示,在这些企业中,有近70%的企业对数字出版的必要性有了明确的认同。2010年7月,大日本印刷株式会社、日本凸版印刷株式会社及日本电通集团三家行业巨头牵头,联合89家印刷及流通企业成立了"电子出版制作·流通协议会",协会期望通过对日本数字出版的商业模型及技术线路的设计,来积极应对数字时代的变迁。

关键术语

书肆 近代民族出版业 WTO 伯尔尼公约 法兰克福书展 净价图书协定 全球化进程 数字化转型

问题与思考

1. 试述进入21世纪以来我国出版产业的发展历程。
2. 查阅相关资料,分析日本自20世纪90年代以来出版业遭遇危机的原因。
3. 试述互联网时代各国出版产业面临的冲击与机遇。

经营管理篇

第四章 出版企业生产管理

 学习目标

> 通过本章学习,应了解和掌握以下内容:
> 1. 出版物的基本概念及分类。
> 2. 出版物的生产流程。
> 3. 出版企业的组织结构。

出版企业是出版产业的主体,按照市场需求,组织出版物的生产与经营。出版企业在我国通常被称为出版社,出版社有哪些分类?出版物作为出版企业生产的产品,有哪些构成要素?出版物的生产是一个过程,出版企业如何组织生产?出版物生产流程是什么?结构合理、运转灵活的组织是实现目标、提高效率的重要保证,那么,出版企业的组织结构是什么样的?本章基于上述问题展开研究和论述。

第一节 出版企业及出版物

一、出版企业的含义及其分类

企业是指以营利为目的,运用土地、劳动力、资本、技术和企业家才能等各种生产要素,向市场提供商品或服务,实行自主经营、自负盈亏、独立核算的法人或其他社会经济组织。我国的出版业是在计划经济体制下形成的,具有十分浓厚的计划经济和行政色彩。在出版社转企改制以前,不存在"出版企业"这种说法。出版单位称为"出版社",属于公共事业组织,政府支配出版单位的资金调拨、生产计划、要素流通及人事安排。从2009年开始,除盲文、少数民族文字和军队等部分出版社保留事业性质外,我国对528家经营性国有出版社进行了转企改制。2011年,大多数出版社有序地完成了清产核资、财务审计、资产评估,并从人员安置、劳动关系调整和社会保障等方面保证了转企改制工作的顺利进行,按照现代企业制度的要求,加快产权制度改革,实施股份制改造,建立企业法人治理结构,核销事业单位编制和注销事业法人,成为规范运作的现代出版企业。至此,出版企业这一名词在我国才具有实质性的意义。改制后的出版社成为参与市场竞争的经营单位,成为真正意义上的企业,成为出版市场主体。出版企业转企改制后,名称大都为"××出版社有限责任公司",大都隶属于出版产业集团,出版社是独立的法人单位,自主经营,自负盈亏。

出版社可以有很多分类方法。从经济学角度看,图书市场可基本上分为三类,即公共产品类图书、半公共产品类图书和非公共产品类图书。与此相对应,现代出版社一般有三种类型:一是政府出版机构,一般附属于政府某个部门,没有独立主体地位,其出版物是为社会公益事业服务的,大都免费派送。二是经营性出版企业,发达国家的大学出版社一般采用这种企业形态,如美国哈佛商学院出版公司、英国牛津大学出版社、英国剑桥大学出版社等。这类企业也采取公司制形态,只是其出版的内容更多偏重于学术和文化,政府给予免缴所得税的优惠政策,同时也规定其公司利润不得用于股东分红,而必须继续用于教育出版事业。三是股份有限公司。这是发达国家出版企业的主流形态,美国三大教育出版集团——培生教育出版集团、麦格劳·希尔出版集团、汤姆森出版集团都是上市公司。这类出版企业的市场销售约占发达国家出版市场的90%左右。

从出版类别许可来说,出版社可分为综合出版社和专业出版社。综合出版社的出书门类比较多,专业出版社只负责编辑出版一定专业和门类的读物。较具代表性的综合出版社是人民出版社,它是党和国家政治读物出版社,自建社以来,始终肩负着崇高的历史使命,出版马克思主义经典著作,党和国家重要文献,党的路线、方针、政策的普及性读物,党史和党建论著,政治、哲学、经济、历史、法律、文化、国际问题等方面的一流学术著作,以及重要人物传记和哲学社会科学工具书及教材等。专业出版社指主要承担某项专业出版任务的出版社,如中国水利水电出版社、中国农业出版社、化学工业出版社、中国法制出版社、中国原子能出版社、人民美术出版社以及各地美术出版社、古籍出版社等。出版的专业化分工,对促进出版事业的繁荣,提高各类出版物的质量,起了重要作用。

从出版经营性质来说,出版社可分为公益性出版社和经营性出版社。根据原国家新闻出版总署下发的《关于进一步推进新闻出版体制改革的指导意见》,全国绝大多数出版社在2010年12月底前完成转企改制工作。在部委出版社改制转企过程中,中央确定的公益性出版单位主要有四家:人民出版社、民族出版社、中国盲文出版社、中国藏学出版社。公益性出版社在公益出版物方面承担更多的责任。可以认为,公益出版物满足两个条件:一是内容健康,为党和政府需要,为广大读者需要;二是要以免费或低价方式提供给读者。正因为如此,公益性出版社需要国家财政提供经费支持。经营性出版社不同于公益性出版社,它是市场经营主体,其经营的形式和管理的体制应完全按照企业标准实行,其出版产品的生产、定价、销售都按照市场规律进行。

按行政隶属关系划分,出版社可以分为:中央级出版社,这是由中央各部委或相当于部委一级的机关、团体主办的出版社,它又分为新闻出版署直属的出版社,以及其他中央部委主管的出版社;地方出版社,这是由各地新闻出版局主管,由省(直辖市、自治区)内厅、局级单位主办的出版社;高校出版社,这是由各高等院校主办的出版社,依高校行政隶属关系的不同,此类出版社分别由国家教育部与各省(直辖市、自治区)的教育行政管理部门主管;其他类型的出版社,主要是大型的报刊所主办的出版社以及大公司主办的出版社。

另外,还可以根据出版介质将出版社分为图书出版社、音像制品出版社(唱片公司)、杂志出版社;根据出版企业产权性质分类可以分为国有出版社和民营书业公司等。

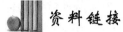 资料链接

生活·读书·新知三联书店

三联书店是一家具有悠久历史的著名出版社。它的前身是邹韬奋、徐伯昕等于20世纪30年代在上海创立的生活书店、新知书店和读书出版社。

生活书店成立于1932年7月,创办人是邹韬奋、胡愈之、徐伯昕等,前身是创办于1925年的《生活》周刊。读书出版社成立于1936年,创办人是李公朴、艾思奇、黄洛峰等,前身是1934年创刊的《读书生活》半月刊,1937年更名为读书生活出版社。新知书店成立于1935年,创办人是钱俊瑞、徐雪寒、华应申等,前身是《中国农村》月刊。

从1928年6月《生活》周刊社开始出版图书,至1948年10月三店正式合并为止,三店共出版图书2000余种,先后共编辑出版期刊约50种。三店先后在上海、汉口、广州、西安、香港等地开办过百余家分店。

1945年抗日战争胜利后,重庆的生活、读书、新知三店合并。1948年10月三家书店全面合并,在香港成立生活·读书·新知三联书店总管理处。1949年3月,总管理处迁至北京。

1951年8月,三联书店并入人民出版社,仍保留"三联"名义出书,按需要出版"非马列"或"力图运用马列但还不纯熟"的著作。1954年4月,三联获中央批准有了自己的编辑室,下辖中国历史、外国历史、地理等六个编辑组。

20世纪80年代以来,出版界面临着巨大的市场诱惑,三联书店始终保持三联版图书的品位和特色,同时对开拓和发展市场做了积极的探索和尝试,成立了三联读书俱乐部,恢复了《读书》杂志和《三联生活周刊》,创办了《爱乐》杂志。

二、出版物及其分类

出版企业的产品是出版物。出版物是指出版行为的产品,即承载着一定信息知识内容、能够进行复制并以向公众传播信息知识为目的的产品。随着现代信息出版技术的发展,出版物的种类和形态呈多样化的发展趋势。一般来说,出版物包括图书、期刊、报纸、图片、图册、小册子、挂历、广告印刷宣传品、各类音像制品、电子出版物、网络出版物等。

我们将出版物基本要素主要概括为信息知识、存储载体、信息知识的表达方式、复制手段、向公众广泛传播和具有出版物标识等六项基本要素。信息知识是构成出版物的基本要素。无论是何种出版物,若载体上没有记录信息或知识,出版物也就成为无源之水、无本之木。信息知识一定要附着在一定的载体介质上,存储载体是构成出版物的又一要素。随着高科技的发

展,存储载体也在不断发展变化着。载体形态多样化发展的趋势,是导致出版物类型增多的主要原因之一,而且这种趋势还将发展衍生下去。信息知识通过文字、图画、图像、符号、数字、公式、声音以及代码等将其所代表的内容表述出来,并将其存储在载体上。刻、写、印刷、录音、录像、激光照排、刻录、电脑显示、下载、打印等都是出版物复制的手段。供个人学习、研究用的日记笔记等,虽然具备以上四种基本要素,但一般不属于出版物,这是因为它们不具备公之于众这一出版物的基本要素。这些个人日记和笔记等若公开出版,则成为出版物。出版物作为一种社会产品,为社会所用,也被社会管理。国际和国内的有关标准化组织以及出版界、图书馆界等各种信息知识生产与管理部门对正式出版发行的出版物应有的标识,从各方面都做了一些规定,如我国正式出版物上应当有中国标准书号、中国标准刊号、中国标准书号(ISBN 部分)条码、中国标准刊号(ISSN 部分)条码、图书在版编目(CIP)数据以及中国标准音像制品编码等。

随着数字出版的发展,出版物的种类越来越多。现阶段出版物主要包括以下类型:

(一)图书

联合国教科文组织对图书的定义是:凡由出版社(商)出版的不包括封面和封底在内 49 页以上的印刷品,具有特定的书名和著者名,编有国际标准书号,有定价并取得版权保护的出版物,称为图书。它是以传播知识为目的,用文字或其他信息符号记录于一定形式的材料之上的著作物,是人类社会实践的产物,是一种特定的不断发展着的知识传播工具。与其他出版物相比,图书的内容比较系统、全面、逻辑性强,但其出版周期较长,传播知识的速度较慢。根据书店的实际排架情况,图书大体上可以分为社科类、科技类、教育类、少儿类、文艺类、美术类、古籍类、大学类等八大类别。

(二)期刊

期刊,也称杂志。《辞海》中"期刊"的定义是:由多位作者撰写的不同题材的作品构成的定期出版物。此外,期刊又称连续出版物,有固定刊名,以期、卷号或年、月为序,定期或不定期出版。它根据一定的编辑方针,将特定领域的作品汇集成册出版。期刊可以根据其内容进行分类,即社会科学、哲学、经济学、法学、教育学、文学、历史学、自然科学、理学、工学、农学、医学、艺术学等;也可以按照其级别进行划分,如国家级期刊、省部级期刊、地市级期刊等。

(三)报纸

报纸是以刊载新闻和时事评论为主的定期向公众发行的印刷出版物,是大众传播的重要载体,具有反映和引导社会舆论的功能。初期的报纸和杂志是混同的,有新闻,也有各种杂文和文学作品,简单地装订成册。对于这个时期的报纸和杂志,通常被称为"报刊"。英国、法国、中国早期的"报刊"概念,便是在这个意义上使用的。报纸趋向于刊载有时效性的新闻,期刊则专刊小说、游记和娱乐性文章,在内容的区别上越来越明显。在形式上,报纸的版面越来越大,大报尺寸为 390mm×540mm,对折;而期刊则经装订,加封面,成了书的形式。

(四)互联网期刊

互联网期刊,又称电子杂志、网络杂志、互动杂志。目前已经进入第三代,以 flash 为主要载体,可以独立于网站存在,是一种非常好的媒体表现形式。它兼具了平面与互联网两者的特点,且融入了图像、文字、声音、视频、游戏等,相互动态结合来呈现给读者。此外,还有超链接、及时互动等网络元素,是一种很享受的阅读方式。电子杂志延展性强,目前已经逐渐可移植到个人数字助理、移动电话、MP4、多功能掌机及数字电视、机顶盒等多种个人终端进行阅读。

(五)电子书

电子书有两层含义,第一层含义是指将文字、图片、声音、影像等信息内容数字化的出版物,而第二层含义是指植入或下载数字化文字、图片、声音、影像等信息内容的集存储介质和显示终端于一体的手持阅读器。通常所说的电子书代表了人们所阅读的数字化出版物,从而区别于以纸张为载体的传统出版物,通过数码方式记录在以光、电、磁为介质的设备中,借助于特定的设备来读取、复制、传输。

(六)数字报纸

数字报纸也称数字报,是期刊的采、编、发一体化的解决方案平台软件,转换处理工具软件可针对主流排版格式,例如飞腾、华光、Adobe Indesign 等的照排文件进行反解操作,转化生成为 flash、html、pdf 等格式的文件包,以满足用户不同格式数字报纸的需求。从世界范围看来,在互联网上建立网站发布数字报纸的实践起始于 1994 年。至 1994 年底,共有 78 家报纸发行了网络版。到 1997 年,网络报纸已发展到 1900 多家。1998 年 10 月初,《美国新闻评论》杂志网站公布的数据表明,全世界的网络报纸已增长至 4295 家,1998 年底增至 4925 家,而如今网络报纸的发展更是突飞猛进。数字报纸的发展经历了三个阶段:第一,电子版阶段,即网上所有内容都是纸质报纸的翻版。第二,超链接阶段,即通过网页上具有特定颜色的超链接,读者随时通过链接从这一网站跳到另一网站,以寻求所需信息。同时,在各网络报纸的网站上还开辟网络论坛、邮件列表等服务,供受众在网上发布信息。第三,多媒体阶段。由于技术水平及设备完善程度的限制,网络报纸要达到完整的多媒体阶段还有待时日。

(七)博客

博客,又译为网络日志、部落格或部落阁等,是一种通常由个人管理、不定期张贴新的文章的网站,同时也是一种传播个人思想,带有知识集合链接的出版方式。博客上的文章通常根据张贴时间,以倒序方式由新到旧排列。许多博客专注在特定的课题上提供评论或新闻,其他则被作为比较个人的日记。一个典型的博客结合了文字、图像、其他博客或网站的链接及其他与主题相关的媒体,能够让读者以互动的方式留下意见。大部分的博客内容以文字为主,但有一些博客专注在艺术、摄影、视频、音乐、播客等各种主题。博客是社会媒体网络的一部分,比较著名的有新浪、网易、搜狐等博客。

(八)在线音乐、手机出版物

彩信、彩铃、手机报纸、手机期刊、手机小说、手机游戏等均属于这种类型,深得网民的爱戴。由于目前手机的处理速度及存储空间的扩大,在线音乐的欣赏以及手机出版物的消费都成了一种时尚,同时也在很大程度上成了出版产业的利润增长点,其特点是消费形式灵活多样,阅读格式可以根据不同手机系统需要进行转换等。

(九)网络游戏、网络动漫

网络游戏又称"在线游戏",简称"网游",指以互联网为传输媒介,以游戏运营商服务器和用户计算机为处理终端,以游戏客户端软件为信息交互窗口的,旨在实现娱乐、休闲、交流和取得虚拟成就的具有可持续性的个体性多人在线游戏。而网络动漫(ONA)指的是以通过互联网作为最初或主要发行渠道的动画作品。随着20世纪末至21世纪初互联网多媒体技术的不断发展,ONA作为一种娱乐需求开始在互联网崭露头角。相比起传统的电视动画和原创动画录像带(original video animation,OVA),ONA通常具有成本低廉、收看免费、带有实验性质等特点。

(十)互联网广告

互联网广告就是在网络上做的广告。它是指利用网站上的广告横幅、文本链接多媒体的方法,在互联网刊登或发布广告,通过网络传递到互联网用户的一种高科技广告运作方式。与传统的四大传播媒体(报纸、杂志、电视、广播)广告及备受垂青的户外广告相比,互联网广告具有得天独厚的优势,是实施现代营销媒体战略的重要部分。互联网是一个全新的广告媒体,速度最快,效果很理想,是中小企业扩展壮大的较好途径,对于广泛开展国际业务的公司更是如此。

第二节 出版物的生产流程

出版物的生产是一个过程,这一过程是依据特定的顺序关系组合而成的一个较为固定的模式,可称为"流程"。对于出版物生产流程的研究有助于帮助出版生产经营管理者对出版产品的生产过程进行科学管理,使其各环节之间相互协调,共同实现出版组织的经济和社会目标。一般来说,出版物的生产流程包括了选题策划、组稿、编辑加工、装帧设计等环节。

一、选题策划与组稿

选题策划是出版产业范畴下的概念,与出版单位企业化、市场化运作有密切的关系,它强调的是将市场和编辑的文化使命感相结合的文化产品市场计划。组稿是出版单位经常性的业务工作,是根据选题计划寻找作者和稿源,为出版提供高质量稿件的过程。组稿是在选题计划指导下进行的,对选题计划的实现、保证稿件质量等起着关键的作用。如果没有组稿工作,选题计划无法实现,选题工作及接下来的各项工作都无法正常进行。

(一)选题策划

选题是出版工作的第一个也是最重要的环节,被称为出版单位的生命线,在《出版词典》(上海辞书出版社1992年版)中,选题被界定为"一本书或一套书的主题思想、主要内容和书名的总体设计,亦指出版社为准备编辑出版的图书或杂志文章所预先拟订的题目及内容要点"。选题策划是出版社生存发展的关键。选题策划是指围绕选题展开的信息采集、市场调研、文本论证及统筹性决策等活动,包括选题的决策和计划两个步骤。德国出版界有一句名言:"出版社的艺术在于将合适作者的合适书稿在合适的时间带给合适的市场。"具体而言,选题策划是全程策划的重要组成部分,在选题策划中应同时进行制作策划、发行策划和促销策划等,这样做出的选题策划才是较为科学合理的。

出版单位有一定的制度保证对选题取舍进行论证,最后做出选题决策。《图书质量保障体系》第七条规定要坚持选题论证制度,要"坚持民主和集中相结合的论证方法。召开选题论证会议,论证时,人人平等,各抒己见,重科学分析,有理有据,力争取得一致意见。在意见不一致的情况下,由社长或总编辑决定"。国外出版机构也定期召开由社长、总编辑、编辑、市场营销经理等参加的选题论证会,出版投资商或社长有最后的选题决策权。

出版单位在选题开发上具有自主性,但还应当遵循国家有关选题方面的各项制度。根据《出版管理条例》和《图书、期刊、音像制品、电子出版物重大选题备案办法》等法律法规,对于涉及国家安全、社会安定等方面的内容,对国家的政治、经济、文化、军事等会产生较大影响的选题,实行重大选题备案制度,即出版单位须向新闻出版署专题申报备案,同意后方可出版。

选题计划一般包括两部分:一是选题的总则或说明。总则或说明中阐明出版机构的出版方针、目标、规模、重点以及具体安排等,有时也说明选题之间的内在统一性、系统性。二是列题。列题一般是用表格的形式,分门别类地罗列出具体的选题书名、著者或译者、内容概要、预计出版时间、大概字数、开本、装帧设计、用纸、包装、拟定价、销售策略等。

资料链接

大数据技术在出版领域的应用——智能出版

20世纪90年代后期,随着互联网的高速发展,大数据技术开始在全球受到关注,各种有关大数据研究的论文不断出现,有关大数据研讨的会议、论坛不断举办。随后,大数据热潮开始波及整个出版行业,2014年起在出版行业得到了实际的应用。京东图书频道基于对1700万用户的销售数据分析,选择出一批用户需求大、呼声高的选题,欲实现产销一体化。当当网通过十余年积累的用户购买行为数据和评论数据与作者合作推出新图书产品。青岛出版集团与京东图书依托大数据分析,在合作出版、营销推广等方面开展深度合作。电子工业出版社通过专业社区收集读者信息来为其及时提供所需要的书籍。

使用大数据技术受到关注度较高的是资讯类新闻客户端"今日头条"。2014年,"今日头条"宣布完成 C 轮融资 1 亿美元,公司估值 5 亿美元。"今日头条"的高估值来源于其商业模式——基于用户的社交网络数据挖掘分析,通过算法提供给用户最感兴趣的信息。这种模式虽然因为侵权遭到各方非议,但如果能解决好版权问题,将很有发展前景。大数据出版是在一个大的平台上实现海量内容提供数据化与受众接受数据化的对接,具体地说就是,受众的接受行为的数据化,出版内容的数据化。只有这样才能通过数据的分析掌握受众的阅读需求,并根据受众的需求为其自动聚合相应的内容,实现智能化的大数据出版。知网等数字出版平台已在进行内容的碎片化、数据化加工,随着时间的推移,当内容数据集聚到相对齐全、受众阅读购买数据积累到一定数量,按照读者个性化需求进行精准的智能出版将成为可能。

(二)组稿

做一本书,最重要的是内容。选题是决定一本书内容方向,或判断既有内容是否具备出版价值的阶段。组稿则是根据这个方向安排内容生产,或翻译既有内容的阶段。组稿是指根据选题计划寻找作者和稿源、为出版提供高质量稿件的过程。

组稿分两种:一种是根据选题方向组织作者(一人或数人)撰写,另一种是根据现有的外文稿件组织译者翻译。前者比较普遍,主要有作者投稿、约稿、推荐稿、任务稿、选编稿、征稿等方式。作者投稿是作者主动投寄给出版单位的稿件,采取这种方式的作者一般没有名气,他们选择出版单位的标准是稿件主题符合出版单位的性质、出版特色以及出版单位的社会知名度等。推荐稿一般是指由有关部门、学术团体或专家向出版单位推荐的稿件。任务稿是指出版单位的主管单位或主管部门要求完成的稿件。它是一种自上而下的行为,是出版机构必须完成的。选编稿是指整理、汇编已出版和发表的作品,并按照一定的编纂体例形成的稿件。征稿是指出版单位向社会征求所需的稿件,是出版单位和社会互动的手段之一。约稿是出版机构根据制订的选题计划,组织作者撰写稿件,是出版机构的经常性业务工作之一,分为个别约稿和群体约稿。

二、审稿及编辑加工

出版机构组织人员审查、阅读著译者稿件,根据出版机构的出版特色和选题计划,对稿件内容进行评价、判断等,以决定是否出版,并对决定采用的稿件提出进一步修改和加工意见,为下一步编辑加工工作打下基础。

(一)审稿

审稿是保证出版物质量的中心环节,对稿件内容的完善和提高起着十分重要的作用,主要表现在以下几个方面:评价稿件,判断稿件是否可以采用;对稿件提出中肯的建设性的意见和建议,帮助提高稿件的质量;了解著译者情况,挖掘新的著译者,壮大出版机构的作者队伍。

根据审稿人员不同,审稿可以分为内审、外审、会议和座谈会审稿。根据审稿的一般程序不同,审稿可以分为初审、复审、终审。审稿时的四个基本问题:第一,稿件的主题是什么,作者采用何种方式来依次表达自己的主题,稿件结构、风格如何。第二,作者重点叙述的内容是什么,稿件有怎样的观点、主旨、主张或论点。第三,在前两个问题的基础上,判断稿件的真实性。第四,稿件的重要性和意义是什么,与读者是何种关系。

(二)编辑加工

编辑加工主要是对审稿发现的问题和提出的建议等进行修正和落实的过程,是使稿件从内容到形式都完全符合出版质量要求的一项编辑业务工作。审稿注重"大处着眼",编辑加工则是对有价值出版的稿件从"小处着手"。编辑加工的作用包括:修正补遗,修饰润色,充实完善,核查资料,删除压缩,突出重点,规范统一,撰写辅文。编辑加工的方法一般有:通读稿件;改正原稿中政治、思想、观点有明显错误或偏颇的地方;删除那些叙述不科学、有知识性错误的地方;删除原稿中没有实质性内容的假话、空话、大话、废话及套话;去掉重复的语言;删除与主题无关的文字和段落;检查简体字、繁体字及异体字使用是否正确;检查目次、序言、后记、引文、注释、插图与说明文字;学会用一两句话精确浓缩稿件内容,这是编辑加工的灵魂;对稿件进行技术性加工,使之符合出版要求。

三、出版的相关业务

(一)著作权

著作权是知识产权的重要组成部分。知识产权包括专利权、商标权及著作权三部分,与其对应的专门法律包括专利法、商标法及著作权法。《中华人民共和国著作权法》从1991年6月1日起正式施行,并于2001年和2010年进行了修正。我国于1992年加入《伯尔尼公约》和《世界版权公约》,这也标志着我国著作权制度的建立。

作品是出版的重要对象,因此,出版与著作权有非常密切的关系。著作权又称版权,是法律赋予著作权人对其创作的文学、艺术、科学作品享有的专有权利。

著作权主体(著作权人)包括:作者;其他依照《中华人民共和国著作权法》享有著作权的公民、法人和其他组织。

著作权的客体即作品,包括:文字作品;口述作品;音乐、戏剧、曲艺、舞蹈、杂技艺术作品;美术、建筑作品;摄影作品;电影作品和以类似摄制电影的方法创作的作品;工程设计图、产品设计图、地图、示意图等图形作品和模型作品;计算机软件;法律、行政法规规定的其他作品。

著作权人的权利包括人身权和财产权。人身权即著作权人的精神权;财产权即著作权人的经济权利,包括获得报酬的权利。人身权和财产权包括发表权、署名权、修改权、保护作品完整权、复制权、发行权、出租权、展览权、表演权、放映权、广播权、信息网络传播权、摄制权、改编权、翻译权、汇编权以及应当由著作权人享有的其他权利。

(二)出版合同及其签订

著作权专有的性质,决定了著作权人对其权利的独占性和垄断性,然而,作品是人类应共同拥有的财富,对人类文明进步起着促进作用。著作权法对著作权行使使用也做出了具体规定。著作权的行使使用一般分为转让和许可使用。出版合同是著作权许可使用的重要组成部分,是出版机构与著作权人订立的许可使用合同,是规范著作权人、出版者等责任与义务的约定。在保留著作权人身份的前提下,著作权人应当在出版合同中将作品的专有出版权授予出版者。出版合同签订的双方应当是出版机构与著作权拥有者,出版机构与不拥有著作权的其他机构或个人签订的出版合同应视为无效合同。在出版实践中,应当避免这类假授权的发生。假授权指的是授权方没有著作权,却向其他出版机构授权的现象,如著作权人的亲属或出版社本不拥有著作权却向其他出版机构授权。

《中华人民共和国著作权法》第二十四条规定:"使用他人作品应当同著作权人订立许可使用合同,本法规定可以不经许可的除外。"《中华人民共和国著作权法》还对出版许可使用合同应主要包括的内容做了规定,包括:许可使用的权利种类;许可使用的权利是专有使用权或者非专有使用权;许可使用的地域范围、期间;付酬标准和办法;违约责任;双方认为需要约定的其他内容。《中华人民共和国著作权法实施条例》第二十三条规定了出版合同的形式,即使用他人作品应当同著作权人订立许可使用合同,许可使用的权利是专有使用权的,应当采取书面形式,但是报社、期刊社刊登的作品除外。出版合同中应明确许可使用的具体权利。出版合同中许可使用的权利称为专有使用权。专有使用权究竟应当包括哪些权利,这对出版者来讲至关重要。出版机构在与著作权人签订出版合同时,应当具体了解著作权人究竟拥有什么样的权利可以许可出版者使用。从原则上讲,出版机构在著作权人许可下,在出版合同中可以约定使用著作权人的复制权、发行权、出租权、展览权、表演权、放映权、广播权、信息网络传播权、摄制权、改编权、翻译权、汇编权等权利。

(三)发稿及出版物校对

发稿是指出版单位编辑部门将通过三审的稿件进行统一、全面的稿件整理工作,经过指定的程序将稿件由编辑部门转移到出版部门进行发排和制作的工作。

稿件整理工作指的是发稿前保证稿件内容构件的完整性、清晰性和确定性的工作。长期以来,出版界把稿件整理的内容概括为"齐、清、定"。"齐、清、定"一直被出版界认定为发稿的基本要求。"齐"指的是稿件发排时构件的完整性。稿件内容有时不是同时完成的,有时也不是由一个作者完成的,例如图书的序言、正文、跋、附录、图片等内容在编辑加工阶段分别处理是正常的,但到了发稿阶段就必须首先进行稿件整理,把稿件的所有构件集中起来并把它们之间的关系系统说明,最后一起转移到出版制作部门。"清"主要指的是稿件内容与形式的清晰性,如保证文字、图片等可清楚辨认,保证内容构件排序的连贯准确,确保编排格式、体例的统一性和稳定性,为出版部门工作的顺利开展奠定基础。"定"指的是稿件内容和形式的确定性,一旦发稿后,一般稿件不再有任何大的改动。出版工作中坚持发稿时的"齐、清、定"原则是非常重要的,它能确保出版工作的效率和质量。

校对是出版机构将编辑加工好的原稿与校样进行对比,以发现、勘正印版中的错误或存在问题的活动。校对工作是出版物出版前的重要工作,是印制过程中保证出版物质量的最后一道必要的把关程序,是出版物印制的前提和基础。我国出版单位一般都设有专门的校对部门从事专业校对工作。

(四)重印与再版

重印与再版主要是指统一出版物的再次印刷。重印是指一般图书出版印制后再次进行印刷,与初版相比,内容和形式上没有变动,或有少许的改动,版次不变,印数累计。再版是指统一出版机构对已出版的出版物从内容到形式上做较大修改后重新排版印制,版次改变,印数累计。与重印和再版概念有关的一个名词是重版率,它是指一个国家、地区或某具体的出版机构出版重印与再版书总数占全年出版总数的比例。出版物印数少,难以重印、再版,则证明其长效性差,生命力不强,质量不高。因此,重版率是衡量一个国家或地区出版业发展水平的重要标志,也是出版机构品牌、社会知名度形成的重要指标。重版率越高,出版业发展水平也就越高,出版机构的社会知名度和出版物质量也会越高。但这并不是说重版率越高越好,每年也要有适当的新的高质量图书出版,才能保证出版业总体持续健康地发展。在出版产业化、市场化的今天,重版率指标的建立不是通过国家行政命令形成的,而是在市场的竞争中逐步显现出来的。

四、装帧设计

装帧设计指图书的整体设计,是出版物物化形式所需各项工艺活动的总称。中国古代书籍并没有"装帧"一词,而是装订,即艺术设计和工艺制作的总称。清代藏书家孙庆增在《藏书纪要》中论述了装订艺术:"装订书籍,不在华美饰观,而应护帙有道,款式古雅,厚薄得宜,精致端正,方为第一。"即书籍装帧的原则是保护书籍完好,使阅读功能和审美要求辩证地统一起来,而绝不是单纯的装饰华丽。这一原则对于现代的书籍装帧仍然有着现实意义。

图书外部装帧设计包括以下几个方面:开本设计,结构安排,装订样式,封面、护封、环衬、主书名页、插页的美术设计,印制工艺设计,材料设计,等等。图书内文版式设计包括用字的选择、版心的确定、文字的排式及图文在版面上的编排等。

装帧设计属于平面设计,将文字、符号、图像、色彩、质料等元素进行组合,体现书刊的个性和风格。出版物结构是指出版物物化形式的组成构件,包括封面、护封、勒口、书脊、压膜、飘口、插图、插页、书名页、版权页、衬页、环衬、书帖、辑封、内容提要、作者简介等。出版物材料设计是指选用哪种类型的纸张。出版物美术设计是图书装帧的重要内容,遵循美术创作的一般规律,表现书籍装帧的风格特点。

出版物开本设计是纸质出版物装帧设计的重要组成部分。出版物的开本类型多种多样,但其大小、规格和设计又有一定的标准和原则。开本是用全张印刷纸开切的若干等份,表示图书幅面的大小,以"开数"来区分。出版物的版式设计是不包括封面在内的全部版面内容的编辑格式,是技术设计的重点。版式是指图书版面的编排格式,在一定的开本上,把书籍原稿的体裁、结构、层次、插图等方面做艺术而又合理的处理。

第三节 出版企业的组织管理

组织是一个按照一定意图和目的构成的复杂的社会系统,每一个组织都有程序化的结构和相应的特征。组织通过确立一种等级制度和领导机制、一种分工协作的运行机制,确定组织中的管理层次和控制幅度、权责关系及沟通渠道等问题。

一、组织结构及其基本类型

组织结构是组织存在的形式,具体来说,组织结构指一个组织系统内部各构成部分或各组成要素之间的有机结合、整体运行的方式。典型的组织结构有以下几种:

(一)直线制结构

直线制结构是一种垂直领导的结构形式。各机构或人员沿着一条垂直线分属于不同的层次上,每一个机构或人员都只有一个直接上司,他们之间的关系是指挥和服从、命令和执行的关系,同一层次之间的机构或人员之间不发生任何领导关系,上级人员在其管辖范围内处理各种事务,有关信息沿着垂直线上下传递。直线制结构形式的组织结构示意图如图 4-1 所示。

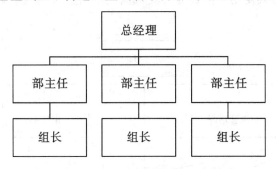

图 4-1 直线制结构形式

这种组织结构的优点为单一领导,权责明确,决策快,领导效率高;缺点是上级人员工作任务重,易陷于日常的行政事务中,不利于集中精力思考和解决重大问题。这种结构形式适用于规模较小、管理问题和工作业务不复杂、工作过程简单、日常工作程序固定、各种规章制度明确、各级管理者训练有素的组织系统。

(二)职能制结构

职能制结构是一种水平领导的形式。各职能机构沿着一条水平线处于同一层次上,它们分别具有计划、人事、财务等方面的职权,并在其职能范围内对其他机构有指挥、协调和监督的作用,但这种作用是有限的,在其职能范围之外,对其他机构不存在领导关系。有关信息按职能范围内的权责关系传递。职能制组织结构示意图如图 4-2 所示。

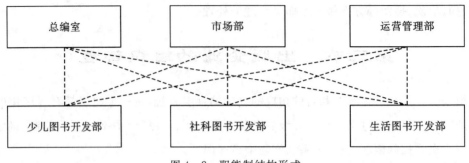

图 4-2 职能制结构形式

由于这种形式易形成多头领导,容易出现相互推诿的现象,实践中很少采用。

(三)直线-职能制结构

直线-职能制结构形式是一种垂直领导和水平领导有机结合的结构形式。各机构之间既有纵向的垂直领导关系,又有横向的水平领导隶属关系和权责关系。在这种结构形式中,直线制结构形式是基础,职能制结构形式是一种辅助性的作用。它吸取了两种结构形式的优点,使得管理者有较明确的分工和权责关系,既有统一的指挥系统,又有较为合理的决策和监督系统。

直线-职能制结构形式使用范围最为广泛,适合各类组织。直线-职能制组织结构示意图如图 4-3 所示。

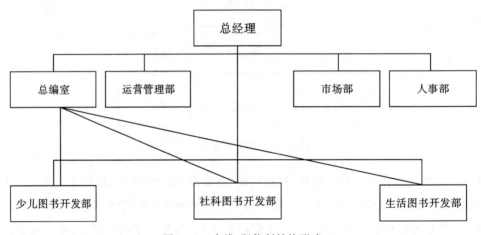

图 4-3 直线-职能制结构形式

(四)矩阵制结构

矩阵制结构是在直线-职能制结构形式基础上发展出来的一种结构形式。矩阵是借用数学上的概念,有时也称为方格结构。它把按职能划分的职能机构与按产品和项目划分的小组组合起来组成一个矩阵,其成员同时受到双重领导,既接受项目组负责人的指挥,又接受参谋机构的指挥,如组成一个专门的产品小组去从事新产品开发工作,在研究、设计、试验、制造各个不同阶段,由有关部门派人参加,力图做到条块结合,以协调有关部门的活动,保证任务的完成。这种组织结构形式是固定的,人员却是变动的,任务完成后就可以离开。项目小组和负责人也是临时组织和委任的。任务完成后就解散,有关人员回原单位工作。其优点为专业设备和人员得到了充分利用,具有较大的机动性。缺点是成员位置不固定,有临时观念,有时责任心不够强;人员受双重领导,有时不易分清责任。这种组织结构非常适用于横向协作和攻关项目,其结构示意图如图4-4所示。

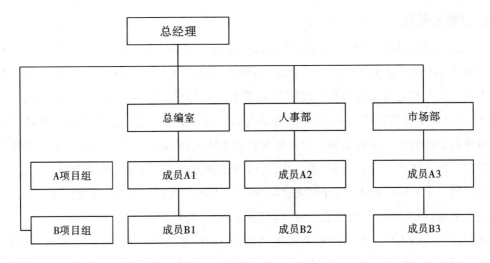

图4-4 矩阵结构形式

二、出版企业的组织结构

我们了解完四种典型的组织结构之后,来分析出版企业一般采用的组织结构形式。一般来说,出版企业最常见的组织结构形式包括直线-职能制和事业部制两种。

(一)直线-职能制结构

我国国有出版企业大多采用直线-职能制组织结构,根据整个出版运营流程,以编辑室为中心,设有总编辑办公室、编辑部、出版部、市场营销部、物流配送中心、社办公室、人力资源部、财务部、后勤管理部等部门,部门之间职能各异,相互关联,相互影响。出版企业最高领导层为企业的决策领导机构,总经理(社长)为出版企业最高领导层的主要负责人。出版企业各职能部门负责人直接接受企业最高领导层的领导,负责组织本部门员工在相关职能工作范围内履行职责,努力完成各项任务。在这种组织结构下,出版企业最高领导层负责整个企业的中心监控,他们既要对企业的长期战略性决策和企业的发展负责,也要对企业日常的经营管理负责。各职能部门任命一个或两个负责人,直接由企业分管副总经理领导,对本部门的业务绩效负责。各职能部门负责人负责收集与本部门职能相关的信息,传递给企业分管领导,并接受工作指示。

直线-职能制组织结构的最大优势就在于专业化,其部门负责人和员工都在某个业务领域内从事某项专门工作,任务单一,目标明确、具体,因此便于进行业务指导和监控,便于按职能关系进行工作交流,如编辑部主任主要是与编辑人员交流选题策划、组稿、发稿等情况信息,而不需要更多关心和了解出版物的印制、销售、成本、盈亏等方面的具体信息,职能部门负责人直接向企业高层分管领导汇报本部门职能工作情况。这种组织结构一般适用于出版物品种较少,且经营规模较小或是尚处于发展初期的中小型出版企业。

(二)事业部制

事业部制又称"斯隆模型",起源于美国通用公司。20世纪20年代初,通用汽车公司合并收买了许多小公司,企业规模急剧扩大,产品种类和经营项目增多,而内部管理却很难理顺。当时担任通用汽车公司常务副总经理的P.斯隆参考杜邦化学公司的经验,以事业部制的形式于1924年完成了对原有组织的改组,使通用汽车公司的整顿和发展获得了很大的成功,成为实行事业部制的典型。事业部制结构具体的设计思路为:在总公司领导下设立多个事业部,把分权管理与独立核算结合在一起,按产品、地区或市场划分经营单位,即事业部。每个事业部都有自己的产品和特定的市场,能够完成某种产品从生产到销售的全部职能。事业部不是独立的法人企业,但具有较大的经营权限,实行独立核算、自负盈亏。

事业部制结构主要适用于产业多元化、品种多样化、各有独立的市场,而且市场环境变化较快的大型企业。很多出版产业集团依照分权的原则,在总部集中领导下,设立多个相对独立业务运营部门的出版企业,采取事业部制,如图4-5所示。

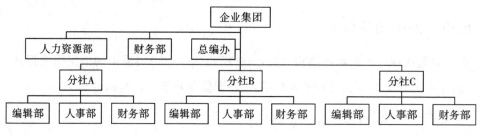

图4-5 事业部制结构形式

因为人力资源部、财务部、总编辑办公室等属于服务部门,所面对的服务对象既有总部领导层,又包括企业各个相对独立的业务运营部门,所以应归总部直接领导。而企业的运营业务则可按不同专业出版领域,分配给下属的分社、子公司等运营部门,这些运营部门都具有编辑、出版、营销等系统生产经营的功能,都是相对独立的经营个体或利润中心,总部授予他们一定的经营权利,负责各自出版业务领域的经营决策,控制所属领域的系统的出版经营活动。比如,在一定权限范围内,各分社可独立负责出版物的选题策划、选题决策(重大选题除外)、编辑、印制、营销等作业链流程的连续行为。

事业部制的主要优点为:有利于总部高层决策者从日常运作的繁杂事务中解脱出来,使之专心进行企业战略规划的制定和战略实施的监控,快速扩张出版企业的经营规模。减少了管理中间环节,可极大提高工作效率。各运营部门相互独立有利于改善出版资源配置。在这种结构中,总部最高领导层可以很容易地考核各部门的运营能力和市场盈利情况、出版物产品的价值及存在的潜力,通过对各分社或分公司之间的效益比较,可以优先考虑将出版资源投放在效率高、发展潜力大的部门或某种出版物产品上,由此可以极大提高出版资源配置效果,同时也可以激励那些低效率的经营部门通过努力提高效率,去争取到更多的出版资源。因为出版企业总部比外部市场具有信息方面的优势,尤其是在战略控制上具有优势体系或系统,这种结构形式的出版企业通过内部资本市场可以实现比外部资本市场更高的效率和最低的风险。

在实际运作中,事业部制的出版企业也有一定的局限性,如当按照多职能关系组织起来的企业半自治部门的规模日益膨胀时,也可能会出现基层经营部门负责人过分追求本部门的规模和影响,以提高自己的地位、声望、权利等。

关键术语

出版社　出版物　选题策划　审稿　校对　著作权　出版合同　装帧设计　重版与再版
组织结构　直线-职能制　矩阵制　事业部制

问题与思考

1. 如何理解出版物六要素?
2. 试述出版物的生产流程。
3. 联系实际,谈谈如何能够生产一本好书。
4. 联系我国出版产业集团化的发展实际,说一说我国出版产业集团最常采用的组织结构形式。

第五章 出版企业财务管理

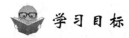 学习目标

通过本章学习,应了解和掌握以下内容:
1. 出版企业财务管理的概念及目标。
2. 出版企业的成本管理。
3. 出版企业财务风险管理。
4. 出版企业经营状况的财务评价方法。

第一节 出版企业财务管理概述

一、出版企业财务管理的概念

出版企业财务管理是出版企业组织财务活动,处理财务关系的一项管理活动。出版企业的财务活动包括由筹资引起的财务活动、由投资引起的财务活动、由经营引起的财务活动和由分配引起的财务活动。出版企业的财务关系包括它同其所有者之间的财务关系、同其债权人之间的财务关系、同其被投资单位之间的财务关系、同其债务人之间的财务关系、出版企业与职工的财务关系、出版企业内部各单位的财务关系等。

二、出版企业财务管理的对象和内容

出版企业财务管理的对象是出版企业组织的资金运动,所对应的具体事物就是出版企业的资产负债表与损益表。而从资金流通的质量、数量来看,出版企业财务管理的内容可分为三个方面:筹资管理、投资管理和收益分配管理。

(一)筹资管理

筹资管理,主要指出版企业所需资金的筹集,其核心在于融资渠道的拓展,资金成本的预算和控制。

1. 筹资方式

(1)内部筹资:多采用员工持股方式,以出版企业的经营者和员工为融资来源。

(2)业内融资:包括项目合资式融资、互相参股式融资和机构合作式融资。

(3)业外融资:引进民营企业资金,吸收行业外国有企业资金,引进外资和港澳台资金。

(4)上市融资:业务分拆上市,借壳上市,直接在二级市场收购,控股非出版行业公司。

2.筹资成本

筹资成本是指在筹集资本活动中为获得资本而付出的费用,通过个别资本成本率和综合资本成本率计算为筹集和使用资本而付出的代价。

$$个别资本成本率:K=D/(P-F)$$

式中:K——资本成本率;

D——用资费用额;

P——筹资额;

F——筹资费用额。

$$综合资本成本率=\sum(个别资本成本率\times个别资本占全部资本的比重)$$

(二)投资管理

出版企业的投资分为直接投资和间接投资。直接投资的意思就是将资金投向经营性项目,并分析具体投资项目的可行性,找到一个最佳的投资方案;而间接投资则是将资金运用在偏金融性的资产上,再分析金融资产的情况,对于投资的金额有一个严格的监控。

投资方式主要包括相关产业多元化投资和产业链内部投资。

投资决策指标主要有净现值和内部收益率。判断依据是当净现值大于零时方案可行,内部收益率大于基准折现率时方案可行。

(三)收益分配管理

对于出版企业投资人来说,他们最关心的还是利益的获得。而出版企业之前一直是事业型单位,对收益分配并没有那么关注,而现在由于移动阅读市场的排挤,目前出版行业的竞争尤其激烈,现在出版企业就必须将收益分配问题放在台面上来了,出版企业已经开始走上市场化、经营化的道路,因此,收益分配制度的建立和完善对于出版企业来说很重要。

三、出版企业财务管理的特点

(一)更具复杂性与综合性

我国出版企业原多为"事业性质,企业管理",企业财务管理基础薄弱。转企改制后出版企业需运用财务预测、决策、预算与控制、分析等手段,来组织企业中价值的形成、实现和分配。

(二)投融资管理常态化

就投资活动而言,在国家政策的鼓励下,已有出版企业启动了跨媒体、跨行业、跨地区、跨所有制的重组;出版企业的对外直接投资活动也逐年增加。

就融资活动而言,出版企业的融资渠道逐步增加,融资方式逐渐多样;条件成熟的出版传媒企业,特别是跨地区的出版传媒企业,将上市作为融资的重要途径;在国家政策允许的条件下,出版业的内部融资、业内融资、业外融资、发行企业债券、引进外资等方式也在逐步增加。

(三)内控与风险管理日趋重要

随着企业经营体制的改革与企业规模的不断扩大,出版企业面临的风险更加严峻,管理的难度日益增大。同时,新兴出版业态的出现,对出版企业的影响巨大,导致竞争加剧。然而,出版企业长期形成的固有经营模式,导致企业的内部沟通效率低下、企业的盈利空间逐渐缩小,而数字出版的盈利模式又尚处于探索中,出版企业面临着内、外部的双重压力。因此,如何完善企业内部治理、强化内控管理、增加风险管理意识,将成为出版企业财务管理活动的重要内容。

四、出版企业财务管理的目标与作用

(一)出版企业财务管理的目标

出版企业应以价值最大化作为财务管理的目标。出版企业价值最大化目标考虑了取得报酬的时间,并用时间价值的原理进行了计量。出版企业价值最大化目标考虑了风险与报酬的关系,反映了对出版企业资产保值增值的要求。价值最大化能克服出版企业在追求利润上的短期行为,有利于社会资源的合理配置,实现社会效益最大化。

(二)出版企业财务管理的作用

第一,合理筹集出版企业组织运行所需要的资金,以满足出版企业产品的生产和经营。第二,合理配置出版企业组织的资金,确保其增值。第三,合理分配收入,以保证出版企业组织再生产的顺利进行,保证员工适当利益的获得以及保证投资者的利益。第四,合理利用价值形式对出版企业的经济活动进行监督,以确保出版企业组织的活动既符合国家有关法规和政策,又确保出版企业利益的实现。

第二节 出版企业财务预算和成本管理

一、出版企业的财务预算

目前很多企业对财务预算的管理职能认识不足,认为预算只是财务部门的事情,与其他部门没有任何关系;往往把预算的重点放在具体的数字计划上,单纯为了编制预算而编制预算,使预算管理比较松弛,流于形式。出现这种状况,主要是对财务预算管理缺乏更深层次的理解,没有看到预算管理是企业综合的、全面的管理,没有将预算与出版社的战略规划很好地结合起来,使预算独立于企业管理之外,对出版社的经营发展起不到实质作用。

(一)财务预算管理核心在于"全面"二字

预算不单纯是财务部门的事情,需要编辑、出版、发行及其他管理部门来共同参与。预算也不只是财务部门对会计报表数字的分解下达,它需要编辑、出版、发行及相关部门提供经营信息,不仅要考虑资金供给、纸张、稿费、印装成本和人工成本的控制,还要考虑图书市场的需求。通过各部门的有效参与,预算从最初的编制下达,到预算的执行和监控,直至预算的评价与考核,从横向和纵向进行层层分解并落实到各部门、各环节和各岗位,从而形成全方位覆盖和全程跟踪的预算管理体系,并有效地激励经营活动按照预算的既定目标顺利进行。

(二)财务预算必须以出版社的中长期发展战略为目标

目前很多企业对企业发展战略认识不清,有的企业干脆没有明确的企业发展战略,使财务预算管理存在很大的盲目性、空泛性,对企业经营发展起不到实质作用。出版企业要制定三年和五年的中长期规划,每年的财务预算都能立足于这一发展战略,将既定战略通过预算的形式加以固化与量化,从而避免了预算管理发生偏离,确保了最终实现企业的战略目标。

(三)财务预算管理应贯彻"以人为本"的预算管理理念

在财务预算管理中,必须真正落实"以人为本"的管理理念。谁能有效调动人的潜能,谁将是最大的赢家,这是出版社长期稳定发展的一个重要基础。在预算编制时,充分考虑人的因素,将利润指标与工资薪金同时划分为四档,每一档利润指标对应每一档的工资薪金,严格贯彻"按劳分配"的原则。

(四)财务预算编制宜采用"自上而下、自下而上、上下结合"的编制程序

单纯采用"自上而下式"或"自下而上式"预算编制程序均有一定弊端,即不能全面传递出版信息且容易使预算偏离出版社战略发展目标。理想的编制程序宜采用"上下结合式"。"上下结合式"预算编制程序首先由出版社最高决策层根据出版社中长期发展战略提出本年度所要达到的总体目标,预算管理委员会根据确定的总体目标,结合各分社、各部门的实际情况分别提出分目标。经过自下而上、自上而下、上下结合的多次反复,形成最终预算,经最高决策层审批后,正式上传下达。这种预算编制程序既避免了编辑、出版、发行、财务信息传递途径的单向性,又在一定程度上缓和了信息不对称的矛盾,避免了预算编制过程中的讨价还价,使预算真正贴近实际;既避免了夸大,又避免了保守,充分利用了出版资源。

(五)财务预算管理的内容要以营业收入、成本费用、现金流量为重点

营业收入、成本费用、现金流量是财务预算管理目标利润实现的三大核心内容。出版社在实际操作过程中对营业收入和成本费用既要考虑绝对指标,又要考虑相对指标,相辅相成,引导经营行为良性发展。对营业收入不仅确定了最低回款实洋底线,而且还从销售折扣、退货率等方面进行考核,确保图书回款的质量;对营业成本则按照收入实现情况确定最高销售成本率,将出版社的销售毛利始终锁定在合理范围之内;对编录经费和销售费用,划分为可控费用

（日常开支）和不可控费用（人工和社保、公积金），并分别将可控费用与完工图书总成本、回款实洋相联系，从而确定可控编录经费支出的最高比例（即编录经费中可控费用占完工图书总成本的比例）和可控销售费用支出的最高销售费用率（即销售费用中可控费用占回款实洋的比例），在很大程度上抑制了成本费用的增长，确保了主业利润按照预算目标顺利实现。

（六）注意高度集权与分权的矛盾

预算使各利润中心的权力得以具体化，于是，各利润中心产生了集权要求，认为只要不超预算，生产经营一切收支均由自己说了算，不必再受总社领导的限制。殊不知，这种分权是以不失去控制为最低限度，即在为实现出版社整体利益的目标下，明确各利润中心的权力范围，在此范围内，各利润中心既有权利又有义务做自己该做之事，且多做不行，少做亦不行。因此出版社在预算管理过程中一定要正确处理好集权与分权的矛盾问题。

（七）财务预算管理过程中注意"刚柔"并济

预算自始至终都贯穿着严肃性和权威性，即预算的"刚性"。对于出版社预算管理而言，保持预算制度的刚性是维护财务预算有效执行的重要保障。

在预算编制阶段，要按照出版社确定的总体发展目标并结合图书市场情况，根据选题规划以及其他生产经营情况，科学编制预算，严禁讨价还价式预算编制程序，并且预算一经确定、下达，便具有法律效力，不得随意调整。

在预算执行阶段，要不折不扣地按照既定预算展开经济活动，并且每季度末财务人员都要根据预算下达的各项具体指标（收入、成本、费用、利润、销售成本率、可控销售费用率、可控编录经费支出比率、出版总规模、销售折扣、退货率等指标），对各单位预算执行情况实行跟踪管理并形成报告，然后再及时将报告内容传递给各单位，使其能够及时掌握自己的经营情况，及时调整经营策略，引导生产经营良性发展。对超预算支出做到及时预警，并且实施严格的预算追加审批程序，严禁预算外开支，有效防止预算松弛。

在预算考核评价阶段，应以各项硬指标和制度为依据，不折不扣、一丝不苟地对预算的执行加以考核和评价，真实反映出预算管理的实施情况，使出版社的财务预算管理进入一个良性循环。

二、出版企业的成本管理

（一）出版企业成本管理的含义和内容

出版企业的成本管理，是对出版企业在整个运作过程中所产生的所有费用（包括出版企业生产产品的生产成本、管理费用、经营费用等）进行预测、核算、分析等管理过程，目的是以最小的支出实现出版企业经济效益的最大化。

对出版企业成本进行有效而科学的成本管理主要包括：第一，正确划分各种支出的性质，严格遵守成本费用的列支范围。正确划分收益性支出和资本性支出、生产经营性支出和营业外支出,加强对不同类型成本的分类管理。第二,正确处理成本费用和收入配比的关系,体现成本管理的经济效益原则。对各种消耗进行全面、系统、真实的记录、计算、分析和控制,合理配置和有效利用资源,提高企业成本费用管理绩效,保持市场竞争力。第三,正确处理成本费用与新技术的关系,通过对新技术的积极合理利用,控制成本费用。对成本的科学管理和控制,是出版企业提高经济效益的重要途径。

(二)出版企业成本管理的基本原则

1. 可控性原则

在成本控制范围内的生产成本必须为可控成本。具体要满足三个条件:第一是可预测,出版企业通过计划、预算等途径在产品成本费用发生之前可以预知将发生哪些成本和费用。第二是可量化,出版企业能够利用财务管理手段,对产品生产中发生的成本费用进行计算,并及时准确掌握。第三是可限制,出版企业通过编制预算、定额标准、监督审核等各项职能,能够对发生的成本及费用加以有效限制和调整。

2. 责权结合原则

出版企业内部实施成本管理的部门必须拥有采取有效措施对各项耗费实施有效控制的权力,本着谁管理谁负责的原则,这些部门也必须承担因管理不善导致成本失控而带来损失的经济责任。当然,也要发挥利益机制的激励作用,调动成本管理人员做好成本控制的积极性。

3. 全员目标责任制

在出版企业成本管理的具体工作中,可采用"成本、薪酬、责任"挂钩的办法,推行全员成本管理,促使成本管理由粗放型向精细型转化。各部门明确成本管理的目标和责任,并将成本控制指标分解到岗位和个人,便于操作和执行总体的成本决策。

4. 创新原则

出版企业要认真分析每个群体的偏好,往往能找到削减成本的机会。《宁波晚报》对报纸读者的一项调查表明,当地读者有效阅读时间不超过半小时,这就说明厚报纸并不是很经济的选择,该报以此为突破口,找到了控制成本的捷径。这种根据当地消费者偏好既提供针对性服务,又降低了成本的做法就体现了创新。

5. 市场竞争原则

大力推动"内部市场化",把市场机制引入内部,鼓励各单位对内也按市场规律办事。集团对内部各单位独立经济考核,赋予经营自主权。在内部形成模拟市场的购销模式,不仅降低集团的整体成本,也给内部各单位施加压力降低自身成本。

(三)出版企业成本的分类和核算

一般情况下,出版企业成本由直接成本和间接成本组成。直接成本是指为制作产品直接消耗的费用,如工作人员的工资、稿费、资料费、差旅费、劳务费等,可以直接归为该产品的成本。间接成本是指制作产品间接消耗的费用,如水电费、后勤管理人员和技术保障人员的工资、福利费、办公费等,这些费用需要按照一定方法合理计算后分摊到各产品中。下面以出版企业的图书出版物为例介绍成本核算。

1. 图书成本的含义

图书成本是图书生产和销售过程中所耗费的生产资料价值和必要劳动价值的货币表现,是出版单位在进行编辑、复制和发行图书的活动中支付的费用。

2. 图书成本的总体构成

图书全部成本由直接成本、间接成本和期间费用构成。

直接成本指直接反映某一图书品种生产过程的各项支出,即可以直接计入该图书品种的生产成本,主要包括:第一,稿酬及校订费。稿酬指支付给著者、译者、校订者的报酬;校订费是用于各种文字翻译审核的校订费用。第二,租型费用。租型费用指向其他出版单位租赁型版来印刷、发行图书而支付给出租单位的使用费。第三,原材料及辅助材料费用。这是指图书生产过程中实际消耗的原材料及辅助材料的费用。如纸质图书的正文、封面、扉页、环衬用纸费用,光盘、外购半成品、包装材料等费用,以及它们的运输、装卸、整理等费用。第四,制版费用。这是指图书生产过程中从发稿之后到批量复制或在网络上正式推出之前这个阶段的生产费用,如为排版、出片、打样等支付的费用。第五,印装费用。这是指图书生产过程中从批量复制开始到上市销售之前这个阶段的加工费用,包括印刷费、装订费、光盘制作费及包装费等。第六,出版损失。这是指图书在尚未完工之前因出现废品而造成的报废净损失。如因变更图书原稿内容而发生重新印刷、换页或重装的工料费,也包括图书内容上的质量问题而报废所造成的损失。第七,其他直接费用。如明确为某一图书品种支付的选题策划费、审稿费、编辑加工费、资料费等。另外还有选题开发、研究费用和音像制品或电子书的试验费用等。

间接成本指某些虽与图书生产有关,但难以明确计入某一品种而只能按一定方法分摊的各项间接生产费用,又称为编录经费。如编辑部门的工资、办公费以及不能进入单一图书品种成本的审稿费、装帧设计费和编辑加工费等。

期间费用指一定时期内所发生的不能直接归属于某个特定产品的成本而必须从当期收入中扣除的费用,包括管理费用、销售费用和财务费用。管理费用是行政管理部门为组织和管理生产经营活动而发生的各种费用,如行政管理人员的工资、办公费、固定资产折旧、咨询费、审计费、业务招待费等。销售费用是在图书发行过程中为各种活动支付的费用,如发行部门人员的工资、宣传推广费、展览费、包装费等。财务费用是为筹集生产经营所需资金而发生的费用,包括利息支出、汇兑损失及金融机构手续费。

3. 图书直接成本的预测

一般来说,图书直接成本的预测需要考虑以下这些费用支出:估计稿件的字数与图片数量;选择图书的开本大小以及封面、环衬、扉页、正文用纸和装订样式;选择图书版心尺寸,计算每面字数,得出印张数;根据市场,预计印数;根据印张、印数,计算纸张费用;确定设计者及整体设计计划，计算设计费用、排版费用、出片、打样等费用；根据预计的印数计算纸张、印刷及装订费用和运费等；计算单本书印制成本价；计算版税、翻译稿酬、校订费等；制定定价；综合考虑定价、印数、折扣、税额，减去各种成本，计算盈利可能性。

(四)出版企业成本管理的手段

第一，提高劳动生产率。通过提高出版企业从业人员的技能、技术等业务素质以及采用先进的技术和设备来实现。同时还要合理使用产品生产中的设备，加速固定资产折旧，快速回收成本，以减少因为技术进步造成的设备贬值。

第二，在不改变产品质量的前提下，减少直接生产费用。直接生产费用包括报纸、期刊的纸张，广电媒介的劳务费用、能源费用等直接与出版产品相联系的支出，在这些环节上节约成本。

第三，合理配置产品生产各个环节中的资源。在产品生产过程中，应该合理配置设备资源和人力资源，加强专业分工和协作，避免重复购置和制作，减少产品的直接材料、直接人工以及制造费用，以尽可能低的成本生产出更多的产品。

第四，减少各种非生产性支出，把有限资金用于生产。精简各种非生产性机构，减少管理的层次，建立扁平的组织结构，可以降低管理成本，同时也有利于组织信息的流动。这部分节省下来的资金可以加强对生产性、经营性机构的投入。

第五，加强成本核算，节约成本耗费。通过财务管理手段加强成本核算，加强产品生产制作过程中劳动消耗与劳动成果的分析、对比和考核，寻找节约成本费用的途径。其主要包括核算产品生产成本的数量、范围和构成。

第三节　出版企业财务风险管理

一、出版企业财务风险的含义

出版企业财务风险是指由于企业财务活动中受到风险因素的影响，货币资金的流动不畅而导致出版企业的获利能力和稳定运行能力下降。出版企业的财务风险主要体现在财务数据的波动。在资金的筹集、流通和分配过程中如果并未形成全面的监督和管理制度，很有可能在过度的利益追逐过程中疏于财务风险的管理和控制，造成不可弥补的危机。

二、出版企业财务风险的表现

(一)投资风险

为了实现资本的保值增值，出版企业会进行一定的投资活动，而出版企业的投资风险主要来源于投资业务实际收益情况与预期收益存在较大的差异，甚至出现实际收益与预期收益相差甚远的情况，造成投出资金不仅难以取得预测的回报，还可能无法顺利回收本金，导致投资风险的出现。例如,如果出版企业将有限的资金投入到风险较大的领域,而在此期间收益情况大幅缩水就会出现严重的资金亏损问题,甚至给出版企业的资金运作带来阻碍,难以维持正常的资金流需求。

(二)筹资风险

出版企业一般规模相对较小,企业自有资金和可供抵押贷款的资产很少,如果在运行期间或新项目实施过程中不能得到充足的资金保障,很有可能会导致运营项目失败。因此出版企业会进行筹资活动,出版企业筹资风险的来源十分复杂。一般来说可以将筹资风险来源划分为两个层面:一是外部宏观经济环境的变化,如国家经济政策的推出、经济周期的变化、利率与汇率的波动、经济杠杆作用等,都会对出版企业的筹资风险产生一定的影响。二是由出版企业自身筹资风险管理工作带来的风险。如出版企业制订的筹资计划、战略发展决策等因素,一旦难以适应市场发展的客观需求,加之自身疏于财务风险的防范,很有可能面临财务状况迅速恶化的困境,甚至由于资金流动受阻而陷入破产的危机之中。

(三)盈利风险

盈利风险是指出版企业在制定战略决策、经营模式方面由于缺乏对市场需求的有效把握,造成推出的项目或业务的市场受众率低,由于战略发展目标的误判而导致出版企业陷入经营危机之中,造成不利的影响。

(四)存货风险

出版企业存货一般由用于生产的纸张用品和待出售的图书资料两部分构成,为此企业不仅需要耗费大量资金,还要承担较高的保管费用,一旦存货周转速度下降,就会对企业经营现金流产生较大的影响。另外,由于出版企业生产的是文化产品,时效性较强,价格波动幅度较大,库存积压超过一定时间可能发生存货跌价损失,产生财务风险,因此出版企业如果缺乏科学的库存管理理念,不对存货进行系统的规划,便可能造成积压性存货。

三、出版企业财务风险管理的影响因素

(一)外部因素

1. 新媒体发展对出版企业的冲击

新媒体和新技术的迅速传播与发展,手机、互联网等新型媒体模式得到广大用户的认可,人们的阅读习惯已经从传统的纸质媒介向电子媒介转变,这一方面对传统出版企业客户源进行了分流,另一方面市场环境的变化使得众多出版企业面临较大的竞争压力,最终体现在出版企业财务管理风险上。

2. 文化体制改革对出版业提出更高的要求

文化传媒体制改革加快了出版企业的股份制、公司制改革,部分出版企业建立法人治理结

构,确保企业经济利益与社会效益的统一,然而传统事业单位财务管理模式并未完全克服,新型财务管理系统的运用效率低,必须通过建立财务风险预警系统来强化财务管理工作,这也给出版企业财务管理工作提出更高的要求。

(二)内部因素

1. 盈利模式相对单一

出版企业的盈利模式主要有以下两种,一是出版物广告收入,二是出版物发行收入。由于出版企业的受众范围较为局限,读者面窄,发行量不稳定,仅仅依靠发行量和广告收入难以抵消采编、出版物印刷与发行的成本,容易导致出版企业陷入财务困境之中。一些出版企业为了提升广告收入,采取扩大广告赞助发行的模式,大量广告甚至出现"喧宾夺主"的问题,不仅降低了读者的阅读体验,同时也不利于维护原有客户源,长此以往不利于出版企业的健康发展。

2. 财务管理能力薄弱

当前大部分出版企业的财务管理无法满足企业管理者和投资者的需求,如财务管理体系不健全、财务管理方法单一、财务分析内容不全面等,由财务分析可得到的指导与建议缺乏现实依据和可行性。此外,还有一些出版企业对财务管理的认识不足,将财务管理简单地看作是会计核算,导致财务工作人员不能有效地发挥职能,难以对出版企业的财务风险进行及时的预警。

四、出版企业应对财务风险的措施

(一)构建完善的财务风险预警机制

财务风险的成因众多,而从技术角度建立财务风险防范机制能够提升出版企业抵御风险的综合能力。在风险形成之前对风险因素进行评估,可以通过引入财务风险评估模型,并根据企业财务风险管理的实际情况对评估模型进行修订,使之更符合自身财务风险管理的实际需求,在财务风险形成之初进行准确的评估和判断,并建立有效的风险防范机制。在财务风险形成之时,利用各种技术手段和策略来尽可能降低财务风险带来的不良影响,如风险分解、风险转移等策略,控制甚至消除财务风险的负面作用。在财务风险结束后,根据实际经验和教训对财务风险管理系统进行优化,循序渐进地改进控制机制,增强出版企业对财务风险管理的效率。

第一,建立风险识别系统,明确企业的各种风险所在,找出主要的风险因素。

第二,建立风险衡量系统,运用一定方法对风险发生的可能性或损失的范围与程度进行估计和衡量;建立风险衡量指标体系和风险控制目标,收集相关数据,利用数学模型进行风险分析与度量,定量测算财务风险临界点。

第三,建立风险处理应急系统,针对不同类型、不同规模、不同概率的企业内外部风险,采取相应的对策、措施或方法,使风险损失对企业生产经营活动的影响降到最小限度。

(二)强化内控制度建设,树立财务风险管理意识

出版企业自身对财务风险管理的重视程度在一定程度上决定了出版企业财务风险管理的实际状况。出版企业管理者必须强化对财务风险管理的重视程度,加强出版企业内部管理和控制,引导全员树立财务风险管理的意识。提高内部控制能力,尽量避免风险的发生或减少风险损失。首先出版企业内部要建立科学的决策机制、执行机制和监督机制,明确内部控制目标;其次要优化企业内部控制环境,建立适当的沟通渠道和有效的协调与合作体系;再次要提高出版企业信息化管理手段,通过信息管理及时掌握出版企业人、财、物和产、供、销的最新资料,以提高财务、业务决策效率。财务风险管理不仅是财务部门的工作职责,还与全体工作人员的日常工作息息相关。积极推动财务风险管理文化的建立,解决出版企业当前的财务风险管理不足和问题,包括建立风险预警和应急机制、调整财务风险管理流程、优化出版企业资金管理制度、聘请高水平的专业人才、提升现代化技术设备的利用率等,从软硬件保障方面促进出版企业的财务风险管理水平的提升。

(三)加强资金回收风险评估与预防

在我国图书发行流通领域信用环境恶化的背景下,出版企业为了控制财务风险必须与书店等客户签订销售合同。除此之外,对信用等级低的客户,出版企业可根据《中华人民共和国担保法》和《中华人民共和国物权法》附加签订担保合同,尽可能降低由于资金回收不到位导致的财务风险。由于代销销售模式或财务制度的原因较为复杂,出版企业可以根据已开票和回款来确认销售收入情况,避免出现重视发货、忽视回款的情况。

(四)提升财务人员的业务素质

财务管理人员的业务水平和对财务风险的识别能力在很大程度上影响出版企业对财务风险的防范效率,为此出版企业应积极推动专业人才队伍建设,加大员工培训力度,提升财务人员对识别财务风险和对财务风险作用的判断力,能够准确、及时、有效地识别各类财务风险,并在此基础上从专业角度给出应对和化解财务风险的策略。资金环境更为复杂化,财务风险因素持续增加,使得很多出版企业面临财务危机。除了宏观经济环境风险,其他风险类型如出版企业内部财务关系混乱、财务人员缺乏风险意识、财务管理决策缺乏科学性等给出版企业财务所带来的风险同样值得高度关注。财务风险管理并不是一项简单的工作,出版企业应从战略决策方面拓宽出版企业的综合经营和管理现状,如建立绩效和考核制度,对财务管理人员进行激励和约束,提升其获取财务信息的主动性,并在制度上予以充分的保障,提升财务决策的科学性和有效性。正确的财务决策能够促进出版企业财务管理效率的提升,降低财务风险发生的概率,而错误的财务决策可能导致出版企业陷入资金管理的困境之中。财务管理人员在进行风险评估和判断中应避免主观意识影响,对各种方案制订相适应的决策,并利用多种策略化解和防范财务风险。

(五)建立有效的财务风险管理系统

出版企业的经营者、管理者应随时加强对财务风险指标的分析,适时调整出版企业营销策略,合理处置不良资产,有效控制库存图书的结构,适度控制资金投放量,减少资金占用,还应注意加速存货和应收账款的周转速度,使其尽快转化为货币资产,减少甚至杜绝坏账损失,加速企业变现能力,提高资金使用率。

建立出版企业内部控制制度和会计控制制度,如对企业的货币资金控制、采购与付款控制、销售与收款控制、对外投资控制等。实施内部牵制制度,对不相容的岗位实行相互分离、相互制约;建立回避制度,会计负责人的直系亲属不得担任出纳人员;严禁擅自挪用、借出货币资金;严禁收入不入账;严禁一人保管支付款项所需的全部印章;不得由同一部门或个人办理采购与付款、销售与收款业务的全过程;销售收入要及时入账。

第四节 出版企业经营状况的财务评价

一、财务报表

财务报表是财务部门劳动的主要成果,是管理者了解企业组织运营的"晴雨表"。通过财务报表分析对企业进行评价,根据企业财务报告等资料,运用科学的方法和指标,对企业的生产经营情况、财务状况和发展趋势进行研究分析,为评价和改善企业经营管理提供决策支持信息。

从报表具体内容看,财务报表主要包括企业资产负债表、利润表和现金流量表等。

企业资产负债表是反映企业在某一特定日期财务状况的会计报表,其编制遵循会计恒等式:

$$资产 = 负债 + 所有者权益$$

利润表是反映企业一定会计期间经营成果的会计报表。其编制依据为:

$$收入 - 费用 = 利润$$

现金流量表是反映企业一定会计期间现金及现金等价物的流入、流出和增减变化情况的报表。

二、财务指标

利用财务报表对企业进行评价的基本财务指标包括企业的盈利能力、偿债能力、营运能力以及现金流量状况等。

(一)盈利能力

盈利能力是企业获取利润的能力,是财务报表分析的核心内容。盈利能力分析从收入减支出和资金占用等方面进行,主要有销售净利率、成本费用净利率、资产报酬率、股东权益报酬率等指标。

$$销售净利率=净利润/销售收入净额\times100\%$$

$$成本费用净利率=净利润/成本费用总额\times100\%$$

$$资产报酬率=净利润/资产平均总额\times100\%$$

$$资产平均总额=(期初资产总额+期末资产总额)/2$$

$$股东权益报酬率=净利润/股东权益平均总额\times100\%$$

$$股东权益平均总额=(期初股东权益+期末股东权益)/2$$

(二)偿债能力

偿债能力即企业及时偿还其所欠债务的能力。企业偿债能力分为短期偿债能力和长期偿债能力,主要包括流动比率、速动比率、资产负债率和利息保障倍数等指标。

$$流动比率=流动资产/流动负债$$

$$速动比率=速动资产/流动负债=(流动资产-存货-待摊费用)/流动负债$$

$$资产负债率=负债总额/资产总额\times100\%$$

$$利息保障倍数=息税前利润/利息费用=(净利润+利息费用+所得税费用)/利息费用$$

(三)营运能力

营运能力是企业盈利的基础,又称资金周转能力,主要反映企业资产使用的效率。其主要包括总资产周转率、流动资产周转率、固定资产周转率、存货周转率和应收账款周转率等指标。这些指标越高,说明资产周转速度越快,资产使用效率越高。

$$总资产周转率=销售收入净额/资产平均总额$$

$$流动资产周转率=销售收入净额/流动资产平均余额$$

$$流动资产平均余额=(流动资产期初余额+流动资产期末余额)/2$$

$$固定资产周转率=销售收入净额/固定资产平均净值$$

$$固定资产平均净值=(固定资产期初净值+固定资产期末净值)/2$$

$$存货周转率=销售成本/平均存货$$

$$平均存货=(期初存货余额+期末存货余额)/2$$

$$应收账款周转率=赊销收入净额/应收账款平均余额$$

$$应收账款平均余额=(期初应收账款+期末应收账款)/2$$

由于出版企业的特殊性,其经营状况的财务评价指标还有阅读率、覆盖率、发行量、成本消耗指标以及营销利润指标等,这对于全面细致评价出版企业在市场中的地位、经营和盈利状况等具有重要参考意义。

关键术语

出版企业财务管理　全面财务管理　成本管理　风险管理　财务评价

问题与思考

1. 如何理解出版企业财务管理?
2. 试述提升出版企业成本管理的途径。
3. 联系我国出版企业实际发展状况,谈谈出版企业财务风险管理的影响因素。
4. 联系实际,如何评价我国出版企业的经营状况?

第六章 出版企业人力资源管理

 学习目标

通过本章学习,应了解和掌握以下内容:
1. 出版企业人力资源管理的基本概念及特征。
2. 出版企业人力资源管理的基本内容。
3. 提升出版企业人力资源管理水平的途径。

在西方素有"商业布道师"与"商业教皇"美誉的顶级管理学专家汤姆·彼得斯曾坦言:"要把人才视为企业唯一的真正的资源,所谓的企业管理实际上就是把人才资源尽可能高效地发挥出水平。"对知识劳动相对集中的出版企业来讲,要想在国内国际竞争日益激烈的市场环境中生存和发展,关键就在于注重出版人力资源的开发和管理,充分利用和发挥出版人力资源的优势和潜力,用人力资源优势弥补企业在资源及资本方面的不足,取得更大的社会和经济效益。

第一节 出版企业人力资源概述

英国经济学家哈比森认为:"人力资源,是国民财富的最终基础。资本和自然资源是被动的因素;人是积累资本,开发自然资源,建立社会、经济和政治组织并推动国家向前发展的主要力量。一个国家如果不能发展人民的技能和知识,就不能发展别的东西。"世界银行1985年的经济考察报告《中国:长期发展问题和可选方案》在结论中指出:"中国的经济前景要取决于能否成功地调动和有效地使用一切资源,特别是人力资源。"

一、出版企业人力资源的定义

人力资源的含义是由管理大师彼得·德鲁克于1954年在《管理实践》中首先提出并加以明确界定的。他认为人力资源拥有当前其他资源所没有的素质,即"协调能力、融合能力、判断力和想象力";它是一种特殊的资源,必须经过有效的激励机制才能开发利用,并给企业带来可见的经济价值。人力资源是出版企业的核心资源。人力资源指在一个国家或地区中,处于劳动年龄、未到劳动年龄和超过劳动年龄但具有劳动能力的人口之和。

出版企业人力资源是指从事出版经济活动的实体中的一切从业人员,包括编辑人员、发行人员、专业技术人员、管理人员等,主要具有不可替代性和高增值性的特点。所以出版企业在进行人力资源管理时,一定要根据人员的特点进行有目的的开发和利用。

对出版业的经济运行而言,人力资源、信息资源、物质资源等是最基本的生产要素,其中最重要的应是起主导性作用的人力资源。信息资源、物质资源的开发和利用,归根结底有赖于人力资源的素质水平和能力发挥。"人是第一生产力",人力资源的优化利用在出版社的资源开发和优化配置中处于头等重要的地位。这是因为:第一,出版社的效益只有通过出版社员工的创造性劳动才能实现。争取社会效益和经济效益的最大化,是出版社经营的终极目标,这一目标的实现要经过若干环节和过程,而在每一个环节当中起主导和决定性作用的是人。第二,出版社的品牌和特色要由出版社员工来创立。出版社要在林立的同行中独树一帜,在激烈的出版竞争中站稳脚跟,创立标志性的品牌、形成独具的特色非常重要。而品牌和特色要在长期的出版发展过程中,通过具体的出版物体现出来,因而最终还是出版社员工劳动和智慧的结晶。第三,出版社人力资源的素质水平决定了出版产业化进程。实现产业化是出版业发展的必然趋势,这就要求必须具备熟悉市场经济规律、懂管理、善经营的现代出版队伍。提高出版社人力资源综合素质是实现出版产业化的必然要求。

二、出版企业人力资源管理的特征

根据出版企业人力资源所具有的时代性、能动性、开发性和流动性等特征,要对出版企业人力资源进行科学的管理,在人才的获取、调控、整合和激励过程中充分发挥人才的潜能,提高人才的满意度和成就感,提升员工的人力资源价值,培养复合型、创新型人才。建设一支适应出版强国需要的出版工作队伍就必须在运用管理学基本原理的基础上,充分把握出版企业人力资源管理的特征,才能达到企业发展既定的目标。出版企业人力资源管理具有如下特征:

(一)出版企业人力资源管理客户化

留住人才、吸引人才、培养人才、激发人的潜能,是出版企业人力资源管理的重中之重,是出版企业可持续发展的关键。出版企业人力资源管理客户化就是要把员工当客户,要通过企业优异的人力资源管理产品服务去满足员工的需要以及个人价值的实现,来赢得员工的忠诚。客户化的人力资源管理更多强调个人的职业价值兴趣,个人的职业发展与成长性等是个人价值得以充分发展与实现的因素。在客户化的人力资源管理职能中,突出内部员工的个性化和提供量身定制的服务,创造组织成为个人的事业和家庭结合点的环境,开拓互动的沟通机制就显得尤为重要。向员工持续提供客户化的人力资源产品与服务成为人力资源管理的新职能,吸纳、挽留、激励、开发企业所需要的人才成为人力资源管理部门的主要任务。出版企业人力资源管理必须转变观念,积极扮演客户经理的角色,为企业各种员工提供一篮子的人力资源系统解决方案,积极开发令客户满意的人力资源产品和服务,建立组织和员工的战略合作伙伴关系,使个人与职业协调发展。

企业向员工提供的产品与服务包括：

第一，描绘组织与个人的共同愿景。明确奋斗目标，向员工展现组织的奋斗目标和理念，让员工明白自己的期望与组织的目标相结合，让员工明白自己在组织的晋升通路，明白奋斗的道路，从预期上规划员工的事业发展愿景。一个雄心勃勃的，但绝非遥不可及的奋斗目标和努力方向，将吸引一批对事业充满热情的人才投入其中。

第二，设计有效的、公正的价值分享制度，通过制定富有竞争力、激励性、挑战性的薪酬制度和价值分享系统来满足员工的多元化要求。这包括企业内部信息、知识、经验的分享，让员工充分分享所有权的收益。

第三，提供人力资源增值服务。通过对组织内员工的人力资源开发培训提供价值增值的机会。另外对员工个人的性格、能力、职业性向等，积极提供各种测试报告和建设性的发展规划，开展职业阶段管理教育和员工职业生涯规划。

第四，创造学习型组织。人力资源部门要主动创造团队学习的环境，积极建立良好的沟通平台，让员工贡献自己的智慧，实现知识和信息的共享，使员工拥有比竞争对手更快更强的学习能力，以提升组织的智商。

第五，授权赋能。建设以客户为中心的新型企业员工关系的新模式，即以心理契约为纽带的合作关系，让员工参与管理，授权员工自主工作，并承担更多的责任。

第六，支持与援助。通过建立支持与求助工作系统，为员工完成个人和组织发展目标提供条件。

(二)出版企业人力资源管理的重点是知识型员工的管理

出版业作为知识密集型的文化传播产业，含有较高的文化意义。在创造图书使用价值的过程中，需要以人为本，依靠智能和信息，需要管理和组织，需要渠道和技术，综合各种出版资源，在激烈的市场竞争中生存发展。因此，人力资源是出版业最重要的出版资源。一个出版企业能不能兴旺繁荣、健康发展，关键要看是否拥有一批高素质、结构合理的人才队伍。出版企业人力资源管理的重点就是要关注知识型员工的特点，重点开发与管理知识型员工。

出版企业知识型员工具有五个特点：

第一，知识型员工由于其拥有知识资本，因而在组织中有很强的独立性和自主性，在管理中难于授权，难于协调个人对专业的执着与企业对市场价值的追求的矛盾，难于设计知识工作、虚拟工作团队。

第二，知识型员工具有较高的流动意愿。他们对于终身就业能力的追求，增加了企业人力资源投资风险和流动管理危机。

第三，知识型员工的工作过程难以直接监控，工作成果难以衡量。这使得价值评价体系的建立变得复杂而不确定。

第四，知识型员工能力贡献差异大，出现混合交替式需求模式。报酬不再是一种生理层面的需求，其本身也是个人价值与社会价值和地位的象征。需求要素和需求结构也有了新的变化,如利润与信息分享需求、终身就业能力提高的需求、工作变换与流动的需求、个人成长与发展的需求等,这就使得报酬的设计更为复杂。

第五,21世纪的知识创新型企业中,知识代替了权威,一个人对企业的价值不再仅仅取决于其管理职位上的高低,而取决于其拥有知识和信息量的大小。

知识型员工要求领导与被领导者之间建立信任、沟通、承诺、学习的互动方式,为此,出版企业人力资源管理应着重于建立知识工作系统和创新机制,实现人性化管理。

(三)出版企业人力资源管理的核心是人力资源价值链的管理

价值链,就是对人才激励和创新的过程,这包括三方面的含义:

价值创造就是在理念上要肯定知识创新者和企业家在企业价值创造中的主导作用。企业中人力资源管理的重心要遵循二八原则,其实我们要关注那些能够为企业创造巨大价值的人。他们创造了80%的价值,而数量在企业中仅占20%,同时也能带动企业其他80%的人。注重形成企业的核心层、中间层、骨干层员工队伍,同时实现企业人力资源的分层分类管理模式。

价值评价问题是人力资源管理的核心问题,其内容是指要通过价值评价体系及评价机制的确定,使人才的贡献得到承认,使得真正优秀的、企业所需要的人才脱颖而出,使企业形成凭能力和业绩吃饭,而不是凭政治技巧吃饭的人力资源管理机制。

价值分配,就是要通过价值分配体系的建立,满足员工的需求,从而有效地激励员工,这就需要提供多元的价值分配形式,包括职权、机会、工资、奖金、福利、股权的分配。企业应注重对员工的潜能评价,向员工提供面向未来的人力资源开发内容与手段,提高其终身就业能力。

出版企业人力资源管理的核心是价值链的管理,注重形成出版企业的核心层、中间层、骨干层。具体来说,就是要在出版企业内部构建以社长、总编辑为首的懂业务、善管理、务实创新的领导班子,站在市场前沿、创造80%效益的首席编辑和核心编辑队伍,积极进取、不断开拓的骨干编辑和后备编辑队伍,以及踏实勤奋的行政后勤管理队伍。通过对价值链的管理,"价值创造"员工队伍,利用有效的价值评价机制,实现公平的具有竞争力的多元的价值分配,以此激励人才,创造人才。

(四)出版企业人力资源管理的任务是构建智力资本优势

出版企业的核心优势取决于智力资本的独特性及其优势。智力资本包括三个方面,即人力资本、客户资本和组织结构资本。人力资源的核心任务,是通过人力资源的有效开发与管理,提升客户关系价值。要将经营客户与经营人才结合在一起。要致力于深化、维持、发展与客户的关系,提升客户关系价值,以赢得客户的终身价值;维持、深化、发展与员工的战略合作伙伴关系,提升人力资本价值。

当今时代是一个人才主权时代。人才在这个时代有了更多的就业选择权与工作的自主决定权。素质越高、越稀缺的人才,将获得越来越多的工作选择机会,所获得的报酬也越高,而且越具有独特的人力资源优势的企业,越具有市场竞争优势,越容易吸纳和留住一流人才,所以出版企业人力资源管理的核心任务是构建智力资本优势,增强企业的核心竞争力,提升人力资本价值。

三、出版企业人力资源管理的理论基础

出版企业人力资源管理,是构建在人力资源管理普遍理论之上的。其理论基础主要有"复杂人"假设理论、需求层次理论、ERG需要理论、期望理论、公平理论等。出版企业要结合人力资源的特性,对出版企业人力资源进行开发、培养、使用、考核等。

(一)"复杂人"假设理论

"复杂人"(complex man)是20世纪60年代末至70年代初提出的假设。"复杂人"的含义有以下两个方面:其一,就个体人而言,其需要和潜力会随着年龄的增长、知识的增加、地位的改变、环境的改变以及人与人之间关系的改变而各不相同。其二,就群体的人而言,人与人是有差异的。因此,无论是"经济人""社会人",还是"自我实现人"的假设,虽然各有其合理性的一面,但并不适用于一切人。"复杂人"假设理论是将工作、组织、个人三者做最佳的配合。其基本观点可概述如下:

(1)人的需求是多样且因人而异、随发展条件和情况而变化的。人不仅具有复杂的需要体系,而且人的这种需要是随着人的发展和生活条件的变化而变化的,并且需要因人而异,需要的层次也在不断改变。

(2)人在同一时间内的多种需要和动机相互作用形成复杂的动机模式。人在同一时间内有各种需要和动机,它们会相互作用,结合为一个统一体,形成复杂的动机模式。

(3)动机模式是内部需要和外部环境共同作用的结果。人是复杂的,要受多种内外因素的交互影响,内部需要和外部环境的相互影响、相互作用的结果产生了动机模式。内部需要是多种多样的,外部环境是不断变化的。人在不同的组织、不同的工作部门和岗位可以有不同的动机模式。因此,不存在一个适应任何时代、任何组织和任何个人的普遍有效的动机模式。

(4)不同人对不同的领导模式有不同的反应。由于人的需要不同、能力各异,对同一领导模式不同的人会有不同的反应。"复杂人"假设主张根据不同人的不同情况,因人而异地采取灵活多变的领导模式和领导方式。

(5)在适当的领导策略之下,不同类型的动机模式,可以产生高激励水平。"复杂人"假设含有辩证法因素,它强调根据工作性质、个人特点和外界环境三者合理配置,因人、因地、因事而异,采取灵活机动的领导方法。

(二)需求层次理论

需求层次理论即马斯洛需求层次理论,是行为科学的理论之一,由美国心理学家亚伯拉罕·马斯洛于1943年在《人类激励理论》一文中提出。他将人类需求像阶梯一样从低到高按层次分为五种,分别是生理需求、安全需求、社交需求、尊重需求和自我实现需求。

马斯洛需求层次理论经常被现代企业应用到企业管理当中。五种需求像阶梯一样从低到高,按层次逐级递升,但这种次序不是完全固定的,可以变化,也有种种例外情况。需求层次理论有两个基本出发点:一是人人都有需要,某层需要获得满足后,另一层需要才出现。二是在多种需要未获满足前,首先满足迫切需要,该需要满足后,后面的需要才显示出其激励作用。一般来说,某一层次的需要相对满足了,就会向高一层次发展,追求更高一层次的需要就成为驱使行为的动力。相应的,获得基本满足的需要就不再是一股激励力量。五种需要可以分为两级,其中生理上的需要、安全上的需要和社交上的需要都属于低一级的需要,这些需要通过外部条件就可以满足;而尊重的需要和自我实现的需要是高级需要,它们是通过内部因素才能满足的,而且一个人对尊重和自我实现的需要是无止境的。同一时期,一个人可能有几种需要,但每一时期总有一种需要占支配地位,对行为起决定作用。任何一种需要都不会因为更高层次需要的发展而消失。各层次的需要相互依赖和重叠,高层次的需要发展后,低层次的需要仍然存在,只是对行为影响的程度大大减小。

(三)ERG 需要理论

ERG 需要理论是一个管理学理论,是美国耶鲁大学的克雷顿·奥尔德弗在马斯洛提出的需求层次理论的基础上,进行了更接近实际经验的研究,提出的一种新的人本主义需要理论。奥尔德弗认为,人们共存在三种核心的需要,即生存(existence)的需要、相互关系(relatedness)的需要和成长发展(growth)的需要。生存的需要与人们基本的物质生存需要有关,它包括马斯洛提出的生理和安全需要。第二种需要是相互关系的需要,即人们对于保持重要的人际关系的要求。这种社会和地位的需要的满足是在与其他需要相互作用中达成的,它们与马斯洛的社会需要和尊重需要分类中的外在部分是相对应的。最后,奥尔德弗把成长发展的需要独立出来,它表示个人谋求发展的内在愿望,包括马斯洛的尊重需要分类中的内在部分和自我实现层次中所包含的特征。

除了用三种需要替代了五种需要以外,与马斯洛的需求层次理论不同的是,ERG 理论还表明了:人在同一时间可能有不止一种需要起作用;如果较高层次需要的满足受到抑制的话,那么人们对较低层次的需要的渴望会变得更加强烈。

马斯洛的需要层次是一种刚性的阶梯式上升结构,即认为较低层次的需要必须在较高层次的需要满足之前得到充分的满足,二者具有不可逆性。而相反的是,ERG 理论并不认为各类需要层次是刚性结构,比如说,即使一个人的生存和相互关系需要尚未得到完全满足,他仍然可以为成长发展的需要工作,而且这三种需要可以同时起作用。

此外,ERG 理论还提出了一种叫作"受挫-回归"的思想。马斯洛认为当一个人的某一层次需要尚未得到满足时,他可能会停留在这一需要层次上,直到获得满足为止。相反地,ERG 理论则认为,当一个人在某一更高等级的需要层次受挫时,那么作为替代,他的某一较低层次的需要可能会有所增加。例如,如果一个人社会交往需要得不到满足,可能会增强他对得到更多金钱或更好的工作条件的愿望。与马斯洛需要层次理论相类似的是,ERG 理论认为较低层次的需要满足之后,会引发出对更高层次需要的愿望。不同于需要层次理论的是,ERG理论认为多种需要可以同时作为激励因素而起作用,并且当满足较高层次需要的企图受挫时,会导致人们向较低层次需要的回归。因此,管理措施应该随着人的需要结构的变化而做出相应的改变,并根据每个人不同的需要制定出相应的管理策略。

(四)期望理论

期望理论又称作"效价-手段-期望理论",是管理心理学与行为科学的一种理论,是由北美著名心理学家和行为科学家维克托·弗鲁姆(Victor H. Vroom)于1964年在《工作与激励》中提出来的激励理论。弗鲁姆认为,人们采取某项行动的动力或激励力取决于其对行动结果的价值评价和预期达该结果可能性的估计。换言之,激励力的大小取决于该行动所能达成目标并能导致某种结果的全部预期价值乘以他认为达成该目标并得到某种结果的期望概率。用公式可以表示为:

$$M = \sum V \times E$$

式中:M表示激发力量,是指调动一个人的积极性,激发人内部潜力的强度。V表示效价,是指达到目标对于满足个人需要的价值。E是期望值,是人们根据过去经验判断自己达到某种目标或满足需要的可能性是大还是小,即能够达到目标的主观概率。

(五)公平理论

亚当斯的公平理论又称社会比较理论,由美国心理学家约翰·斯塔西·亚当斯(John Stacey Adams)于1965年提出。员工的激励程度来源于对自己和参照对象(referents)的报酬和投入的比例的主观比较感觉。该理论是研究人的动机和知觉关系的一种激励理论,在亚当斯的《工人关于工资不公平的内心冲突同其生产率的关系》(1962,与罗森鲍姆合写)、《工资不公平对工作质量的影响》(1964,与雅各布森合写)、《社会交换中的不公平》(1965)等著作中有所涉及,侧重于研究工资报酬分配的合理性、公平性及其对职工生产积极性的影响。亚当斯认为,当员工发现组织不公正时,会有六种主要的反应:①改变自己的投入;②改变自己的所得;③扭曲对自己的认知;④扭曲对他人的认知;⑤改变参考对象;⑥改变目前的工作。

公平理论的基本观点是:当一个人做出了成绩并取得了报酬以后,他不仅关心自己的所得报酬的绝对量,而且关心自己所得报酬的相对量。因此,他要进行种种比较来确定自己所获报酬是否合理,比较的结果将直接影响今后工作的积极性。比较有两种,一种比较称为横向比较,一种比较称为纵向比较。所谓横向比较,即一个人要将自己获得的"报偿"(包括金钱、工作安排以及获得的赏识等)与自己的"投入"(包括教育程度、所做努力、用于工作的时间和精力、其他无形损耗等)的比值与组织内其他人做比较,只有相等时他才认为公平。所谓纵向比较,即把自己目前投入的努力与目前所获得报偿的比值,同自己过去投入的努力与过去所获报偿的比值进行比较,只有相等时他才认为公平。

第二节　出版企业人力资源管理的职能与任务

学术界一般把人力资源管理分为六大模块：人力资源规划、招聘与配置、培训与开发、绩效管理、薪酬福利管理、劳动关系管理。人力资源管理六大模块，是通过模块划分的方式对企业人力资源管理工作所涵盖的内容进行的一种总结。其具体工作任务包括：①把合适的人配置到适当的工作岗位上；②引导新雇员进入组织（熟悉环境）；③培训新雇员适应新的工作岗位；④提高每位新雇员的工作绩效；⑤争取实现创造性的合作，建立和谐的工作关系；⑥解释公司政策和工作程序；⑦控制劳动力成本；⑧开发每位雇员的工作技能；⑨创造并维持部门内雇员的士气；⑩保护雇员的健康以及改善工作的物质环境。具体到出版企业，人力资源管理的职能和任务主要包括以下几个方面：

一、出版企业人力资源规划

在整个人力资源管理系统之中，面临的首要问题在于，企业如何来形成其人力资源规划，从而为企业对人力资源的选、用、留、育奠定基础。人力资源规划，是指为实现组织的整体规划而确定组织对人力资源的需求以及为完成这些需求所采取的活动。企业通过有效的人力资源规划，为实现企业的战略目标在人力资源领域的有效传递提供了重要的桥梁和纽带。出版企业人力资源管理的现状要求出版企业要根据企业发展战略规划要求，制定相应的人力资源总体规划及开发策略，保证出版企业拥有充足的人力资源，以实现企业短期和长期目标。出版企业应该从整体上规划人力资源结构，确保人尽其才。具体说来出版企业人力资源规划应该包括：

（一）人力资源的供求分析

企业进行人力资源规划，首先要进行人力资源的供求分析。企业的人力资源需求来自于企业的战略规划和组织外部环境变化对人力资源所提出的要求，它不仅包括需要人员的数量，还包括需要人员的质量（即职位类型和素质要求等）。人力资源的供给分析则来自于对企业现有人力资源的盘点，包括组织现有人力资源的数量和质量。然后，通过对比人力资源的供给和需求，企业可以确定其现有的人力资源与未来的人力资源需求之间的差距，从而为制订企业的人力资源具体规划和设计人力资源管理的其他职能模块奠定基础。

（二）确定企业人力资源规划的目标

人力资源规划的目标来自于对企业的人力资源供求的分析结果，即为了弥补供给和需求之间的差距，企业应该如何确定其人力资源方面的目标。人力资源规划的目标总的来说主要包括三个方面：一是企业的人力资源总量目标，二是人力资源结构优化的目标，三是人力资源素质提升的目标。这些目标的实现，为设计具体的人力资源管理策略提出了总体上的方向与要求。

(三)确定实现人力资源规划目标的具体措施

以上述三个方面的目标为牵引,企业必须制订具体的策略和措施来确保这些目标的达成。这些具体的措施一般包括:人力资源管理体制调整的计划、人员调配计划、人员补充计划、素质提升计划和人员解聘退休计划。这些计划形成了人力资源规划的内在组成要素,一方面,它们确保了人力资源规划目标的落实,另一方面,也对企业的人员招聘与配置、培训与开发、绩效与薪酬管理体系等提出了具体的要求。

出版企业确定人力资源规划后,就必须根据发展计划及企业需要通过不同途径,及时选拔人才。出版企业应该改变用人观念,建立良好的科学的选人用人机制,激励员工充分发挥自己的聪明才智。现代企业的人才机制必须充分发挥人才的主动性,通过制定人才交流和学习制度、后勤保障制度,实现企业和个人的相互促进,共同发展。

二、人力资源的获取与配置

时代的发展、人才的竞争,给企业带来了新的活力,用人制度的变化也给出版社带来了很好的机遇。首先表现在用人机制的灵活上,出版社根据自己的发展目标可以适时调整人力资源的结构,从业务人员到行政人员均可以采取聘用的形式,根据实际需要进行岗位的调整和变化。可以通过全员招聘的方式选择人才,这样可以在更大的范围内选择合适的人才,并且根据学科特点和人才的特点,从多方面综合考察,不但要有业务能力,而且应该考察生活能力和交际能力以及道德修养方面的能力,从综合素质考虑人才的留用,使真正的"千里马"能够来到企业,以增强企业的活力,使企业内部人力资源合理配置。

当前出版社从发展的角度来讲,人才的竞争已经是当务之急,随着出版改革的深入和发展,随着出版集团的逐步形成,出版社从事业单位走向了企业化的管理和经营之路,严酷的竞争已经成为不争的事实,那么人力资源的管理问题也将成为一个重要的策略。现在许多出版社已经意识到这个问题的严重性,在全国范围广泛搜罗人才,从出版、经营、管理、编辑等方面逐步实行科学化的聘任制度,在一定程度上增添了企业的活力,为出版社的明天储备了坚实的中坚力量,这是值得庆幸的事情,也是企业发展的前提和保障。合理聘用和使用人才,引进竞争上岗的机制已经成为当前出版社的首选。

基于战略的人力资源规划从方向、原则、规划等方面系统地解决了企业需要什么样的人力资源、现实与期望存在何种差距以及如何建立适应战略需要的人力资源架构的问题。在此基础上,如何贯彻实施人力资源规划中关于人力资源获取与配置的指导性原则,是出版企业整个人力资源管理链条的第一个环节。人力资源的获取与再配置体系以组织的职位分析、任职资格体系和素质模型为基础,系统性地建立了人力资源的进入、配置以及内部再配置的动态运行机制。人力资源的获取包括组织发现人力资源获取的需求、进行人力资源获取决策、劳动力市场相对位置分析、人员招募以及人员甄选等环节,其最终的落脚点是人员甄选这一技术性的环节。该体系建立的基础是组织的职位分析、任职资格体系与素质模型,并根据这些职位或人力资源的内在特征选择具体的、适用的人员招募方法渠道以及人员甄选工具。

人力资源的再配置是建立在企业内部劳动力市场基础上的人力资源存量优化配置、持续开发的管理过程,由于人力资源的再配置过程是组织重新培育或认识员工的新价值的过程,从组织层面上看,相当于增加了新的人力资源,因此人力资源再配置过程也是组织人力资源获取的重要途径。从实践角度出发,组织内部的人力资源再配置主要有工作轮换、竞聘上岗、自愿流动、职位升降等表现形式。这些表现形式是组织各项人力资源管理活动(如绩效考核、任职资格认证、职业生涯管理、培训开发等)的天然延伸,也是组织重新审视内部人力资源结构、重新配置人力资源的过程。

三、人力资源培训开发与职业生涯管理体系

(一)人力资源培训与开发

要克服人力资源配置不合理以及人才技能相对滞后等各种弊端,现代出版企业有必要积极探寻科学合理的人才培训体系。世界上最有价值的公司——美国通用电气公司的前董事长兼首席执行官杰克·韦尔奇认为:"企业成功的重要因素在于用人,高管要把50%以上的工作时间花在关心和培养人才方面。"

建立行之有效的人才培训体系,有助于克服员工知识技能短板和杜绝他们产生工作懈怠的现象,推动人才观念转变、知识更新和能力转型,解决企业转型升级时期跨领域、跨学科的复合型人才短缺问题,提升企业的人才优势。除了依据政府主管部门的要求,安排员工参加各类与执业资格挂钩的培训课程,出版企业还要扎实推进学习型企业建设,有意识地开展一些自主培训课程,尤其要根据编辑人员、营销人员、行政人员、高管人员等不同群体的不同需求,实施有针对性的培训课程设计。以编辑团队为例,通过培训,出版社不仅要让编辑了解出版业的职业道德和职业规范,掌握并遵守与出版有关的法律、法规,还要让编辑多渠道了解国外的出版信息和行业信息,及时把握出版界发展的态势,深入了解和研究社会动态,提高选题开发的能力。条件允许的话,出版社可以选择一批业务骨干送到国内外相关出版机构和大学进修,让他们学习他人之长,掌握现代的出版理念、管理知识和高新技术,更好地应对数字化出版时代的到来。比如:出版社可以安排青年人才或中层干部前往书店挂职学习;安排业务骨干前往欧美国家的出版社或高等学校进修;不定期地安排员工前往各地书店和印刷厂参观学习;邀请业内知名编辑、美编等来社访问交流。这些对提升出版社员工团队的综合素质大有益处。

需要强调的是,培训体系的建设必须做好"三个重视"。一是重视培训需求分析,制定有时效性、立体式的课程体系。培训课程要建立在对企业人力资源的调研统计分析和需求预测的量化基础上,而不是凭主观意愿制定。二是重视企业培训师的培养力度,建立一支内外结合的师资队伍。其中内训师团队尤为重要,他们对企业业务更加熟悉,对企业存在问题、员工实际

需求的理解更为深刻。三是重视培训效果的考核与评估,提升员工参与培训的积极性和主动性。譬如推行培训积分制,员工想得到职务晋升或薪资提高,必须参加培训,并获得一定量的积分,同时完成各培训课程。出版社要收集学员对整个培训过程的意见和看法,进而优化培训。

对于出版企业而言,它是文化产品的生产基地,与其他物质产品的生产有极大的区别,要求从事这项事业的人首先应该具有高尚的职业道德和高度的政治敏锐性,这是作为出版人首先应该具备的素质。

(二)人力资源职业生涯规划

根据联合国教科文组织的研究报告,人在45岁以前为年轻人,是吸纳知识和工作经验的阶段;46~60岁是做贡献的鼎盛时期。人的智力创造有两次高峰,第一次高峰在42岁左右,第二次高峰在52岁左右。根据这个研究报告,一个人的职业生涯至少有30年的时间,一个成功的职业生涯设计,可以使人最大限度地发挥潜能。

"多序列阶梯制"职业规划在其他行业实践中已经被证实是切实可行的一种晋升机制。出版企业完全可以根据不同工作岗位的特点,分类建立职务序列,对人才分类管理,驱动人才根据自身实际情况,自主选择发展轨迹,找到适合自己施展才干、体现价值的职业成长空间。人才不仅可以在不同序列间流通,还可以在原先发展轨道上得到晋升的机会。这就从制度上增强了员工的职业安全感,淡化他们可能存在的官本位思想,有效避免了员工"职业天花板"现象的出现。就行业整体情况来看,出版企业结合自身实际情况,并依据国家关于编辑职称等各类等级标准,基本上可以划分出编辑序列、营销发行序列、管理序列等多个序列。

四、绩效管理体系

在现代企业的人力资源管理系统中,绩效管理是其中难度最大,同时又最为重要的一个子系统。人力资源管理支撑企业战略目标的实现,从根本上来讲,在于通过KPI指标体系的分解来实现对战略的传递,同时依靠绩效管理系统促进个体、团队和整个企业的绩效持续改进,提升企业的核心能力与竞争优势。另一方面,绩效管理也是企业实现薪酬分配的前提和基础,是培训开发体系设计与管理的重要依据。

KPI(key performance indicators)指标,中文含义为关键业绩指标,是指企业宏观战略目标决策经过层层分解产生的可操作性的战术目标。KPI是衡量企业战略实施效果的关键指标。其目的是建立一种机制,将企业战略转化为内部过程和活动,以不断增强企业的核心竞争力和持续地取得高效益,使得考核体系不仅成为激励约束手段,更成为战略实施工具。图6-1表示了以KPI为核心的绩效管理系统的主要构成要素及核心能力的培养与维系。

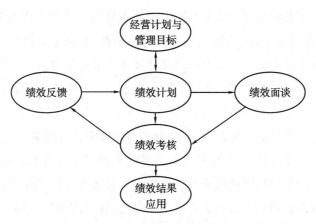

图 6-1 以 KPI 指标为核心的绩效管理系统的构成

五、薪酬管理体系

在一个企业的内部如果要想有新的活力,合理的分配制度也是必不可少的。这也是企业健康发展的关键,因为分配制度牵涉到职工的个人利益。虽然我们在从事一种为人类的发展而奋斗的高尚职业,但作为一个社会人的存在,首先是生存的问题。利益的产生和分配可以调动职工的积极性和创造性,在同样的条件下甚至会影响企业的发展。如果在一个企业内部有良好的分配制度,不仅可以提高职工的物质文化生活水平,也可以提升职工的精神生活水平。充足的物质生活和高品位的精神生活也在提升一个人的品位以及对社会的欣赏水平和能力。同样的道理,不合理的分配制度或者搞平均主义,也会影响职工的创造力和积极性,使一些人陷入得过且过的状态,缺乏对工作的热情和主动性,甚至出现等待和观望的心理,影响积极奋斗的精神。因此,合理的绩效考核制度是实现合理分配的基础和保障。

薪酬体系是企业人力资源管理系统的一个子系统。它向员工传达了在组织中什么是有价值的,并且为向员工支付报酬建立起了政策和程序。一个设计良好的薪酬体系直接与组织的战略规划相联系,从而使员工能够把他们的努力和行为集中到帮助组织在市场中竞争和生存的方向上去。薪酬体系的设计应该补充和增强其他人力资源管理系统的作用,如人员选拔、培训和绩效评价等。在薪酬体系设计中,主要考虑以下基本问题:

(一)薪酬的支付形式

许多员工都把他们的薪酬看作是他们所获得的能够实际带回家的工资的数量。但是,在设计薪酬体系时,把薪酬看作是"总体薪酬"的概念是十分必要的。总体薪酬不仅包括基础工资,还包括其他各种附加的报酬,如夜班工资、生活成本加薪、晋升加薪、绩效工资和额外福利。

$$基础工资+津贴+绩效工资+额外福利=总体薪酬$$

薪酬体系的基础是基础工资,它体现了工作对于组织的价值,并与外部市场上这一工作的价值相一致。因为这两种价值有时会相互冲突,所以,薪酬体系设计者常常要在内部公平性和外部公平性之间做出艰难的抉择。从事相同工作的不同员工常常会因为其知识、技能、能力、资历和业绩的不同，在基础工资上往往存在着差异。因此，新员工所获得的基础工资比从事相同工作的经验丰富的老员工低。工资范围的建立就是为了向从事同一工作或同一组工作的不同员工提供基础工资的上限和下限。工资范围体现了一个工作或者一组工作对于组织的最大价值和最小价值。

津贴是在基础工资之外的工资差别，它反映了与绩效无关的因素。例如，夜班工资给予那些在车间里进行夜班工作的员工，与他们之间的绩效差异无关。这种工资差别反映了令人不快的工作时间所带来的额外的困难或痛苦。生活成本加薪则反映了组织期望通过调整员工工资来防止通货膨胀对工资的购买力造成的冲击。因此，这一部分工资给予所有员工而不反映工作或员工绩效的差异。绩效工资和奖金是对基础工资的增加部分，以反映不同员工或不同群体之间的绩效水平的差异。绩效工资与奖金的差别在于，奖金是一次性的，它不会成为基础工资的固定部分，但是绩效工资会变成基础工资的一部分而造成基础工资的持续增加。因此，我们往往也将绩效工资看作绩效提薪，以反映它是基础工资的固定提高部分。额外的福利（也称为间接福利）是对工资的附加部分，它往往包括两种：一种是根据国家的社会保障体系为员工提供的法定福利，比如提供给员工的法定养老保险、医疗保险、工伤保险等；另一种则是企业根据其实际情况为组织中不同的员工提供的独特的福利，比如企业为员工提供的补充养老保险、餐饮、住房、通信和交通补贴等。但福利常常并不反映在员工所获得的直接薪酬之中，员工在对总体薪酬的公平性进行评价时，福利的价值往往被低估。所以要使员工认识到他们所获得的总体薪酬（既包括直接薪酬，也包括间接薪酬）的真实价值。

（二）薪酬支付的依据

所谓薪酬，在本质上是对员工为企业所创造的价值的一种回报，同时还兼有满足员工的内在需求，激励员工的工作积极性，传递组织的价值观等基本职能。因此，薪酬体系设计，必须在科学合理地评价员工为企业所创造的价值的基础上，对企业的经济价值进行科学的分配。而在如何衡量员工为企业所造成的价值时，在操作上，存在着四种不同的衡量方式，于是便产生了薪酬设计四种不同的支付基础。第一种是通过对员工的职位进行价值评价，即员工所承担的职责和承担职责所需要的任职资格等因素，来确定其为企业创造的价值，这便形成以职位为基础的薪酬体系；第二种是通过对员工的能力进行评价，即员工所具备与工作相关的知识、技能、经验和胜任能力等因素，来确定其为企业创造的价值，这便形成了以能力为基础的薪酬体系；第三种是通过对员工的绩效进行评价，即员工的关键业绩指标和关键行为、态度指标的完成情况，来确定其为企业创造的价值，这便形成了以业绩为基础的薪酬体系；第四种则是借助于外部劳动力市场来对员工的价值进行评价，从而形成以市场为基础的薪酬体系。上述四种不同的薪酬支付基础往往在同一家企业中并存，即针对不同的职位类型和人员类型形成分层分类的薪酬体系。表6-1给出了不同的薪酬体系的适用对象。但在这四种薪酬体系中，以职位为基础和以能力为基础是最为基本的两种薪酬支付的依据，而以业绩为基础和以市场为基础的薪酬体系往往应用面相对狭窄,并且往往作为对前两种基本的薪酬体系的补充来使用。

表6-1 四种不同的薪酬支付依据的适用对象及表现形式

薪酬支付的依据	以职位为基础	以能力为基础	以业绩为基础	以市场为基础
主要适用对象	职能人员； 管理人员； 一般操作人员	研发人员； 技术人员； 其他主要依靠知识和技能来创造价值的员工	销售人员； 其他容易直接衡量业绩的人员	低层的可替代性很强的操作类人员； 企业中的特殊人才
表现形式	基础工资	基础工资	绩效工资	市场工资； 谈判工资

例如,某出版社员工薪酬由固定岗位月薪＋年终效益考核奖＋动态月技能工资三大块构成。

①固定岗位月薪的形成。将出版社一、二、三线岗位细化为49个,每个岗位依据薪酬社会竞争力原则确定四级级差,通过竞争上岗后具体员工的情况套进不同的薪级。

②年终效益考核。出版社根据每个员工完成的业绩确立业绩点数,所占比例低于员工固定月岗位工资部分,这样有利于形成企业在社会招聘上的竞争力,也有利于队伍稳定。

③动态月技能工资。该部分工资量的计算取决于几个关键参数:工龄、社龄、学历、职称、贡献(受奖情况),其中社龄和职称的权重相对较大。这样设计的目的在于体现原体制内员工对企业贡献的尊重,体现出版企业对知识性人才的尊重,避免出现老的员工在竞岗过程中可能因为岗位工资过低个人收入大幅降低带来的消极情绪。技能工资的总量必须严格测算、严格控制,既要起到尊重历史的作用,更要在培养员工忠诚度和归属感、鼓励员工自我学习提高从业资格水平上起到推进作用。

六、激励体系

激励政策对一个企业来说是必不可少的,它也关系到企业的生存和死亡。当前各行各业在奖励方面不惜重金,在使用人才的过程中悉心呵护,无微不至。这正是企业良性发展的最好体现。奖励从个人来讲有一种成功感和自豪感。当这些成为个人继续前进的动力时将会产生巨大的力量,它甚至会挽救一个企业的命运。对于从事出版业的人来说,他们最大的荣誉莫过于图书获奖,获得国家图书大奖,这种愿望在激励着每一个人,在他们的日常工作中,在他们策划图书的过程中,都在不懈地努力。这已经不单单是一种荣誉,而是对于从事出版事业的人的一种激励。虽然那个奖励并不容易获得,但是大家努力去做,并且尽量去做得更好。另外,目前出版社实行绩效考核的方法也是很好的奖励办法,根据员工的业绩,在年终分配的时候,进行合理的比例分配,实行多劳多得的奖励机制,充分调动了大家的积极性。因此,各种合理的奖励机制，不仅让大家得到了精神鼓励，也让大家在经济上有了更大的收获。

现在社会上流行一种说法：编书的不如写书的，写书的不如卖书的。这从一个侧面也反映了大家的心理。编辑为人作嫁衣的角色在当今社会是一种尴尬，也是一种失落。编辑苦心经营的图书，在社会上卖火了、畅销了，作者出名了，书商赚钱了，编辑依然一贫如洗。这虽然是一种比较浮躁的不合理的社会现象，但是也说明了出版单位在奖励机制方面需要大胆的改革。"重奖之下必有勇夫"，编辑有能力也有勇气去做出版界的百万富翁。这需要企业的勇气，也是在考验出版人的实力，在未来的出版业竞争如此激烈的情况下，希望有更多的出版者勇于承担百万富翁的头衔，但愿同时也是精神的富翁。

第三节　提升出版企业人力资源管理水平的途径

由于历史的原因，我国的出版企业（社）一直实行审批制。在这种体制下出版企业只要没出很严重的政治问题，不管它经营得如何一般都能继续生存。正因为如此，许多出版社牌子很老，人很老。员工基本上都是搞文字出身，但缺乏专业学习和职业系统化的训练，以至于思想老化，跟不上市场竞争的形势。虽然经过多年的改革，尤其是人事制度的改革，许多出版社的人才队伍建设有很大的改观，但是大部分出版社仍然存在着冗员与人才缺乏并存的局面，在一定程度上阻碍了出版社的发展。特别是一些大学出版社，由于性质的不同，在改制的过程中既要考虑内部人员的安排问题，又要考虑人力生产成本问题，同时还要考虑产品竞争和市场竞争状况（市场竞争主要是人才的竞争）。因此，在人力资源管理上存在一些不合理之处。

一、我国出版企业人力资源管理的现状和问题

融媒体技术的发展，给出版企业的发展带来极大的挑战，对出版企业人力资源管理工作也带来全新的考验。出版企业对于人力资源管理工作战略意义的认识程度偏低，对人才的激励方式流于形式，缺乏科学规范的人力资源体系评价标准，对人才创新能力的保障不充分，以及人力资源培训机制不健全等人力资源管理工作中存在的系列性问题，在新的发展时期被一一暴露。

（一）顶层制度设计不足，人力资源管理的战略意义发挥不充分

长期以来，人力资源部门作为职能性管理部门，其业务单一、工作单纯，虽保障企业发展的用人需求，却很少参与政策制定、战略规划等关乎企业发展方向的顶层制度设计。特别是在当前出版企业集团化建设、重组与并购、数字化转型、多元业务拓展等步伐加剧的关键时期，繁杂的市场环境很容易使企业迷失前进的方向，及时判断局势、厘清优势，明确企业发展战略尤为关键。很多出版企业，在进行顶层制度设计时，往往忽视人力资源管理在其中的重要作用。没能参与其中的人力资源管理部门，难以完成融合发展背景下的角色转型，对能够满足企业发展战略的人才需求判断不准确，从而难以完成为出版企业发展输送和培养优质人才的工作任务。

(二)薪酬和绩效激励效果不佳,知识型人才需求得不到满足

知识型人才是出版企业的主体资源和核心资源,具有需求层次高、关注个人成长和追求自由意志等特点。现有的激励机制,特别是国有出版企业的激励手段很难满足知识型人才的需求,导致激励效果不佳。这主要表现为以下几个方面:第一,经济激励水平偏低。2016年全国出版从业人员收入调查显示,2016年出版从业人员平均税前收入为139525.59元,虽较上一年增加16133.75元,但薪酬满意度和行业信心提升不明显,跳槽意愿和行业人才流动表现积极,出版行业职业安全感提升不明显。虽然近几年激励政策受市场影响提升明显,但不能否认出版行业内部,特别是国有出版企业仍然存在"论资排辈""平均主义"等现象,从业人员的智慧贡献与经济收益难以匹配,严重影响从业人员的行业信心和创新活力。第二,中长期规划不明显。目前出版企业的激励模式相对单一,缺乏中长期激励手段。股权激励、期权分红目前还仅局限于概念阶段,虽有一定探索,但效果机制尚不健全。第三,精神激励还需落到实处。相较于经济激励,精神激励是知识型人才有别于其他类型人才的特色需求。目前,出版企业的人力资源管理工作对个人成长的关注还不多,缺少个人意志的表达渠道。企业发展决策存在"官本位"现象,知识型人才的话语权体现不明显,工作带来的成就感偏低,精神激励收效甚微。

(三)管理方式导向性不明确,缺乏客观公正的人力资源管理评价体系

目前,出版企业虽在人力资源管理方式上进行了多方面调整,使之更能够适应当下的市场环境,但随着融合发展的形势加剧,管理方式还是未能与创新性的企业发展要求高度匹配。在人力资源管理的导向性问题上,创新导向、成果导向的作用不明显。过度肯定历史贡献,忽视创新贡献和成果贡献的价值,使三者没能做到良好的平衡,新进员工的工作热情必然受到影响。缺乏科学合理、客观公正的人力资源评价体系,创新与成果要素没有以高权重指标的形式有效纳入日常考核标准,具有突出贡献的员工的工作价值难以评估和兑现,严重阻碍了人才自主创新和成果转化工作的积极性。

(四)企业创新氛围不足,缺乏宽松自由的环境保障

相对于民营出版机构灵活的机制和环境,国有出版企业的体制环境对创新氛围有一定的束缚。因国有企业承担的社会责任重大,不得不严格控制企业内部在经费、资源使用方面的支配权限,使得企业在管理人力资源方面容易惯用固有思维,对参与创新活动的人和项目管严管死。步步审批、事事汇报,企业本身面对创新人才和项目没能及时调整角色,给予其一定的自由空间,并站在服务者的角度,为创新活动配置全方位的保障机制。项目管理方式欠缺灵活,缺少"能进能出""能上能下"的项目管理机制。企业文化中,缺少实质驱动创新的行为,没有形成能够孕育多元化创新活动、包容探索失败的文化土壤。对员工限制较多,不利于创新思维的启发和创新思路的落实,企业的创新活力受到束缚。

(五)培训机制不健全,缺乏科学有效的培训评价体系导致培训价值被低估

近几年,在"大兴人才之风"的影响下,出版企业的人力资源培训有了很大程度的发展,企

业重视程度也有所提高,但培训体系的整体规划建设还存在不完善、不规范等问题。首先,培训体系不完善,具体工作的开展受企业高层决策影响较大,规划缺乏长期性、系统性,难以真正在员工参与培训的过程中取得显著成效。其次,培训形式仍以课堂教育为主导,理论知识多于实用价值,授课内容与实际需要脱节,培训结果难以指导具体工作中遇到的问题。此外,出版企业人力资源培训评估体系不完善,培训效果难以有效测评,无法对后续培训工作的开展提供参考依据和评价标准,培训本身在员工创造力提升过程中的价值难以判断或被低估,这对日后培训工作的健康发展是很不利的。

二、我国出版企业人力资源管理的创新对策

针对在人力资源管理工作中存在的问题,出版企业应将此工作放在关乎企业发展战略地位的重要维度深刻思考,并通过制定短期与中长期相结合的薪酬体系、建立以股权激励为主体的多种激励方式、创建进退自如的人才流动空间等方式,同时通过完善企业培训机制,使出版企业的人力资源在梯队化建设、高端化培育、全面化发展等方面呈现勃勃生机。

(一)优化顶层设计,确立人力资源管理工作在企业发展中的战略地位

在企业内部的生态环境中,强调人力资源的首要地位和突出作用,把人力资源管理纳入出版企业顶层设计层面。转变人力资源管理的工具性职能为战略性职能,促进人力资源管理与出版企业的战略发展目标的密切联系。人力资源管理部门应该被赋予新的角色,成为出版企业各业务部门、项目单元发展与成长的战略伙伴,从而为出版业的集团化建设、多元业务发展、企业并购与重组、数字出版转型等发展战略提供强有力的人才支撑。招纳、培养更能适应出版企业长远战略规划需求的人才,使企业从上到下,大兴"敬才、爱才、塑才"之风。

(二)结合人才特点,制定短期与中长期相结合的薪酬体系

薪酬满意度关系到员工对于企业乃至行业的信心,针对目前出版企业薪酬体系存在的问题,制定科学合理、兼顾短期与中长期激励的薪酬体系势在必行。首先,应明确人力资源工作的管理导向,将创新导向、成果导向作为重要因素,并在薪酬体系设计中着重体现。其次,结合融合发展现状,对企业内数字化研发、金融、法律等专业人才应跳出出版行业框架,充分考虑相应行业的薪酬标准和薪酬规律,针对人才特点,灵活设计多元化的薪酬方案。再次,针对出于前瞻性布局考虑,成果转化周期较长、风险程度高、无法评估短期价值的特殊性项目,应制定中长期薪酬管理体系,以此保障人才开展前沿性工作的积极性。

(三)细分人才结构,尝试以股权激励为主体的多种激励方式

在融合发展背景下,在同一出版企业中,有从事传统出版的编校人才,有进行数字出版研发的科研人才,有从事图书发行的营销人才,有服务企业资本化运作的投融资人才,有负责项目、业务、部门之间协调的管理人才,有从事法务咨询、"互联网+"技术开发等业务的跨行业人才。不同行业归属、不同业务范畴,决定了激励方式必须要有所不同。股权激励被视为是能将

企业利益与个人利益相统一的最有效激励形式。针对行业多样、层次丰富、专业复杂的多元化人才，股权激励能够最大程度统筹各结构人才利益，实现跨行业、跨业务人才价值的有效回报。特别是对企业发展具有突出贡献的特殊人才，股权激励除了能在经济上肯定人才的贡献价值外，同时在精神层面赋予人才决策出版企业发展战略的话语权，从而更能激发人才为企业贡献智慧的积极性。此外，出版企业还应该针对自身发展特色，对其他形式的激励方式进行探索，激发人才敢于创新、勇于创业的内生动力。

(四)拓展晋升通道，建立灵活自由、能进能出的人才流动空间

晋升通道的畅通与否，能够反映员工个人职业规划实现的可能性大小。传统出版企业岗位多、晋升职位少、渠道单一，不能满足融合发展过程中人才职业规划的需求。员工通常在职位晋升的过程中处于被动态势，被动接受管理层的观察和考核，而管理层视线有限，考察范围难免对个别人员有所遗漏。因此，建立灵活自由的人才流动空间，通过竞聘上岗、双向选择等方式，引导员工主动参与自主规划职业选择过程，变被动为主动，积极展示自身能力。对于发现自身能力与现有工作不匹配的员工，应采取能进能出的机制，确保将合适的人才匹配到适合的岗位中，从而最高程度发挥人才的使用效率。人才晋升渠道应根据不同岗位类型有针对性地进行拓展，避免业务领域人才、拔尖人才最终被动提升为行政管理人员，从而导致精英人才在业务创新上的浪费。

(五)立足培训教育，打造高端人才培育的优质平台

良好的培训机制是增强企业竞争能力的助推剂。以知识型人才为主体的出版单位，更要从战略规划高度重视培训教育工作的重要意义。在追求经济效益的同时，在时间和资金的投入上强化培训教育工作。培训教育，要立足于课堂又不能局限于课堂。要将名师大家请到企业中，在经济形势、市场形势、行业发展形势等方面给员工明确的指导；要组织员工到兄弟企业、行业龙头企业、全国著名出版企业访学交流，启发创新思路。人力资源管理部门也可先收集企业发展过程中的问题、征集员工急需解决的困惑，有针对性地开展相关培训工作，以便对实践有所指导，发挥培训最大的价值。建立长期培训计划，系统性培养员工创新能力。通过培训教育，关注员工的心理成长，塑造其对企业的认同感、归属感，使员工在能力和精神层面均有所提升。通过建立良好的培训教育体系，为打造出版企业高端人才培育的优质平台奠定坚实基础。

出版企业的激烈竞争，极易演变成为人才的争夺战。在融合发展的背景下，面对出版产业的空前蓬勃和海量资本的积极涌入，机会更多、选择更多，如何使人才身心坚定地在一家企业忠诚奉献，是出版企业人力资源管理工作亟待解决的难题。出版企业需要统筹考虑当今人才需求层次高、关注个人成长和自主权利等特点，充分利用自身优势，在企业发展的战略层面，突出人力资源的重要作用，探索有效管理手段。在保障优厚的物质待遇以外，从精神层面给予人才具有自主权利的干事创业的空间，在"大出版"格局的充沛资源保障下，给予人才成就事业、实现梦想的机会平台，人力资源管理的价值也将得以实现。

关键术语

出版企业人力资源管理　知识型员工　复杂人理论　需要层次理论　ERG 理论　期望理论　人力资源规划　培训　绩效管理　薪酬管理

问题与思考

1. 出版企业人力资源管理的特点是什么？
2. 如何进行出版企业人力资源管理培训？
3. 分析我国出版企业人力资源管理存在问题的原因。
4. 如何构建有效的出版企业激励体系？

第七章 出版企业营销管理

 学习目标

> 通过本章学习,应了解和掌握以下内容:
> 1. 出版企业营销管理的基本概念。
> 2. 出版企业营销管理过程。
> 3. 出版企业市场细分。
> 4. 出版企业营销策略。
> 5. 移动互联网时代出版企业营销管理创新。

营销管理是企业经营管理的重要组成部分,是指企业为实现经营目标,对建立与目标客户的交换关系的营销方案进行的分析、设计、实施与控制的过程。营销管理是企业营销部门的主要职能。对于出版企业来说,数字时代的开启意味着步入一个纸质产品与数字化产品共生的局面,出版物市场竞争更加激烈。新技术改变着人们生活的方方面面,包括消费和阅读习惯。如何顺势而为,建立符合市场变化规律、满足个性化需求的出版企业营销管理体系,是出版企业营销管理面临的新课题。

第一节 出版企业营销管理概述

一、出版企业营销管理的基本概念

人们对营销概念的认识有一个演变的过程。20世纪60年代,被人们称为市场营销的革命时期,这主要是指市场营销观念的变革:由以企业为中心的营销观念(生产观念、产品观念和推销观念)转向以消费者为中心的营销观念。正在这个时期中,企业所面临的问题多集中在利用现有资源高效率地将手中的产品和劳务等增值品转移至消费者一端,因而营销的定义也体现了这一内在需求,即企业中营销的功能就是那些与在企业和消费者之间进行产品转移相关的活动。到了20世纪80年代,营销的定义被更新,营销被视为一个过程,出现了服务营销、社会营销等新的概念并为人所接受。这时的营销概念开始关注个人间、组织间的关系,认为实体产品或服务仅是载体,客户真正从企业方获得的是客户与企业间理念的共享。到了现代,美国市场营销协会则认为营销是一个价值传递的过程,是组织职能。企业为了追求永续的发展和可持续的竞争力,就必须将这种客户价值的传递有效化和持久化,即对客户关系进行有效的管理,而不仅仅是对需求水平的管理。菲利普·科特勒教授认为,市场营销是个人或组织通过创造并同他人交换产品和价值以满足需求和欲望的一种社会和管理过程。

市场营销管理是由市场营销活动的社会化所引起的。随着市场营销活动的深入发展,市场营销活动的领域越来越广,并不断涌现出许多新的理论、技术和方法,涉及更多的营销人员、机构、商品和信息等。

出版企业营销管理是指借助于市场营销理论,将出版物和服务分销转移到消费者手中的全过程的管理。在变化的出版物市场环境中,营销管理包括了满足读者需要、实现出版企业目标的全部活动过程,包括市场调研、选择目标市场、出版物开发、出版物定价、发行渠道选择、出版物促销、存储和运输、出版物发行和销售、售后服务等一系列与出版物市场有关的业务经营活动。

二、出版企业营销管理的任务

出版企业营销管理的任务,就是为促进出版企业目标的实现而调节需求的水平、时机和性质;其实质是出版企业的需求管理。根据出版企业的需求水平、时间和性质的不同,市场营销管理的任务也有所不同。

出版企业的需求涉及企业的很多方面,出版企业强调团队合作,强调供应链,因此各个环节的需求都要考虑到,这样的营销策略才是好策略。出版企业制定营销策略,要充分考虑营销策略推行的各个方面,其中主要是企业、消费者、经销商、终端、销售队伍这五个方面。营销管理要满足出版企业的需求、满足消费者的需求、满足经销商的需求、满足终端的需求、满足销售队伍的需求,在不断满足需求的过程中出版企业得到发展。

三、出版企业营销管理的过程

出版企业的营销管理过程,也就是出版企业为实现企业任务和目标而发现、分析、选择和利用市场机会的管理过程。更具体地说,出版企业营销管理过程包括如下步骤:

(一)发现市场

所谓潜在的市场,就是客观上已经存在或即将形成而尚未被人们认识的市场。要发现潜在市场,必须做深入细致的调查研究,弄清市场对象是谁,容量有多大,消费者的心理、经济承受力如何,市场的内外部环境怎样等;要发现潜在市场,除了充分了解当前的情况以外,还应该按照经济发展的规律,预测未来发展的趋势。

(二)细分市场

出版企业营销管理人员可广泛搜集市场信息,发现市场机会,进行市场细分。出版市场细分有利于出版企业发现最好的市场机会,提高市场占有率,还可以使出版企业用最少的成本取得最大的收益。出版企业营销管理人员不仅要善于寻找、发现有吸引力的市场机会,而且要善于对所发现的各种市场机会加以评价,要看这些市场机会与本企业的任务、目标、资源条件等是否相一致,要选择并抓住那些比其潜在竞争者有更大的优势、能享有更大的"差别利益"的市场机会。

(三)定位目标市场

目标市场,就是出版企业决定要进入的那个市场部分,也就是出版企业打算投其所好,为之服务的那个顾客群。出版企业为了使自己生产或销售的产品获得稳定的销路,要从各方面为产品培养一定的特色,树立一定的市场形象,以求在顾客心目中形成一种特殊的偏爱。这就是出版企业的市场定位。出版企业市场定位的主要方法有:①根据出版物属性定位;②根据出版物价格和质量定位;③根据出版物档次定位;④根据竞争局势定位。

(四)确定营销组合

出版企业的营销组合是指将出版企业可控的基本营销措施组成一个整体性活动。出版企业市场营销的主要目的是满足消费者的需要,而消费者的需要很多,要满足消费者需要所应采取的措施也很多。因此,出版企业在开展市场营销活动时,就必须把握住那些基本性措施,合理组合,并充分发挥整体优势和效果。市场营销组合是制定出版企业营销战略的基础,做好市场营销组合工作,可以保证出版企业从整体上满足消费者的需求。市场营销组合是出版企业对付竞争者强有力的手段,是合理分配出版企业营销预算费用的依据。

麦卡锡认为,企业从事市场营销活动,一方面要考虑企业的各种外部环境,另一方面要制订市场营销组合策略,通过策略的实施,适应环境,满足目标市场的需要,实现企业的目标。1960年,他提出了著名的4P市场营销组合:产品(product)、地点(place)、价格(price)、促销(promotion),即4Ps组合。产品就是考虑为目标市场开发适当的产品,选择产品线、品牌和包装等;价格就是考虑制订适当的价格;地点就是讲要通过适当的渠道安排运输储藏等把产品送到目标市场;促销就是考虑如何将适当的产品,按适当的价格,在适当的地点通知目标市场,包括销售推广、广告、培养推销员等。后来,科特勒在这个基础上,提出了6Ps和10Ps营销组合。20世纪90年代,美国市场学家罗伯特·劳特伯恩又提出了4C市场营销组合,即针对产品策略,提出应更关注顾客的需求与欲望;针对价格策略,提出应重点考虑顾客为得到某项商品或服务所愿意付出的代价;并强调促销过程应是一个与顾客保持双向沟通的过程。上述这些营销组合均适用于出版企业的营销管理。

第二节 出版市场细分与市场定位

一、目标市场营销理论

目标市场营销理论认为,营销开始于业务策划过程之前。在任何产品产生以前,必须先做营销"作业",即进行市场细分(segmentation),然后选择适当的目标市场(targeting),最后再进行市场定位(positioning),即STP理论。只有如此,才能开发出适销对路的产品,才能满足目标消费者的需要。

实施STP理论,可以使出版企业在众多的子市场中辨明和发现新的市场机会,并根据不同的细分市场来调整组织的产品、价格、分销渠道、促销组合,实施不同的营销方案,从而达到预期目的。

具体讲,实施STP理论主要分为以下三个阶段:

第一阶段即市场细分。市场细分就是根据消费者的不同需求,利用有效的细分变量把市场细分为若干个不同的目标群体,并在此基础上对各个细分市场(即子市场)进行描述。市场细分的目的是为了更好地剖析各个细分市场,以利于组织做出战略的选择。

第二阶段即目标市场的选择与确立。市场细分之后,组织所面临的问题就是要对各个细分市场进行评估,通过分析与评价各个细分市场的吸引力来选择有利的细分市场。

第三阶段即市场定位。选择了细分市场之后,组织就要为其供应和营销组合实施市场定位,以区别于竞争对手。

二、出版企业的市场细分

(一)出版企业市场细分的条件

出版企业进行市场细分旨在通过顾客需求差异定位,取得较大的经济效益。出版物的差异化会导致生产成本和促销费用的相应增长,所以,出版企业必须在出版市场细分所得收益与所增成本之间进行比较选择。

可衡量性是指用来细分文化市场的标准是可以识别和衡量的,即各个细分市场的购买力和规模是可以估算的,有明显的区别,有合理的范围。如果某些购买者的需求和特点很难衡量,那么市场细分就失去了意义,就不能界定市场,不能作为制订市场营销方案的依据。一般来说,一些客观性的因素,如年龄、性别、职业、民族等,相关的信息和统计数据,都比较容易获得和确定;而一些相对主观性的因素,如心理和性格等,相对比较难以确定。

可进入性即可达性,是指出版企业有能力进入所选定的细分市场,进行有效的促销和分销,实现营销目标,实际上就是考虑营销活动的可行性。一方面是出版企业能够通过适当的广告媒体把产品的信息传递到消费者中去,另一方面是文化产品能通过一定的销售渠道进入目标市场。

可盈利性又称价值性,是指细分市场的规模要足够大,能够使出版企业充分盈利,使企业有动力设计一套营销规划方案,以保证能获得理想的经济效益和社会服务效益。

差异性又称可区分性,指细分市场在概念上能被区分,并对不同的营销组合因素和方案有不同的反应。

相对稳定性指细分后的市场在一段时间内保持稳定,直接关系到出版企业生产和销售的稳定性。特别是大中型出版企业以及投资周期长、转产慢的企业，更容易造成经营困难，影响企业的经营效益。

(二)出版企业市场细分的标准

顾客对于产品产生需求的影响和制约因素是多种多样的。文化市场细分时，企业可根据需要从多种因素中选择一个或多个作为市场细分的标准，主要因素包括地理因素、心理因素、人文因素和行为因素。

(1)地理细分。地理细分是企业按照消费者所在的地理位置以及其他地理变量(包括城市农村、地形气候、交通运输等)来细分消费者市场。地理细分的主要理论依据是：处在不同地理位置的消费者，他们对企业所采取的市场营销战略，对企业的产品价格、分销渠道、广告宣传等市场营销措施也各有不同的反应。另外，不同地域具有不同的文化氛围，对文化市场成长也有很大的影响。美国的《读者文摘》面对世界各地推出美国版和亚洲版等多种版本；我国的《读者》在2000年进行市场细分后，推出了城市版和乡村版等，都是地理细分的结果。

(2)人文细分。文化产品消费者需求的差异往往和人口特征具有密切的关系，其中最突出的标准有年龄、性别、受教育程度、性格、收入水平、职业和代沟等。人文因素的差异性相比其他因素更容易测量。第一，年龄。消费者的需求和能力随着年龄而变化。无论是做现代音乐的索尼音像公司，还是倡导"外语改变人生"的新东方教育集团，都将目标市场指向了青少年消费群体。第二，性别。男性和女性有着不同的态度和行为倾向。比如女性有更强的公共倾向，男性则具有更强的自我实现和目标导向。财经类报刊《中国经营报》和《21世纪经济报道》等将知性男士作为核心读者，时尚杂志《瑞丽》和《时尚》等则更多地偏向白领女性。第三，收入。按收入水平进行市场细分是文化市场的习惯做法。其广泛应用于图书报刊、教育培训、电影、表演艺术、音像制品、工艺美术和文化旅游等各种文化市场。第四，代沟。代沟是文化市场细分的重要因素，主要对音乐、体育、电视、网络、电影和图书等市场的影响最为巨大。"70后""80后""90后"的叫法典型地反映了由于社会环境差别而造成的不同时代群体消费需求的差别。

(3)心理细分。心理细分是按照社会阶层、价值观念、生活方式或个性特征等将顾客分成不同的群体。社会阶层是指在某一社会中具有相对同质性和持久性的群体。按照社会阶层可以把文化市场划分为高端、中端和低端市场。生活方式是指一个人怎样生活。有的人追求新潮、时尚，有的人追求恬静、简朴，有的人追求刺激、冒险，有的人追求安逸、舒适。个性特征是指一个人比较稳定的心理倾向和心理特征，会导致一个人对其所处环境做出相对一致和持续不断的反应。美国SRI咨询公司按照价值观念和生活方式把人群分为八种心理类型：成就者、实现者、信奉者、体验者、完成者、制造者、奋斗者和挣扎者等。

(4)行为细分。行为细分是根据顾客对产品的了解程度、态度、使用情况及反应将他们分成不同的群体。如根据购买时机、追求利益、使用者情况、使用率和品牌忠诚度等进行市场细分，报纸分类的早报和晚报市场，电视台的晚间黄金时段。

三、出版企业的市场定位

科特勒从战略营销的角度提出了市场定位的概念,并把市场定位提到了企业营销的核心位置。在他看来,所谓市场定位就是企业根据目标市场上同类产品的竞争状况,针对顾客对该类产品某些特征或属性的重视程度,为本企业产品塑造强有力的、与众不同的鲜明个性或形象,并将其生动地传递给顾客,以期获得顾客认同。市场定位的实质是使本企业的产品与其他企业的产品严格区分开来,使顾客明显感觉和认识到这种差别,从而使本企业的产品在顾客心目中占有特殊的位置。也就是说,市场定位的过程就是企业差别化的过程,即企业应该学会如何寻找差别、识别差别和显示差别。基于此,出版企业的市场定位就是出版企业根据自身的历史文化特点和出版物的特性,对出版企业形象加以设计,并针对读者心理加以传播,使之在读者心理上占据一个与竞争者相区别的位置的过程。

可以看出,市场定位与目标市场选择之间是有区别的。目标市场选择是市场定位的前提和基础,但它的主要作用是帮助企业界定目标顾客和细分市场,而市场定位的主要作用是帮助企业树立在细分市场中的差异化形象。

出版企业可以采用多种定位方式,如特色定位战略、利益定位战略、用途定位战略以及质量与价格定位战略等。特色定位战略是指一个公司可以根据自己的规模和历史等因素来定位自己的特色。我们以商务印书馆为例,商务印书馆是中国出版业的一块金字招牌,历史悠久,名家云集,文化底蕴丰厚,百余年来为中国出版做出了重要的贡献,享誉中外。商务印书馆可以以"中国出版界的国宝"以及我国"第一家现代意义上的出版社"作为它的特色定位。利益定位战略是指产品所能提供的满足顾客需要的利益是多方面的,出版企业可以找出顾客的利益点作为产品的卖点,并诉之于市场。这是非常有效的定位策略。如高等教育出版社市场定位为"先进教育理念的倡导者,先进教学模式的探索者,先进教学内容的传播者,先进学习资源的服务者"。这一定位凸显了其为读者提供先进教育理念、模式、内容以及先进学习资源方面的利益。质量与价格定位战略是一种价值定位战略,也就是在一定的价格下质量最好,或者同样的质量而价格最低。

资料链接

藏地密码的目标市场与市场定位

《藏地密码》以西藏和藏文化为背景讲述了一个探险故事,其中涉及西藏千年秘史及藏传佛教历史遗案。《藏地密码》出版后不久,以匪夷所思的速度攀上各大书店排行榜,成为2008年度最火爆的系列畅销小说。《藏地密码》的成功,吸引了一些海外传媒公司前去洽谈版权转让问题。在海外版权输出方面,企鹅、哈勃·柯林斯、西蒙·舒斯特等国际出版巨头都对《藏地密码》表达了浓厚的兴趣。好莱坞对《藏地密码》的影视改编权兴趣浓厚。《藏地密码》的游戏版权也在和国内一家著名的游戏公司进行洽谈。《藏地密码》之所以取得如此的成绩,和读客公司创新性的营销理念分不开。

对于其成功之处,读客图书公司总经理华楠说:"这是因为我们完全以品牌营销的方式来销售图书,我们只面向特定的消费群出书,并为每一本书打造完整高效的品牌符号系统。"根据对《藏地密码》的内容解读和市场分析,读客图书公司把《藏地密码》的读者定位为三种人:第一种是喜欢西藏文化的人,因为《藏地密码》是一部以西藏和西藏文化作为故事背景的小说;第二种是喜欢户外探险的人,《藏地密码》的整个故事线都是由探险元素组成的;第三种是喜欢阅读悬疑小说的人,《藏地密码》本身是一部悬疑结构的小说,悬疑重重,危机四伏。读客图书公司认为只要符合上述三种特征中任何一种的人,都是《藏地密码》的潜在读者。当然,有些人可能符合两种以上的特征甚至全部都符合,如果全部符合,那就是《藏地密码》最为忠实的目标读者。

目标读者群体明确后,在具体的操作上,读客图书公司采取具体分类、各个击破的方法。读客图书公司首先与国内著名的三夫户外用品专卖店合作,以资源互换的形式,在《藏地密码》中夹三夫户外用品专卖店的书签广告,三夫户外用品专卖店则在其全国15个终端店面张贴《藏地密码》的精美海报一年。三夫户外用品专卖店的15家店主要集中在北京和上海最繁华的地区,保守估计有500万人会看到《藏地密码》的海报。另外,读客图书公司还与中华户外网合作,任何有关《藏地密码》的新闻以及消息都通过中华户外网及其50多个大型的联盟网站发布。几乎可以让国内所有的户外运动爱好者都能看到《藏地密码》的广告信息。中华户外网还在其主办的一些国际赛事包括国际户外铁人三项赛、国际帐篷节等线下活动中,以海报和条幅等形式宣传《藏地密码》并且把《藏地密码》当作比赛奖品。针对喜欢悬疑小说的读者,读客图书公司在著名悬疑杂志《胆小鬼》上刊登了图书广告对《藏地密码》进行推荐,邀请近百名国内知名的悬疑小说作者撰写《藏地密码》的书评,对《藏地密码》进行口碑营销。

第三节 出版企业营销策略选择

随着智能终端的普及与移动网络的发展,移动互联网凭借"精准、互动、整合"的优势,已成为新时期企业营销的必争之地,传统的电商营销体系也在加速向移动端迁移。面对移动互联网浪潮,越来越多的出版企业也开始有所行动,不断创新适合本行业的移动互联网营销模式,以顺应时代潮流,实现跨越发展。

一、传统出版营销策略分析

经过长期发展,目前我国传统出版营销策略已形成较为成熟的几种类型,但在移动互联网时代,传统营销模式存在的不足之处逐渐显现,并在一定程度上制约了出版营销的进一步发展。

传统出版营销模式最具代表性的两种类型是地面发行和传统的线上发行。其中,地面发行的营销渠道主要包括新华书店流通渠道及其他实体书店流通渠道,在业务模式上仍以片区承包制为主,主要业务为收发订单、联系各地书店、发货、补货、结款、退货管理等。

传统线上发行较为成熟的主要是 B2C、C2C 等传统电子商务模式,我国已有相当一部分出版企业自建了电子商务网站,开展 B2C 模式的图书营销;大多数出版企业则借助于亚马逊、当当、京东等第三方电商平台进行 B2C 营销;更有大量的中小型民营书店选择了淘宝网这一 C2C 平台来扩大图书销量。

地面发行尽管仍是目前我国图书产品尤其是教材类图书的主要营销模式,但其营销环节多,精准性差,存在地域保护的壁垒,在线上营销方式的冲击下逐渐呈现出萎缩状态。传统线上发行是对地面发行的改革与创新,但自建平台难以完善,受电商巨头的制约性强,折扣幅度大,与新兴移动营销模式相比,缺乏竞争优势。

在移动互联网环境下,地面发行或单纯的 PC 端电子商务等传统的出版营销模式已无法充分适应市场与消费的发展趋势,其局限性日益突出,出版营销为求发展必须要有所创新。

二、移动互联网时代的营销新策略

移动互联网时代,移动通信和互联网相互结合,从根本上改变了用户的沟通方式和消费习惯,在此环境下移动互联网营销模式也应运而生。结合移动互联网传播高效精准和沟通互动方便快捷的特点,移动互联网营销可分为基于目标用户的精准营销、基于信息分享的社交媒体营销两种模式。

(一)基于目标用户的精准营销

精准营销是指基于对用户信息的深度挖掘,结合其偏好所开展的有针对性的点对点营销。精准营销从选择特定的目标群体开始,在营销过程的各个阶段,实现营销手段的全方位精准实施。其典型类型有 LBS 营销、App 营销和 O2O 营销等。LBS 营销是指通过精准的定位技术获取用户的位置信息,从而为其提供商家信息或推送广告。例如滴滴打车、大众点评、百度地图等应用就将 LBS 与移动终端相结合,能针对性地满足目标消费者的需求。App 营销则借助移动应用的功能差异和产品特性来细分用户,进而实现精准营销,且一旦用户将 App 下载到移动设备上,应用中的各类内容和互动就会逐渐吸引用户,形成较为强大的用户黏性。而 O2O 营销线上线下相融合的特点为消费者提供了更加高效、快捷和便利的消费体验,也为企业提供更加优质的服务创造了条件,在移动互联网营销模式中备受青睐,目前渐渐成为各行业的营销利器。

(二)基于信息分享的社交媒体营销

社交媒体营销是指通过新媒体和社交网络,将人们的关系由线下延伸至线上,并借助关系让用户产生对产品的认知、认同和认购,因此在参与感和用户黏度方面具有得天独厚的优势。目前常见的类型有微博营销、微信营销和网络社区营销。由于其信息交互性强、内容丰富、参与范围广,一旦在营销工作中成功运用,往往会为企业取得惊人的营销效果。例如电影《人再囧途之泰囧》就借助了微博庞大的用户基础,让有关话题和信息在短时间内实现"病毒式"传播,创造了前所未有的票房神话。微信公众号"罗辑思维"依托微信的强聚合性、高亲密度,由一款自媒体产品,逐渐成长为拥有200多万粉丝的移动互联网知识社群。小米手机则以网络社区的方式筛选用户,聚合志同道合之人,使"米粉"逐渐成为标榜个性化的一张名片。

三、出版企业移动互联网时代的营销策略

移动互联网带来了营销模式的全新变革,越来越多的出版发行企业借助这一营销工具,结合自身特色,使其在出版营销中得到了丰富多元的运用与创新。按照营销渠道的不同,结合移动互联网营销的特点,目前我国出版业的移动互联网营销模式可分为线上推广营销、线上推广+线下体验营销、线下推广+线上营销三种类型。

(一)线上推广营销

线上推广营销即图书产品的宣传、销售皆于移动在线平台上进行的营销方式,目前有着多种不同的具体形式,如微信公众号推广、微商城营销、网络社区、App营销等。统计表明,截至2015年9月底,认证并启用的出版单位微信公众号有261家,书店公众号有187家,书单、书摘、书评、作者专访、活动预告、赠书抽奖等是这些公众号宣传推广的主要内容。而2013年3月微信支付功能全面开放后,微商城成为出版营销的新热点。例如:青岛微书城打造了包括图书销售、定制服务和互动交流等业务在内的全新移动书城;华文天下、读库等出版机构的微信商城自开通以来,销量不断稳步上升。近年来App营销也日益流行,中信出版社自建了App"尚书房",磨铁推出了"磨铁书栈"移动阅读客户端,重庆新华书城则开发智能App向读者提供商品查阅、预订、购买、意见反馈等多种服务。

在线上推广营销中,大V店作为后起之秀,在童书营销领域异军突起。与许多微商不同的是,在大V店模式中,用户只要交129元,就可以成为大V店会员并销售大V店提供的货品,且货源、物流、仓储、配送、售后等由大V店统一负责,店主只需要在线上的社交网络(微信、微博、QQ空间等)推广自己的店铺或商品,卖出产品后便可获得相应的销售佣金。除销售产品外,大V店还建立了社区,开创了"微商+社群"的全新营销模式。目前,大V店已和多家少儿类出版企业合作销售童书,由于大V店的每一位注册用户都以分销商的角色而存在,图书在大V店上的销量非常可观。大V店模式给出版界带来了新的借鉴之处,出版企业在进行线上平台营销时,需要考虑用户的个性化,可通过私人定制化的服务,加深与粉丝、用户之间的关系,不仅要做营销,更要做社交生态圈,使粉丝、用户成为自己的"代言人"乃至"分销商"。

(二)线上推广+线下体验营销

O2O的兴起为出版营销带来了新的生机,"线上推广+线下体验"模式是其在出版营销中的主要呈现方式。借助于大数据的支撑,以实体书店为落脚点,"线上推广+线下体验"的图书

营销模式通过线上的内容推送、交易平台的引流、实体店的库存支撑、本地化实时自取、社交化网络点评来提升读者的购书体验,促进实体书店实现了图书销售及社会服务的多重功能,也推动了图书的在线宣传推广平台向综合营销服务平台的转变。

例如:广州购书中心以微信粉丝征集为切入点,以线上"微信新媒体"加线下实体店为平台,通过提供会员内容推送、阅读定制、社交聚会等公众服务,实现线上用户向线下书店的引流。除博库网外,浙江省新华书店的线上订单均在实体店取货,读者通过移动商城不仅可以查询实体店图书价位,方便到店后直接取书,还可参与投票等互动活动。半年不到,移动商城已有 3500 个订单,实现码洋 27 万元。湖北崇文书城推出了二维码实体引流模式,顾客在线上的订单直接生成二维码,持二维码可在线下到书店自提,在提供便利的同时使读者享受到实体书店的切身体验。

"线上推广+线下体验"的营销模式不仅为读者提供了多元化的服务,增强了线上线下的用户黏性,还以"服务+体验"的模式拓展新的赢利点,避开了互联网电商巨头对图书营销的价格战,开辟了出版图书营销的新境地。

(三)线下推广+线上营销

移动互联网带来了线上线下的融合,借助这一契机,出版企业结合具体实际,在实践运用中加以创新,发掘出"线下推广+线上营销"的全新图书营销模式。在这种模式中,出版企业先在线下面向读者进行图书的宣传推广,进而引导读者线上购买,使读者能够享受网上购买的优惠与便捷。

儿童绘本的出版发行近年来发展迅猛,诸多图书品种的市场占有率在全国儿童绘本市场中居第一方阵。其开展的"线下推广+线上营销"的营销创新实践,对其业绩的获得功不可没,值得推介。例如:海豚出版社的策划编辑和营销团队发现儿童绘本的购买决策群体主要是年轻妈妈,于是他们选择和年轻妈妈经常带孩子光顾的麦当劳进行跨界合作,线下在麦当劳的儿童休息区结合童书和绘本内容给孩子们"讲故事",激发孩子们的兴趣,引导妈妈们学习帮助孩子通过看图"想象"故事情节、"阅读"儿童绘本。这个趣味盎然的过程实际上就是童书绘本的有效推广。同时,在麦当劳套餐中附上购书券的二维码,消费者扫描二维码即可获得线上购书的抵用券,从而将线下的推广对象引流到线上消费。如此不仅实现了童书的精准营销,获得了良好的营销业绩和市场美誉,而且给麦当劳带来了更旺的人气,使跨界合作实现了双赢。

2014 年 4 月推出的"青岛微书城"是全国第一个微信书城。通过整合集团旗下的青岛新华书店、青岛出版社及合作出版社的优质图书、音像、文化衍生品资源,创新性地推出了"作者签名图书""图书私人定制""重点图书推荐""阅读分享交流"等特色服务,通过微信检索迅速、沟通方便、支付便捷和数据挖掘优化的优势,为读者提供优质的文化阅读与交流的综合服务平台。与此同时,青岛新华书店在实体书店里进行了智能 WiFi 布设,线下读者可通过"青岛微书城"线上平台获取密码,并使用微信支付购书,使得读者在实体书店能够通过移动支付进行购物,从而逐步将线下书店的客流量更有效地转移到线上。

作为O2O在出版营销中的另一种创新应用,"线下推广＋线上营销"模式更加适应移动互联网环境下消费者的购买心理与购买习惯,使出版企业的移动互联网营销平台能为用户提供更多的综合服务,并在此过程中逐步培养和引导用户,从而进一步优化图书营销环境。

与传统出版营销模式相比,基于移动互联网的出版营销新模式在营销思维、营销技术和营销方式等方面都有着明显的突破与创新,展现出巨大的营销潜力。出版企业应顺应时代,树立移动化、场景化和即时连接思维,利用数据挖掘技术实施精准营销,拓展业务链条,使移动互联网从宣传推广平台向综合营销服务平台转变,通过定制服务、互动交流实现用户培养和增值服务延伸;同时,开展跨界合作发掘新的营销模式与盈利方式,实现出版营销的新突破。

第四节 出版企业营销管理创新

当今时代,科学技术的进步不仅丰富了图书的形式,也影响了人们传统的阅读习惯。出版企业只有积极探索、建立"互联网＋"的营销模式,才能适应快速变化的市场环境。近年来,一些出版机构基于新技术开展VR营销、大数据营销、直播营销,基于新平台开展微信营销、微博营销,基于新形式开展跨界营销、众筹营销、组合营销等,创新出版营销模式。"互联网＋"时代的出版营销创新,不只是手段的更新,更是思维方式的变革,对于推动实现出版业态的转型升级,对于新形势下出版产业快速发展,无疑具有重要的实践意义。

一、网络直播技术重构出版营销方式

移动互联网、大数据、云计算不仅是技术和现代化基础设施,还是一种看待世界、分析世界、重构世界的思维方式和现实力量。每一项新技术的应用都可能在一些领域掀起巨浪,如网络直播就为出版营销提供了全新的方式。

(一)移动互联聚集消费群体,增加潜在客户

最初的网络直播是通过互联网提供电视直播信号的接收与观看。Web1.0时代的网络直播是指在现场架设相关设备,内容通过网络上传至服务器,发布出来后可供受众实时观看;Web2.0时代的网络直播主要指在PC端建立起来的娱乐直播或游戏直播;现阶段的网络直播,是一种基于移动互联技术、人人皆可参与的网络实时互动直播。在技术上,当下的网络直播以移动互联网络为支撑,用户通过一部安装了直播App的智能手机就可以随时随地看直播。

根据中国互联网信息中心(CNNIC)第39次《中国互联网络发展状况统计报告》,截至2016年12月,我国手机网民规模达到6.95亿,网络直播用户规模达到3.44亿,网络直播技术的迭代更新无形中凝聚了一个庞大的消费群体。2016年7月,以短视频红爆网络的papi酱在"一直播"等八大直播平台开启了自己的首次直播,1.5小时内全网在线人数突破2000万。

直播平台同一时间线上可容纳人数随着技术的发展还会不断扩容,这种短时间内大体量

的用户聚集能力是其他平台无法企及的。对于直播营销而言,在线观看直播的用户越多,从用户到消费者的转化率就越高。无法想象一家实体书店可吸引数以万计的人在同一时间前来购书消费,但通过直播平台,数以百万计的人愿意在同一时间同一场景参与直播并进行消费,这种通过直播实现的消费狂欢早已初见端倪。

2017年4月11日,生活·读书·新知三联书店力推新书《阅读力》,出版研讨会在韬奋图书馆召开,人民出版社读书会在现场进行直播,全程展现研讨会现场发言及动态。据统计,逾5000人次收看了这个现场直播。4月19日,京东网在《阅读力》一书作者聂震宁先生的办公室做现场直播,直播进行到二十多分钟时,京东网现场统计观看人数已达2.8万,结束时,观看人数已达7万多。直播期间京东网同时进行卖书活动,现场抢书者众多,成交量急遽上升。

目前各界人士的参与使得直播的关注度越来越高,直播已经不是简单的展示活动,随着品牌、产品等商业因素的注入,直播变成了目前最热门的营销手段之一。在出版行业,直播也成为一种炙手可热的图书销售渠道,直播平台所吸引的观众无疑增加了图书购买的潜在客户。

(二)"直播+"打通多种平台,拓宽销售渠道

网络直播对出版营销方式的重构不仅体现在强大的用户凝聚力上,还体现在快捷的多渠道互动营销上。"直播+微信""直播+微博"等"直播+"模式打通了多种媒体平台,拓宽了销售渠道。

直播营销作为后起之秀,与微博营销、微信营销是相互扶持的关系。比如:微博的粉丝可以转化为微信公众号的粉丝,直播活动可以通过微信公众号做宣传和预热,吸引更多的人参与;同样,经常发布受欢迎的直播节目信息也会给微信公众号带来更多的订阅者。2015年下半年,微信群同步直播技术推出,自此"直播+微信"的营销方式广泛应用于图书销售中。这类直播主要应用于垂直类出版营销之中,通常采用微课和访谈的形式引导用户,要么对某一现象进行深入解读与分析,直接或间接地推销图书;要么通过前期的信息采集选择典型的问题进行回答,并在这一过程中将图书广告植入其中。2017年7月,生活·读书·新知三联书店出版的亲子教育类图书《让世界成为你的主场》,其作者刘曼辉、李亦雯母女俩联合新华社"领读者计划",在微信群中进行了线上交流直播活动,由读者提问,两位作者现场语音解答,交流主要围绕为人父母、成长经验等主题展开,与该书内容紧密结合。这次直播活动吸引了500多名读者的参与,对该书的销售也起到了明显的带动作用。值得注意的是,在此次活动结束之后,由"领读者计划"官方或读者自发组建了多个微信群,就亲子关系、升学求职等问题进行继续探讨。微信直播营销把潜在的具有同样性质的微信群构建出来或连接起来,不断挖掘出参与者潜在的需求,最大限度地发挥了大量同质微信群当中潜藏的长尾力量,让图书产品与读者的需求直接对接。

除了与微信平台相结合,直播与微博的合作也在紧锣密鼓地展开。2016年5月,移动直播应用软件"一直播"正式上线,它的上线承担起微博直播业务。所有微博用户都可以通过"一直播"在微博内直接发起直播,也可以通过微博直接实现直播观看与互动,一直播与微博实现

了完美的嵌合。移动直播与社交媒体的联手成功完成了粉丝群的转化,微博平台经年累月沉淀的粉丝群自然地过渡成为直播的粉丝,微博与直播的互动营销成为可能。据统计,新浪微博平台上的出版社用户有几百家,当今的国内出版社及期刊社大多都拥有自身的微信及微信公众号。用直播连接已有的资源平台,打通渠道、互通有无,可以在很大程度上拓展图书销售市场。

二、自媒体平台激活图书社群营销

社群营销是一种基于社群的营销模式。由于社群内部结构相对封闭稳定,成员之间存在一定互动性,从现代营销活动伊始,社群就成为众多企业理想的目标市场。在新媒体时代,受众不仅仅是信息的接收者,还是信息的发布者和传播者,用户生成内容成为互联网信息资源生产与组织的新模式。随着社会化媒体的发展,自媒体平台异军突起,它不仅仅是一种传播信息的媒介,更是不同社群聚集的高地。自媒体的用户实质上是一些固定的社群,他们是一群有着共同价值观与兴趣的团体,自媒体平台的崛起亦是社群的崛起,因而自媒体平台的发展一定程度上激活了图书的社群营销。

(一)高效公共平台互为资源链接,成本低、效果佳

图书行业用于营销的费用有限,所能利用和占据的平台比较单一,传统的出版营销需要分销商等中介来实现,对投资收益比的要求较高。在传统的营销中介影响力变弱之时,自媒体平台作为一种高效的公共平台,将用户的社交关系引入,成为出版营销的绝佳平台。

就出版营销平台而言,最初广播、电视、报纸、杂志等平台的营销宣传既费时又费钱,后来随着博客、BBS、门户网站等媒体的兴起,出版营销的平台与时俱进,宣传形式也由单纯的文字、图片转向更为丰富的音频、视频。进入新媒体时代,自媒体平台为出版营销提供了性价比更高的高效公共平台,出版社只要拥有自媒体平台就可以展开出版营销,成本较低。此外,自媒体平台的社交关系,使得用户可以基于兴趣、爱好、价值观形成自己的小圈子,社交圈子的存在为社群经济的产生奠定了基础。

我国自媒体营销大致经历了博客营销、微博营销、微信营销等几个阶段,近年来自媒体营销的范围有所拓展,微信、微博、豆瓣、贴吧、知乎等自媒体平台在出版营销方面都表现不凡,并出现了多种形式相结合的自媒体。生活·读书·新知三联书店的多平台自媒体营销在国内出版社中影响力和受关注度都较高,据2016年底统计数据,"三联书情"微信公众号关注读者13.7万余人,公众号WCI指数在"出版机构新媒体影响力排行榜"(240家出版社)中长期位列微信公众号前十名。《三联生活周刊》则在新浪微博上积累了大量的用户群体,粉丝数达到1246万,保持同类媒体粉丝数量前三名;微信官方公众号粉丝数达到150万,荣登微信官方发布优秀案例榜,获评首届"大众喜爱的50个微信阅读公众号"。多平台的优势互补,其关注者也相互转化,以新书推介为主的豆瓣"三联书情"小站依托于"豆瓣读书"平台的专业性、公信力,结合以微信公众号为代表的官方深度内容推送,以及微博传播推广的广泛、便捷、高效,共

同发挥出自媒体平台良好的营销效果。

(二)自媒体平台聚集、挖掘大型网络社群,激活图书社群营销

在互联网出现之前,图书出版企业的社群营销活动以"发现"现有社群为主,如针对教辅市场中职业培训类图书的营销活动以及针对实体社区居民的"社区图书"推广活动等。主动"塑造"社群的营销行为也并不鲜见,最典型的莫过于由读者俱乐部、书友会等出版社推动形成的社群。早在20世纪80年代,国内就出现了许多大型的读者俱乐部,成功吸纳了数十万乃至上百万会员。然而这种社群的发现与塑造需要花费大量的时间与精力且利润回收过程缓慢,不一定能够达到理想的营销效果。

自媒体平台的出现极大地提升了出版社"发现"社群的能力,大型网络社群不断地被发现、被挖掘,释放出强劲的社群经济力量。自媒体作为具有大众传播功能的传播媒介,使出版营销思维与途径发生变化,刊发广告、举办新书发布会、签名售书等单向的图书宣传方式日渐式微,基于自媒体平台的社群出版营销日渐壮大。

图书开展社群营销的逻辑起点是社会化思维,自媒体平台的社会化特征恰恰提供了这样的可能,使出版营销得以借助不同的方式展开。首先,自媒体平台聚合与链式传播特征为图书开展社群营销提供了基础。自媒体平台突破时间与地域的界限,促使更多的人际关系建立起来,人们通过不同形式的社群建立起更多的弱关系连接,通过社群内部成员的社交关系链,社群传播就可以实现滚雪球般的裂变传播效果。他们在共享阅读体验、撰写书评、推荐书籍、发表评论等方面可以形成很强的聚合力,因此,出版营销作用于这些社群效果十分显著。其次,自媒体平台的社交属性为图书社群营销营造了品牌效应,可以实现基于网络口碑的长期营销。自媒体在空间意义上搭建起虚拟社群,通过社会化途径,有共同品味、共同偶像、共同品牌爱好的人聚集在一起,形成不同的消费部落。

2016年以来,在大众出版领域面向用户的付费知识分享模式已然在扭转整个社会的知识消费习惯和观念,知识付费的逻辑即建立在大众对经过设计、组织、引领和优化的知识与内容服务的需求之上。面对纷繁复杂的图书市场,自媒体平台充当了推介与选择的重要角色,拉近了图书与消费者的距离。2017年5月,《三联生活周刊》的手机应用全新升级为"三联中读"App,定位于新一代社交阅读和付费知识服务平台,这一平台依托于传统媒体的优质作者群体和优质内容源。"三联中读"上的专栏作者、意见领袖、知识红人既是具有粉丝基础的创作者,又是知识服务者;凡使用、注册"三联中读"的用户既是平台内容的阅读者,也是读感、书评的写作者,是平台潜在的专栏作者,同时也是宣传、讨论的参与者。通过这个平台,《三联生活周刊》力图把认同三联品牌的用户与三联图书及杂志内容的创作者聚拢在一起,让最好的内容得以讲述,同时迅速有效地找到正确的受众。

三、跨界营销驱动出版营销新模式

互联网时代下,读者阅读行为改变,图书市场日益激烈,要想吸引消费者的注意力着实不

容易。跨界营销试图用其他行业焦点抓住消费者的眼球,为读者提供多种多样的体验方式,跳出既有的渠道,与不同行业合作,强强联合实现双赢。跨界营销是指依据不同产业、不同产品和不同偏好的消费者之间所拥有的共性和联系,把不同行业的产品以某种形式关联到一起,以赢取目标消费者好感,从而实现跨界联合企业市场最大化和利润最大化的新型营销模式。从2016年起,跨界营销成为出版行业的一个热词,方式多种多样,且效果良好。

(一)借力其他行业,提升经济效益

图书出版与很多行业相结合,可以产生意想不到的效果,"出版+艺术""出版+餐饮""出版+银行""出版+地产""出版+影视"等都是近年来涌现的跨界营销方式。出版社与之跨界合作的行业大多都是与我们日常生活相关的领域,合作的企业也都是我们耳熟能详的知名企业,出版社与之合作,可以实现资源整合,增强品牌号召力。2016年春节,浙江少年儿童出版社与肯德基推出"猴王当道"套餐,知名餐饮企业肯德基带动浙江少年儿童出版社卖出《漫画西游》810万册,取得了巨大成功。借力其他行业,出版社不仅增加了经济效益,还提升了在全国范围内的知名度。

2016年底,《三联生活周刊》旗下"熊猫茶园"正式上线,以"茶生活"和"茶美学实验室"为主要内容定位,与国内外多个优质茶园合作,在微信等平台贩售多品种茶叶、茶具,同时组织包括茶文化体验旅行等服务在内的周边产品。熊猫茶园依托于微信、微博等互联网社交平台,其关注流量有相当部分来源于《三联生活周刊》的粉丝群体,《三联生活周刊》也不遗余力地为其宣传。如2017年第18期封面故事"好茶之道——印度大吉岭的滋味传奇"即大篇幅地为熊猫茶园预售大吉岭红茶预热造势。著名茶园品牌与"中国最受尊敬的周刊品牌之一"强强联手,互为促进。"熊猫茶园"是三联书店多元化转型发展的重要成果,其与茶叶产业合作的基础是全球化视域下中国源远流长的茶文化,以及对饮茶传统背后文化基因、美学需求的追溯、复归与发扬;是着眼于现代商业文化之下,对现代人可获取的精神文明的一种体察与观照。这一"文化茶园"的实践,既是传媒出版企业跨界经营的尝试,也是"一本杂志和他倡导的生活"多方位服务读者的体现。

(二)巧用粉丝效应,转化消费群体

影视行业的粉丝效应显著,在明星的带动下,影视作品都有着非常广泛的粉丝基础,行业利润也非常可观。如今,"流量IP"非常火爆,自带流量可以带动与之相关的很多行业的发展,"图书+影视"这种跨界营销模式就巧妙地利用了影视行业的粉丝,将其转化为图书消费者,实现大规模的出版营销。明天出版社与阿里影业合作就是一个非常典型的案例。2016年10月电影《圆梦巨人》上映,电影改编自罗尔德·达尔经典作品《好心眼儿巨人》,该书正好由明天出版社独家引进,于是明天出版社联手阿里影业进行了一次全方位的跨界宣传。《圆梦巨人》在上映赚取票房的同时,也带动了《好心眼儿巨人》的销售,观影者成为图书的购买者,票房和图书销售实现了双赢。

通常来说,由文学作品改编的影视作品的火爆必然会带动图书的销量,这样的例子不胜枚举。例如,2017年上映的《人民的名义》这一影视作品很大程度上提升了原著的销量,同时剧中多次出现的三联经典图书《万历十五年》,也凭借该剧的热度再一次刷新了销售记录。该图书在历史学界已有较高知名度,自此基础上,更加广泛地推进大众阅读领域,这也是高层次的专业出版借助大众传媒进入中层次的大众普及读物的典型案例;同时也印证了影视行业及其粉丝效应的强影响力。优秀影视作品对大众阅读、文化普及的塑造性,在当下互联网打通各文化、娱乐媒介平台的情况下,值得出版企业重新思考多元化发展的价值和意义。

"互联网+"时代,出版营销的媒介载体更加丰富,营销的方式也更加多元,出版社应该充分利用各种出版营销方式,扩大市场效益,增强经济实力,为出版融合发展积累经验、贡献力量。

 关键术语

营销管理　4P营销策略　STP理论　市场细分　目标市场　移动互联网时代
线上线下营销　直播　社群营销　粉丝效应　互联网营销

 问题与思考

1. 如何理解出版企业营销管理的概念?
2. 试述STP理论。
3. 联系实际,谈谈出版企业如何进行市场细分。
4. 试述移动互联网时代出版企业营销策略的选择。

政府规制篇

第八章 出版产业管理体制

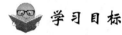学习目标

> 通过本章学习,应了解和掌握以下内容:
> 1. 出版管理制度分类及其理论基础。
> 2. 我国出版产业管理的组织体系。
> 3. 我国出版企业成立的条件。

世界各国从古到今采取不同的出版管理制度和体制,这导致了不同的出版运行机制,使得出版形式也呈现出不同的格局。不同的出版管理制度和体制受到各国传统管理思想和政治、经济、文化等因素的影响。出版管理制度及体制对我国出版业的发展至关重要,对出版业不断深化改革,由出版事业向出版产业发展起着关键作用。本章从出版管理制度的设立及演变入手,讲述了我国出版管理制度及组织体系、出版企业成立的条件。

第一节 出版管理制度的演变

一、出版管理制度及思想理论基础

古今出版管理制度按国家干预思想方式的不同区分,大体经历了两种形式,即预防制(preventive system)和追惩制(repressive system)。预防制是指政府有关部门对出版活动进行直接管理与控制,包括出版前的严厉控制、对出版物内容的严格审查、对不符合标准的出版物的严厉惩罚、对出版物传播的再控制等。预防制最主要的特征是,政府委派官员对出版内容实行事先审查,最后决定是否传播。预防制的表现形式是多种多样的,包括检查制、特许制、审批制、专营制、登记制、许可制以及保证金制等。追惩制指的是出版物出版之前政府一般不进行干预,通过立法和法院裁决的方式对出版过程、出版后出现的问题进行事后惩处及追究相关人的责任。追惩制对创办出版机构的条件限制不多,依法在工商管理部门经过一定的登记程序即可。现代西方的出版管理制度主要采取的是追惩制,同时也保留预防制的某些措施。

预防制与"书报审查制度"有很密切的关系。书报审查制度的英文对应词 censorship 是从拉丁语 censere 发展而来的,censere 与户口调查有密切关系。这个概念"从古罗马起就与

政府的管理密切相关,它首先代表了一种自上而下的强制性权力,公民必须按照检查官的要求去做,或者不允许有悖于执政者规定的言行出现;其次,户口调查的过程就是评价和类分人群的过程,这需要建立某种标准,如果一个人的行为不符合这一标准,就会被检查官剥夺公民身份,而做出这种决定往往就带有主观武断的性质"。这就导致尽管"进行书报检查,就是进行判断和批评,做出评价和估计,以及实行禁止和压制",但实际上会导致撤除、禁止或限制某些载有图画、信息和思想内容的文学艺术或教育类出版物的流通,因为这些出版物不符合检查者的道德和其他标准,通俗地说就是"你不得阅读这本杂志和图书,因为我不喜欢"。因此,尽管不同时期的书报审查制度存在一定的合理性,但不可避免的是,它还具有一定的主观性。

书报审查实际上分为两种形式,即出版前审查(pre-publishing censorship)和出版后审查(post-publishing censorship)。出版前审查主要是对出版准入和稿件内容进行严格的管制,其主导思想是预防问题的出现,也对存在的问题进行预先的惩罚(预先的惩罚也称为预惩);出版后审查主要是对已出版的出版物进行追究惩罚(追惩)。实际上预防制和追惩制不是决然分离的,只不过是各个时期有所侧重而已。西方社会大致在 1695 年英国废除《许可证法》前以出版前审查为主,废除《许可证法》后则以出版后审查为主。

出版管理制度的演变受到社会环境变化、思想方式嬗变等因素的影响。出版预防制与追惩制在媒介理论中可以找到其发展的依据。1956 年,美国伊利诺伊大学出版社推出的由赛伯特(Fred S. Siebert)、彼德森(Theodore Peterson)和施拉姆(Wilbur Schramm)合作撰写的《报刊的四种理论》(Four Theories of the Press)一书就是这方面的代表。该书指出,对大众传播媒介的控制存在过四种理论,即集权主义理论、自由主义理论、社会责任理论和苏联共产主义理论,这种划分在今天看来,尽管存在很多不足,但还是具有一定合理性的。

出版预防制是以柏拉图、马基雅维利为代表的集权主义理论为基础的,出版追惩制则是以自由主义和社会责任理论等为依据的。这些理论共同的思想基础是,要解决国家性质、个人与国家的关系以及真理的性质等问题。

二、西方出版管理制度的演变

英国是为新闻出版自由进行最为持久、最早、最猛烈斗争的国家。17 世纪英国著名的政论家和诗人约翰·弥尔顿(John Milton,1608—1674)第一个系统地提出了出版自由。西方出版业在 15 世纪时基本形成,15—18 世纪是古代出版业向近代迈进的关键时期。这一时期印刷技术不断完善,造纸技术不断提高,出版制度逐步形成,为近现代出版业的发展奠定了基础。15—16 世纪,欧洲各国的出版管理方式主要为政府不断颁布法令对出版业进行管制。英国亨利八世在 1523 年、1529 年和 1534 年颁布了从限制外国工匠到禁止自由进口书籍等法令,不断干预当时的印刷业和销售业。1534 年,剑桥大学得到亨利八世的授权,其校长或副校长有权委任三个"文具商和印刷商"生产和销售书籍。16—17 世纪,英国当局对出版业实行严格的检查制和特许制。出版人必须经过当局主要人物的特许,拥有特许证方可出版书刊。这种特许制一直延续到 1694 年,直到 18 世纪后才有所变化,但对某些出版物仍然实行检查制度。

1641 年,英国国会制定的《出版管制法》规定:除出版者与作者或者至少印刷者的姓名已登记备案以外,任何书籍不得付印。到了 1643 年,英国国会在长老派议员的坚持下,又恢复了革命初期一度废除的检查制,规定"凡书籍、小册子或论文必须经主管机关或至少经主管者一人批准,否则不得印行",这就是说,未经检查官审阅批准,不准印行任何书籍、小册子。它旨在限制对宗教和政府事务的诽谤。在这种背景下,1644 年,弥尔顿为了抗议国会恢复全面检查出版物的法令,发表了重要的政论文章《论出版自由》,它是对政府当局出版许可制度与审查制度的声讨檄文。该法案直到 1695 年到期方终止,从此再未启用过。弥尔顿的《论出版自由》也因此奠定了近代自由主义书报业理论的思想基础。

现在,西方各国出版自由的法律一般依据以上理论和法典,在此基础上建立起了追惩制的出版管理制度。具体而言,出版自由允许的范围主要有两个方面:①符合规定条件向有关部门申报登记,就可以创办出版机构,从事出版活动一般要求从业人员是品行良好、无违法记录的本国公民,具有一定学历、经历及资金等。②无须政府有关部门事先检查,就可以发表和出版不违反法律、法规等的著作,并按规定向国家有关部门缴送样本备案,但有些国家也规定教材、课本、进口外国书刊等要经有关部门事先审查。对出版自由限制的范围主要有三部分:①不能生产和传播破坏本国宪法规定的基本制度、颠覆宪法政府、侮辱国家元首和政府机构、煽动叛国和暴乱、泄露国家机密、诽谤他人的出版物等;②不能生产和传播宣扬色情、淫秽、暴力,不利于青少年健康成长的出版物;③在出版经营活动中要遵守有关的经济法律、法规,违反者要受到处罚。这也就是说,西方出版自由的实质性目的,是建立一个真正的"思想市场"(market place of ideas),人们可以在自由的争论和辩驳中接近真理,容忍不同意见的争论,有利于我们更接近真理。然而,值得强调的是,西方对出版自由的允许是有限制和条件的,它是在遵守有关法律制度等前提下的出版自由,同时,出版自由还应保证国家安全和国家利益。

登记制一般主要有两种做法:一是在政府有关行政管理部门登记,接受政府部门的控制;二是与一般公司一样,采取商业或非商业的登记方法。我们通常所说的西方出版登记制使用的是第二种方式。

世界上很多发达国家和地区的出版管理都采取了追惩制下的登记制,也就是只要具备政府提出的有关条件,就可以在政府有关部门注册登记。这种工商企业登记制的做法是将出版机构当成一般的企业。实行这种制度的国家和地区往往出版机构的数量很多,但若仔细分析,真正具有一定规模的出版机构并不占多数。如美国有 57000 多家出版机构,其中商业出版社有 18000 多家,其余为报社和非营利性出版机构。商业出版社年度出书 100 种以上的大型出版社仅有 150 余家,年度出书 50 到 100 种的中型出版社约 150 家。英国 1 万多家出版社,正常出书的不超过 4000 家。德国 14000 家出版社,真正是图书出版社的仅有 3000 余家。日本、韩国、新加坡等国家注册登记的出版社上千家,但多数只是挂名或一年也出不了几本书的小出版社。

三、出版审批制

我国的出版管理主要采取的是预防制管理模式,也有某些追惩制的内容。这些内容主要体现在出版行政管理的法律依据之中。出版管理预防制的内容主要有:《出版管理条例》规定一切出版物应当由出版单位出版,对设立出版单位实行批准登记制,对未经批准擅自设立出版单位或擅自从事出版活动的行为应予取缔;伪造、假冒出版单位或者报刊名称出版出版物,出版单位出售、转让、出租本单位的名称、书号、刊号等都是非法的;在出版物的印刷或复制和发行的管理上也实行许可制度。出版管理追惩制主要体现在我国对出版物出版后的管理上。我国没有实行作为预防制最主要特征的出版前的书报内容检查制,而是在《出版管理条例》中规定,出版单位实行编辑责任制度,保障出版物刊载的内容符合该条例的规定。如果编辑失职,致使出版物刊载了非法内容,那么就要追究出版单位法人和责任人员的法律责任。《出版管理条例》对出版活动中的各种违法行为,规定了具体的惩戒措施,责令其依法承担一定的法律责任。

出版行政管理以出版法规的形式确立了具有中国特色的出版审批制。我国出版单位的设立、变更、注销等实行的是审批、专营、许可制度,这就是人们常说的"审批制"。出版行政管理部门对出版机构的设立、书号、刊号、版号等实行高度的行政垄断,对出版前、中、后端实行严格的管理。随着出版体制和运行机制的不断深化改革,出版单位的性质从总体上可划分为两类,即公益性的出版事业和经营性的出版产业,这将改变出版行政管理的内容与方式。

综上所述,出版机构的多寡,并不能说明一个国家出版业的规模和水平,它主要是由出版管理制度的不同所造成的。然而,出版管理制度是否适应社会的发展,是否符合新闻出版业自身的发展规律等,对新闻出版业的发展至关重要。出版管理制度受到诸多因素的影响,尤其是我国经济转型后,更好地对我国的出版管理制度进行研究,对我国出版业的发展大有裨益。

第二节 我国出版产业管理组织体系

出版管理体制指中国共产党和中华人民共和国政府领导、管理出版事业的一整套组织形式和方法,是中央和地方出版管理机构关于出版管理制度和职责的规定。中华人民共和国成立以来,我国出版管理体制的改革和发展一直没有停止过,主要表现是党和政府出版管理机构的变化和职责的增减、行业管理机构的建立和完善等。出版产业管理组织是负责对全国或地区的出版产业发展进行宏观调控,包括指导、规范、协调、监督出版活动和出版单位等的机构。出版产业管理组织体系是指出版产业管理活动所涉及的出版组织及组织间的关系的总称,是出版管理体制的重要组成部分。

一、政党管理组织

我国出版管理机构一直在不断地发展与完善。中国共产党一直非常重视对出版工作的管理。早在1921年中国共产党成立之初,就由中共中央宣传部管理出版工作,1924年成立了专门的出版管理机构——中央出版部。1920年创办了《共产党》月刊和《劳动者》《劳动音》等指导工人运动的刊物,瞿秋白同志也在北京创办了《人道》月刊。中国共产党成立以后,又创办了《劳动周刊》《工人周刊》等刊物。1922年9月13日,中共中央在上海开始发行机关刊物《向导》,1923年创办由平民出版社发行的《前锋》,这些都是党的重要喉舌,是宣传反帝、反封建、反军阀,传播马列主义的重要阵地。1921—1927年间,中国共产党先后建立了新青年社、人民出版社、上海书店和长江书店四个出版发行机构。

1949年成立中共中央宣传部出版委员会,负责中华人民共和国成立后全国的出版管理工作。1954年11月,在文化部内成立了出版事业管理局,管理全国的出版事业。出版事业管理局下设二室七处,即办公室、监察室、出版管理处、报刊管理处、图书审读处、印刷管理处、发行管理处、计划财务处、人事处。1957年,报刊管理处与出版管理处又合并为新闻出版处。1960年报纸管理工作划归宣传处,新闻出版处又称出版处,主要负责图书期刊方面的工作。1966年"文化大革命"开始后,中共中央宣传部无形中被撤销,出版处亦不复存在。1978年中共中央宣传部正式恢复,原各处均改称局,出版处也称出版局,管理出版工作。

2018年大部制改革后,为加强党对新闻舆论工作的集中统一领导,加强对出版活动的管理,发展和繁荣中国特色社会主义出版事业,将国家新闻出版广电总局的新闻出版管理职责划入中央宣传部,中央宣传部对外加挂国家新闻出版署(国家版权局)牌子,中央宣传部统一管理新闻出版工作。调整后,中央宣传部关于新闻出版管理方面的主要职责是:贯彻落实党的宣传工作方针,拟订新闻出版业的管理政策并督促落实,管理新闻出版行政事务,统筹规划和指导协调新闻出版事业、产业发展,监督管理出版物内容和质量,监督管理印刷业,管理著作权,管理出版物进口等。

新闻出版划归中宣部统一管理,一方面加强了对新闻出版的集中统一领导,新闻出版的受重视程度得到充分体现;另一方面,也说明了出版物进一步构建主流意识形态的必要性。近些年,国家对出版工作社会效益的重视程度一再提升,并从政策引导以及业绩考核等多个方面予以倾斜,出版业本身对于出版价值回归以及提质减量的呼声也越来越多地被大家所关注。此次方案变革,无疑会进一步强化出版在民族传统精神和主流文化价值传播方面所能起到的重要作用。因此,可以说,此次调整是加强党的领导,确保出版有序发展兴盛繁荣的重要举措。在中宣部的领导下,一是可以更好地发挥出版的凝心聚力凝心聚魂的作用,汇聚中华民族伟大复兴的磅礴力量;二是更好地发挥提高国民素质作用,在思想素质文化素质方面大有可为;三是可以满足人民群众日益增长的各类文化需求,形成更高格调、更高品质、更加系统的文化供给;四是可以更好地发挥和增强实力,不管增加了国家的硬实力还是软实力,出版的作用都不可替代。

二、政府管理组织

1982年4月,根据第五届全国人民代表大会常务委员会第二十三次会议的决议,国家出版事业管理局再次并入文化部,改称文化部出版事业管理局。1985年7月,国务院批准文化部设立国家版权局,同时文化部出版事业管理局改称国家出版局。1986年10月,国务院决定国家出版局和国家版权局脱离文化部,恢复国务院直属机构的建制。1987年1月,国务院决定撤销国家出版局,成立中华人民共和国新闻出版署,负责全国新闻出版事业的管理工作。国家版权局保留,与新闻出版署为一个机构、两块牌子。2001年4月,国家新闻出版署升格为正部级单位,名称为"中华人民共和国新闻出版总署"。这一决定是国家根据新闻出版事业发展的现状,经过慎重研究做出的。其目的是为了加强对出版行业、著作权和书报刊出版物市场的监督,加大"扫黄打非"的协调和工作力度,增强执法的权威性和有效性,适应我国加入世贸组织的需要,为推动新闻出版业的更大发展,从组织上提供条件和保证。

2013年,为进一步推进文化体制改革,统筹新闻出版广播影视资源,整合新闻出版总署和广电总局的职责,国务院组建国家新闻出版广播电影电视总局。此次整合主要是顺应当时新闻传播技术革新的结果,打破新闻出版和广播影视业的行业壁垒,从而形成跨行业的合并,有利于大型传媒集团的形成。

2018年大部制改革后,政府将不再直接管理新闻出版工作,而是在党的直接领导下,在传统阅读空间受到严重挤压的情况下,为围绕"三精"要求持续推进图书精品工程和主题出版工作,加速出版业由"高原"向"高峰"迈进的步伐,加快移动多媒体、数字出版等新兴产业的发展做好保驾护航的工作。

三、社会组织

中华人民共和国成立之初,广大出版工作者就酝酿筹备成立行业组织,但是由于种种原因,直到20世纪70年代末,才逐步建立各种协会。目前我国主要有中国出版工作者协会、中国印刷技术协会、中国书刊发行业协会等。这些协会多数不是按行业管理的要求建立的,因此离行业管理的需要还有差距。

中国出版协会,1979年12月20日成立,是中国出版界自愿结成的全国行业性社会组织,是为出版行业服务的非营利性社团法人,是中国共产党和中国政府与中国出版界密切联系的桥梁和纽带。

中国印刷技术协会,简称中国印协,1980年3月成立。它以开展印刷科技活动、促进中国印刷科技的发展和繁荣为宗旨,组织学术技术交流,开展印刷技术教育,评选和表彰优质产品和优秀印刷工作者。1986年,中国印刷协会设立了毕昇印刷技术奖和森泽信夫印刷奖,以奖励那些为中国印刷科技做出突出贡献的人员。

中国书刊发行业协会成立于1991年3月,是经国家民政部登记批准,由从事出版物发行的企事业单位及其经营者、发行工作者自愿组成的全国性的出版物发行行业非营利性的社会团体。协会的宗旨是,以马克思列宁主义、毛泽东思想、邓小平理论、"三个代表"重要思想和科学发展观为指导,贯彻落实习近平总书记系列重要讲话精神,宣传贯彻社会主义核心价值体系;按照完善社会主义市场经济体制的总体要求,团结全国出版物发行单位和发行工作者,维护行业和会员的合法权益,坚持本行业的职业道德准则和行业自律;倡导全行业积极发行优秀出版物,拒绝发行非法出版物,为推进社会主义文化建设,繁荣和发展中国特色社会主义出版业而努力。

另外,在我国还有中国期刊协会、中国音像协会、中国版权协会等协会,还有中国编辑学会等全国性学术团体。

第三节 我国出版单位设立的条件

目前,新闻出版机构设立的依据是《出版管理条例》。出版单位是指具备国家规定的有关条件,经国家新闻出版行政管理部门审核批准并履行注册手续的拥有图书、报纸、期刊、音像制品、电子出版物、互联网出版物等出版物出版权的出版机构。它们是制作、生产和销售出版物的组织机构,是联系作者和读者的中介机构。

我国出版单位实行法人制度。《出版管理条例》第十六条规定了出版单位应具备法人条件,经核准登记后,取得法人资格,以其全部法人财产独立承担民事责任。同时也规定了视为出版单位的报纸编辑部、期刊编辑部不具有法人资格,其民事责任由其主办单位承担。

依据《出版管理条例》的有关规定,出版单位设立的条件主要有:

(1)有明确的办社、办报、办刊宗旨。在《出版管理条例》中明确为有出版单位的名称、章程。出版宗旨在《出版管理条例》第三条中有明确规定:"出版活动必须坚持为人民服务、为社会主义服务的方向,坚持以马克思列宁主义、毛泽东思想、邓小平理论和'三个代表'重要思想为指导,贯彻落实科学发展观,传播和积累有益于提高民族素质、有益于经济发展和社会进步的科学技术和文化知识,弘扬民族优秀文化,促进国际文化交流,丰富和提高人民的精神生活。"

(2)有符合国务院出版行政主管部门认定的主办单位及其主管单位。1993年6月29日,新闻出版署发布的《关于出版单位的主办单位和主管单位职责的暂行规定》对出版单位的主办和主管单位进行了严格的界定。主办单位是指出版单位的上级领导部门;主管单位是指出版单位创办时的申请者,并是该出版单位的主办单位(两个或两个以上主办单位的则为主要主办单位)的上级主管部门。主管部门在中央应是部级(含副部级)以上单位;在省、自治区、直辖市应是厅(局)级以上单位;在自治州、设县的市和省、自治区设立的行政公署,应是局(处)级以上单位;在县级行政区域,应是县(处)级领导机关。主办单位所办的出版单位的办公场所应与主办单位在同一城市或同一行政区域。主管单位、主办单位及出版单位之间必须是领导与被领导的关系。出版单位的主要负责人应是主办单位所属的在职人员,禁止将出版单位承包给其他组织和个人。

(3)有确定的业务范围。《关于出版单位的主办单位和主管单位职责的暂行规定》中明确指出,出版单位的专业分工范围应与主办单位的业务范围相一致。

(4)有必要的物质条件。如30万元(互联网出版机构应有300万元)以上的注册资本、固定的工作场所等。

(5)有适应业务范围需要的组织机构和符合国家规定的资格条件的编辑出版专业人员。

(6)法律、行政法规规定的其他条件。

出版单位设立时除必须具备以上条件外,还应贯彻出版单位设立的原则。出版单位设立的原则是《出版管理条例》第十条中规定的:国务院出版行政主管部门制定全国出版单位总量、结构、布局的规划,指导、协调出版产业和出版事业发展。这就是说,出版单位的设立除了符合以上条件外,还应符合国务院出版行政主管部门制定的全国出版单位总量、结构、布局的规划。

设立出版单位的申办程序在《出版管理条例》第十二条、第十五条中做出了具体规定:设立出版单位,由其主办单位向所在地省、自治区、直辖市人民政府出版行政主管部门提出申请;省、自治区、直辖市人民政府出版行政主管部门审核同意后,报国务院出版行政主管部门审批。设立出版单位的主办单位应当自收到批准决定之日起60日内,向所在地省、自治区、直辖市人民政府出版行政主管部门登记,领取出版许可证。

出版单位设立后,其出版物的出版、印刷或者复制、发行等出版活动还应按照国家的有关规定受国家有关行政管理部门的管理与监督。如《出版管理条例》第二十二条规定:"出版单位应当按照国家有关规定向国家图书馆、中国版本图书馆和国务院出版行政主管部门免费送交样本。"对有些出版物的出版做出了特殊的规定,如《出版管理条例》第三十条规定:"中学小学教科书由国务院教育行政主管部门审定;其出版、发行单位应当具有适应教科书出版、发行业务需要的资金、组织机构和人员等条件,并取得国务院出版行政主管部门批准的教科书出版、发行资质。纳入政府采购范围的中学小学教科书,其发行单位按照《中华人民共和国政府采购法》的有关规定确定。其他任何单位或者个人不得从事中学小学教科书的出版、发行业务。"

出版单位的变更和注销也应依照《出版管理条例》中的有关规定办理相应手续。《出版管理条例》第十七条规定:"出版单位变更名称、主办单位或者其主管机关、业务范围、资本结构,合并或者分立,设立分支机构,出版新的报纸、期刊,或者报纸、期刊变更名称的,应当依照本条例第十二条、第十三条的规定办理审批手续。出版单位属于事业单位法人的,还应当持批准文件到事业单位登记管理机关办理相应的登记手续;属于企业法人的,还应当持批准文件到工商行政管理部门办理相应的登记手续。出版单位除前款所列变更事项外的其他事项的变更,应当经主办单位及其主管机关审查同意,向所在地省、自治区、直辖市人民政府出版行政主管部门申请变更登记,并报国务院出版行政主管部门备案。出版单位属于事业单位法人的,还应当持批准文件到事业单位登记管理机关办理变更登记;属于企业法人的,还应当持批准文件到工商行政管理部门办理变更登记。"

《出版管理条例》第十八条规定:"出版单位中止出版活动的,应当向所在地省、自治区、直辖市人民政府出版行政主管部门备案并说明理由和期限;出版单位中止出版活动不得超过

180日。出版单位终止出版活动的,由主办单位提出申请并经主管机关同意后,由主办单位向所在地省、自治区、直辖市人民政府出版行政主管部门办理注销登记,并报国务院出版行政主管部门备案。出版单位属于事业单位法人的,还应当持批准文件到事业单位登记管理机关办理注销登记;属于企业法人的,还应当持批准文件到工商行政管理部门办理注销登记。"

《出版管理条例》也明确了各种出版违法行为的法律责任。如《出版管理条例》第六十一条规定:"未经批准,擅自设立出版物的出版、印刷或者复制、进口单位,或者擅自从事出版物的出版、印刷或者复制、进口、发行业务,假冒出版单位名称或者伪造、假冒报纸、期刊名称出版出版物的,由出版行政主管部门、工商行政管理部门依照法定职权予以取缔;依照刑法关于非法经营罪的规定,依法追究刑事责任;尚不够刑事处罚的,没收出版物、违法所得和从事违法活动的专用工具、设备,违法经营额1万元以上的,并处违法经营额5倍以上10倍以下的罚款,违法经营额不足1万元的,可以处5万元以下的罚款;侵犯他人合法权益的,依法承担民事责任。"

我国对网络出版管理也制定了相应的法规性文件,如:国务院2000年9月25日发布的《互联网信息服务管理办法》,国务院新闻办公室、信息产业部2000年11月6日发布的《互联网站从事登载新闻业务管理暂行规定》,文化部发布的《关于音像制品网上经营活动有关问题的通知》,以及公安部发布的《计算机信息网络国际联网安全保护管理办法》等。国家对经营性互联网信息服务实行许可制度,对非经营性互联网信息服务实行备案制度。未取得许可或者未履行备案手续的,不得从事互联网信息服务。从事新闻、出版、教育、医疗保健、药品和医疗器械等互联网信息服务,依照法律、行政法规以及国家有关规定须经有关主管部门审核同意的,在申请经营许可或者履行备案手续前,应当依法经有关主管部门审核同意。互联网信息服务提供者提供的内容必须合法。从事新闻、出版以及电子公告等服务项目的互联网信息服务提供者,应当记录提供的信息内容及其发布时间、互联网地址或者域名;互联网接入服务提供者应当记录上网用户的上网时间、用户账号、互联网地址或者域名、主叫电话号码等信息。互联网信息提供者和互联网接入服务提供者的记录备份应当保存60日,并在国家有关机关依法查询时,予以提供。

从目前出版业发展的实际看,海外机构已经开始在我国涉足各种出版活动。国际数据集团(IDG)是全球最大的技术信息服务企业,也是世界上最好的风险投资公司之一,其核心业务有出版、展览、电脑市场研究和风险投资。1980年9月13日,IDG与信息产业部电子科技情报研究所共同投资创办了中国第一家中外合资的新闻出版机构——中国计算机世界出版服务公司,合作出版享誉美国的《计算机世界》中文版。在很长一段时间里它是唯一一家经国家批准的合资出版公司,当时该公司由中方控股,美方所占股份为49%。IDG在中国还涉足《微电脑世界》《IT经理世界》《数字财富》《电子产品世界》《通讯世界》《互联网世界》等近二十种专业杂志的出版。民营资本进入出版业已成为不争的事实,如南方药业集团投资的《新周刊》《人生十六七》杂志等。

政府对传媒业的管制政策和管理方式正在逐渐发生变化。在过去计划经济体制下,出版社与期刊社、报社、电台、电视台等有着严格的分工,人们一直认为出版社仅出版图书,期刊社出版期刊,报社出版报纸,电台、电视台分别负责广播、电视等业务的开展。随着出版管理制度的变革,这种以出版物载体形态与类型划分出版业的格局将会被彻底打破,出版市场化、产业化、集团化将成为出版业发展的主要方向。

 关键术语

追惩制　预防制　审批制　《出版管理条例》　新闻出版署

 问题与思考

1. 什么是追惩制和预防制?
2. 试述出版管理制度变迁。
3. 如何评价我国出版管理体制?

第九章 出版产业发展政策

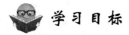 学习目标

> 通过本章学习,应了解和掌握以下内容:
> 1. 出版产业政策的基本概念。
> 2. 出版产业政策制定的程序。
> 3. 出版产业政策执行中应注意的问题。
> 4. 我国出版产业政策体系。

纵观世界出版产业发展,可以看到每个国家都以立法形式或者以相关管理部门的政策形式对出版产业的发展进行规制,这些法律和政策就构成了出版产业发展的外部环境的一个重要方面。出版产业组织在自身运行、发展决策和业务导向中必须认真研究出版产业的法律与政策环境,以便能够合法、规范、主动地适应社会需要。本章主要介绍出版产业发展政策的含义及作用、出版产业政策的制定与执行、我国出版产业政策体系。

第一节 出版产业政策概述

一、出版产业政策的概念

政策科学又称政策分析、公共政策学和政策研究,是"二战"以后在西方的思想库和大学兴起的一个全新的跨学科、应用性的研究领域。它的出现被视为当代西方社会科学领域的一次"科学革命"。1951年,美国学者哈罗德·拉斯韦尔与丹尼尔·勒纳合作出版了《政策科学:范围与方法的新近发展》一书,主张将公共政策从政治学中分离出来,并对公共政策进行系统的分析,因而被认为是政策科学的开山之作。

西方学者对公共政策方面的定义主要有两种提法:一是拉斯韦尔的"活动过程"说,认为政策是政府动用大量资源,通过相关规定、措施实施其明确目标的活动过程;二是威尔逊的"管理职能"说,认为政策是政府的某种管理职能,旨在解决社会发展进程中出现的重大问题。哈罗德·拉斯韦尔与亚伯拉罕·卡普兰认为,公共政策是"一种含有目标、价值与策略的大型计

划"。在威尔逊看来,公共政策主要是一些法律法规;这些法律法规又是由政治家制定出来并交给公共行政人员去执行的。美籍加拿大学者戴维·伊斯顿认为,"公共政策是对全社会的价值做有权威的分配"。

可以这样认为,政策是公共权力机关经由政治过程所选择和制定的为解决公共问题、达成公共目标、实现公共利益的方案,其作用是规范和指导有关机构、团体或个人的行动,其表达形式包括法律法规、行政规定或命令、国家领导人口头或书面的指示、政府规划等。

产业政策是构成公共政策的主要内容。英国学者阿格拉认为,产业政策就是指与产业有关的一切国家的法令和政策。日本经济学家下河边淳认为,产业政策就是政府为实现某种社会和经济目标,以全部产业为对象,通过对产业的保护、扶植、调整和完善,干预产业或企业的生产、经营活动,调节商品和服务生产的政策的总称。从本质上看,产业政策是政府干预市场经济的一种手段,其目的是修正可能出现的市场失灵和错误导向,它是对产业发展、产业结构及产业组织所制定的各种政策的总和。

产业政策根据不同的分类标准,有不同的分类。根据产业政策作用对象来分,它可以分为农业政策、工业政策、服务业政策等;根据产业政策的时效来分,它可以分为长期产业政策、中期产业政策和短期产业政策;根据产业政策的内容来分,它可以分为产业发展政策、产业组织政策、产业结构政策;根据产业的不同发展周期来分,它可以分为产业形成期政策、产业成长期政策、产业成熟期政策和产业衰退期政策。

出版产业政策是指国家为了发展出版产业而由国家为主体颁布、制定的产业发展政策、策略,旨在扶植这一新兴的出版产业领域,从政策层面上支撑出版产业的发展。市场经济体制下,出版产业政策就是政府优化市场经济发展而对出版产业发展、出版产业结构和出版产业组织所颁布的各种经济政策总和。出版产业政策体系是出版行政管理部门出台的一系列出版产业政策的有机整体,它是以单个的出版产业政策为基础形成的。产业视角下的出版产业政策体系依据产业经济学的相关理论,可以分为出版产业发展政策、出版产业结构政策和出版产业组织政策。

为正确把握出版产业政策的内涵,必须从以下几个方面来把握:

第一,政策主体。任何出版产业政策都有特定的主体,即国家权威机构、政党及其他政治集团、团体。政策体现了政策主体的意志,它与个人、企业等所做出的决定不同,具有法定的权威性。

第二,目标取向。一定的出版产业政策总是要实现一定的目标,具有明确的方向性。同时,政策又在特定的历史时期内起作用,具有时效性。政策不是无意识或偶然性的行为,目标指向明确。

第三,活动过程。出版产业政策是主体服务于特定目标而采取的一系列活动,是与战略、措施、办法、规定密切相关的一系列政治行为。

第四,行为规范。出版产业政策是一种行为准则或行为规范,政策总有具体的作用对象或客体,它规定对象应做什么和不应做什么;规定哪些行为受鼓励,哪些行为被禁止。政策规定常带有强制性,它必须为政策对象所遵守。行为规范和准则使政策具有可操作性,从而实现特定的社会目标。

二、出版产业政策的本质与目标

政策的制定、执行及其执行的结果都是为了解决一定的社会问题,调整社会利益关系。政策的本质体现在三个方面:政策集中反映和体现统治阶级的意志和愿望,是执政党、国家和政府进行政治控制或阶级统治的工具或手段;政策作为执政党、国家或政府的公共管理的工具或手段,服务于社会经济的发展和文化的进步;政策作为分配或调整各种利益关系的工具或手段,是各种利益关系的调节器。

第一,出版产业政策是阶级意志、利益的集中体现和表达。政策的本质首先表现在它是一定社会阶级意志和利益的集中体现。在阶级社会中,不同性质的国家政权和代表不同阶级、阶层利益的政党及其他政治组织,面对的是各种各样、错综复杂又千变万化的社会问题,为了解决这些社会问题,他们就必须制定自己的政策。而任何政策的制定和执行都是以维护本阶级的政治、经济利益为宗旨的。为确保国家文化安全,发达国家均旗帜鲜明地采取保护性、扶持性政策来推动出版产业的发展。我国出版产业政策同样以民族文化利益为重,减少决策的功利性,提高政策的前瞻性。例如,根据商务部制定并不时修订的《外商投资产业指导目录》,"图书、报纸、期刊的编辑、出版业务""音像制品和电子出版物的编辑、出版、制作业务""网络出版服务"均被列入了禁止外商投资产业目录,也就是说图书、报纸、期刊、音像制品和电子出版物的出版和制作、网络出版服务均为外资禁止进入的产业类别。

第二,出版产业政策服务于社会经济的发展。政策服务于社会经济的发展,政策的这种本质是由国家职能的两重性所决定的。国家作为阶级统治的工具,除了维护其统治的政治职能外,还有维护其统治的社会经济职能。这样,国家往往根据统治阶级的需要,组织社会经济活动,发展科技文化事业,管理某些社会公共事务,从而使国家履行管理社会事务方面的职能。这种职能必然通过国家政策体现出来,使政策在执行过程中,通过对各种社会资源的利用,对各种社会潜能的挖掘,在总体上实现政策目标的同时,推动社会经济文化的发展。以出版基金政策为例,西方发达国家普遍利用财政拨款、机构资助、社会捐赠等渠道建立出版基金,资助出版产业(主要资助对象是中小出版社和书店、学术著作出版以及图书馆购书等)。例如:德国的"印刷补贴"基金专门用来资助学术著作和期刊的出版;法国成立的图书文化基金会致力于补贴出口图书,资助专门出口图书和组织翻译法文著作等项目;美国也有上百个对出版业提供直接和间接资助的基金会。

第三,出版产业政策是各种利益关系的调节器。公共政策的核心就是要解决社会利益分配的问题,所有公共政策最终都表现为对社会利益关系的处理。在对社会利益分配的理解上,应该是既全面又重点突出。公共政策对利益的分配,是一个动态的过程。这种过程大致经历四个环节:利益选择、利益综合、利益分配与利益落实。西方国家普遍对中小型出版机构采取扶植的政策,一方面是为了防止大型传媒集团的市场垄断,另一方面则是为了保护文化的多样性,满足国民不同的阅读需求。此外,西方许多国家都有非营利性的出版机构。在基金会、机构和个人的资助下,它们专注于学术与文化著作的出版,为本国出版业在经济大战中保留下一份纯真、自由的出版天空。

出版产业政策的基本目标与公共政策基本目标是一致的,即公平、效率、自由和安全。出版政策的首要目标是确保艺术与遗产的存在,并使之能够接触到观众,以及提升或保持其品质。具体来说,出版政策目标体现在以下几方面:第一,总体目标上,将出版政策作为实现国家或地区社会整体发展目标的组成部分;第二,国家利益上,维护国家文化安全和国家文化利益;第三,公民人权上,尊重、保护和促进公民的各项文化权利;第四,文化遗产上,保护和开发文化遗产和民间艺术;第五,艺术创新上,以国家直接干预或鼓励社会资金投入的方式,保障和促进艺术创新;第六,出版产业上,从推进国家和地区的综合实力、发挥创造财富的潜力、挖掘社会就业的资源等角度,保护和扶持本国的出版产业。

三、出版产业政策的功能

所谓政策功能,简单地说就是政策所能发挥的功效和作用,它通过政策的地位、结构、影响力与结果表现出来,它总是在与某种社会目标的联系中得到判定。出版产业政策功能包括导向功能、控制功能、分配配能、协调功能。

(一)导向功能

政策的导向功能是指政策引导人们的行为或事物的发展朝着政策制定者所期望的方向发展。政策导向功能所包含的一项重要内容是规定目标、确定方向。规定目标就是把整个社会生活中表现出的复杂的、多面的、相互冲突的、漫无目标的潮流,纳入明晰的、单面的、统一的、目标明确的轨道,使社会有序地发展。政策导向功能的另一项重要内容是教育指导,统一认识,协调行动,因势利导。任何政策,不仅要告诉人们什么是该做的,什么是不该做的,而且还要使人们明白,为什么要这样做而不那样做,怎样才能做得更好。在现实社会生活中,突出表现导向功能的政策有很多。

出版产业政策的引导是行为的引导,也是观念的引导。社会的运行不是一个自发的、无序的过程,而是有规律、有秩序的。政策的作用就是有意识地去调节人与人、人与社会、人与事物、事物与事物之间的关系,以保证公众利益的均衡合理,保证社会发展的健康有序。从作用结果看,出版政策的引导功能有正向引导功能,也有负向引导功能。正导向是政策对事物发展方向的正确引导,体现了人们对事物发展规律所表现出的正确认识。出版产业政策对公众行为和社会发展具有调节、调适功能。出版产业政策的导向功能主要表现在:一是确立目标、规范方向;二是教育指导、统一观念(价值、规范、行为)。出版产业是内容产业,具有一定的意识形态属性,因此,其发展不能单纯以市场为导向而追求利润的最大化,还必须肩负起传播先进文化、树立正确的价值观念和行为规范、抵御不良文化的侵害等社会责任,从而确保社会效益与经济效益相统一。另外,出版产业要实现又好又快的发展,不断地满足人民群众健康有益的文化需求,防止外来文化的入侵,确保国家文化安全,这些需要政策来引导和规范。

(二)控制功能

政策的控制功能是指政策对社会中人们的行为或事物的发展起到制约或促进作用。政策的出台都是为了解决一定的社会问题或是为了预防特定社会问题的发生;政策制定者在政策上对所希望发生的行为予以鼓励,对不希望发生的行为予以惩罚,从而实现对社会的控制。政策的控制功能有直接控制和间接控制两种形式。实施政策的控制功能应特别注意对"度"的把握,这就要求注意发挥信息反馈系统的作用,及时行动,适时调整控制的方向和力度,使政策保持在发挥积极作用的状态上。通常采取两种做法来设定政策的管制功能:条文规定使政策对象不能、不愿、不超出规范擅自行为,这是政策的积极性管制功能;条文规定使政策对象发生违反规范的行为时,受到相应的惩罚,这是政策的消极性管制功能(有所不为)。出版产业在发展的初期和市场体系不完善的情况下,难以完全依靠市场有效地配置资源,同时,在信息不对称、权力不对等的情况下,所进行的"优胜劣汰"也往往缺乏公正性与合理性。因此,需要由政府制定政策,来进行必要的修正、引导和调节,尤其是对新兴业态、中小企业给予必要的扶持,为其营造有利发展、公平竞争的环境。

(三)分配功能

从公共政策的界定中可以看出,公共政策具有价值或利益的分配功能。这种功能需要回答三个方面的问题:将那些满足社会需求的价值或利益向谁分配?如何分配?什么是好的乃至最佳的分配?

公共政策总是保护多数人的利益,下列三种利益群体和个体易从中获益:①与政府主观偏好一致或基本一致者;②最能代表生产力发展方向者;③普遍获益的社会多数者。如由于市场在配置资源的过程中具有一定的自发性和盲目性,一些文化企业在追逐利益时往往会不守规则、不择手段,从而导致恶性竞争和无序发展。因此,政府就要通过制定相应的政策法规,来规范企业的行为和市场的秩序,防止出现为追逐短期的利益而放弃社会责任的假冒伪劣和侵权盗版等不法行为。

出版产业是内容产业,投入的主要是知识产权,因此,有效保护知识产权对于出版产业而言具有更为重要的特殊意义。出版政策要能够促进文化资源的有效保护与合理开发。对本国的历史文化资源加以有效保护,保证其不会在开放利用中受到损坏、歪曲和流失,是推动出版产业发展的重要前提和保障。这项工作单纯依靠企业运作和市场调节,是难以实现的,而必须依靠政府的政策来提出明确的要求和严格的规范,才能使文化资源得到有效的保护与合理的开发,同时也才能使公共文化资源不被垄断、实现共享。

(四)协调功能

国家的管理活动是一个复杂的系统过程,其中有许多利益关系需要协调,以保证整个国家社会生活的和谐进行。这些关系主要包括社会政治组织(如各党派、各社会团体)之间的关系，各种政治权力关系(如各国家机关之间的关系，地方政府与中央政府的关系等)，各种经济关系(如生产与消费，消费与积累，国家、集体与个人三者利益关系，各经济法人之间及其与国家的关系)，各民族之间的关系，等等。显然，这些性质各异、错综复杂的关系，是不能靠长官意志或个人权威来协调的，而必须靠正确的政策。公共政策的协调功能既可以在社会常态运行下表现出来，也可以在社会的非常态运行下表现出来。在社会常态运行下，由于社会经济、政治、文化发展的不平衡和不均衡，政策的作用就是对这些一定范围内的利益矛盾、冲突加以缓解、调和、协调，使之趋于和谐。在社会非常态运行时，即社会处于激烈变迁、转型时期，政策的作用在于重新调整、调适和规范人们之间的行为和行为关系，以保证新的体制、制度和模式的建立。例如：为协调我国文化产业区域均衡发展，鼓励东部区域文化产业的率先发展，加快中部区域文化产业的崛起，支持西部有民族特色和地域特色的文化产业发展，2006年9月，中共中央、国务院联合颁布《国家"十一五"时期文化发展规划纲要》，提出了优化文化产业布局，建设重点区域产业群，以形成我国东中西部地区优势互补、良性互动的区域文化产业协调发展新格局。2011年4月，新闻出版总署颁布的《新闻出版业"十二五"时期发展规划》提出："进一步加快建设新闻出版产业带、产业园区和产业基地，继续推动长三角、珠三角、环渤海等新闻出版产业集群、产业带建设，重点发展数字出版、版权创意、印刷复制等产业园区和基地，鼓励产业化、特色化发展，促进产业区域协调发展，提升新闻出版产业集中度。"

第二节 出版产业政策的制定与执行

政策制定是政策运行过程的一个重要的阶段，是政策科学研究的基本主题。从程序上讲，政策制定包含问题界定、目标确立、方案设计、后果预测和方案抉择等五个相互关联又相互区别的环节。它是一个分阶段，涉及很多方面复杂的活动。政策执行是政策运行过程的又一重要环节，是将政策目标转化为政策现实的唯一途径，政策执行的有效与否事关政策的成败。本节主要探讨出版产业政策的制定与执行。

一、出版产业政策的制定

大多数学者认为，政策制定是指政策形成或政策规划，指从问题界定到方案抉择及合法化的过程。

(一)基本程序

出版产业政策制定和其他政策制定一样，分为以下五个基本步骤：

第一步，问题界定。问题界定即搜集组织所处环境中有关经济、技术、社会各方面的信息以及组织内部的有关情况。通过收集情况，发现问题，并对问题的性质、发展趋势做出正确的评估，找出问题的关键。情报的收集应该尽可能全面，而且要真实，否则的话对以后的决策会有误导作用,极有可能做出错误的决策。政策问题的分析是政策制定的起点,包括了政策问题的症结分析和政策问题的原因分析。

第二步,目标确立。政策目标就是政策制定者希望通过政策实施所达到的效果。政策目标来自政策问题,制定政策的目的就是要消除产生政策问题的根本原因。因此,对问题的正确分析是制定政策目标的基础。对问题进行科学界定之后,方案规划就进入了第二阶段即目标确立阶段。

第三步,方案设计。方案设计就是针对政策问题,依据政策目标,设计实现目标的各种可能性方案的过程。拟订计划即在确定目标的基础上,依据所搜集到的信息,编制可能采取的行动方案。这时可能会有几个候选方案,决策的根本在于选择,被选方案的数量和质量对于决策的合理有很大的影响,因此要尽可能提出多种方案,避免漏掉好的方案。

第四步,后果预测。政策方案总是面向未来的,方案后果往往要经过一段时期后才能够出现,为了正确评估方案,必须对方案的后果进行科学预测,这是方案规划过程的一个重要环节。

第五步,方案抉择。在对备选方案进行后果预测之后,要对各方案进行评选,以抉择或综合出一个最佳方案或满意方案。

(二)政策合法化

政策合法化作为动词,意为"使具有合法性,给予法律力量,使具有权威性、核准或批准"。托马斯·戴伊在《理解公共政策》一书中把政策合法化分解为三个功能活动,即选择一项政策建议,为这项建议建立政治上的支持,将它作为一项法规加以颁布。彭和平认为:"政策合法化的过程是使各种拟议中的政策方案获得合法地位、具有社会权威性和约束性的过程,它包括政策法律化、政策法规化和政策社会化三个方面。这三个方面的相互结合使公共政策体系成为一个有机的整体。"我们认为,所谓的政策合法化是指法定主体为使政策方案获得合法地位而依照法定权限和程序所实施的一系列审查、通过、批准、签署和颁布政策的行为过程。所有的政策,包括中央政策和地方政策、法律和其他形式的政策,都有其合法化的过程。

出版产业政策也是如此。出版产业政策合法化是有目的的活动,其目的就是使出版产业政策方案获得合法地位,转化为合法有效的政策,具有合法性、权威性和约束性,获得人们的认可、接受和遵照执行的效力,从而使政策有效地发挥规范和指导人们行为的作用,最终实现政策目标,解决政策问题。出版产业政策合法化是政策制定过程的重要阶段,又是政策执行的前提。政策方案只有经合法化过程,才能成为合法有效的政策,制定政策的目的是通过政策执行的环节来解决政策问题。政策执行要以政策具有合法性为前提,具有合法性的政策才能取得政策对象的认可、接受和遵照执行的效力。没有经过合法化过程的政策,不具有合法性,就不能付诸执行。因此,出版产业政策合法化是出版产业政策得以顺利执行的前提。

出版产业政策合法化是一个吸收民众参与决策、加强政治沟通与协调的过程。离开出版产业政策合法化,所谓决策民主化、科学化和法制化都只能是一句空话。当前建立健全有关的决策制度,尤其是重大问题决策前经专家充分论证、重大政策通过前向社会广泛征求意见、行政机关政策文件非经法制部门的法律审核把关不予签发等实践中行之有效的制度,既是加强决策科学化、民主化和法制化的需要,也是完善政策合法化程序的重要任务。

二、出版产业政策的执行

政府为了有效管理国家和公共事务,必须根据社会政策、经济和文化发展的需要和态势,针对现实生活中的重大政策问题,及时、正确地制定政策方案。而正确的政策方案要变成现实,则有赖于政策的执行。因此,可以说,政策执行是政策运行过程的中间环节,是将政策目标转化为政策现实的唯一途径。政策方案一旦经合法化过程并公布之后,便进入政策执行阶段。政策执行是在政策制定完成之后,将政策所规定的内容变为现实的过程,是为实现政策目标而重新调整行为模式的动态过程。

(一)政策执行的环节

政策执行过程主要包括政策宣传、政策分解、物质准备、组织准备、政策实验、全面实施、协调与监控等环节。

政策宣传是政策执行过程的起始环节和一项重要的功能活动。政策执行活动是由许多人员一起协作完成的。要使政策得到有效执行,必须首先统一人们的思想认识。政策宣传就是统一人们思想认识的一个有效手段。执行者只有在对政策的意图和政策实施的具体措施有一个明确认识和充分了解的情况下,才有可能积极主动地执行政策。因此,各级政策执行机构要努力运用各种手段,利用各种宣传工具,大张旗鼓地宣传政策的意义、目标,宣传实施政策的具体方法和步骤。只有这样,才能为正确有效地执行政策打下坚实的思想基础。

政策分解就是通常所说的制订计划,它是政策实施初期的另一项功能活动,是实现政策目标的必经之途。没有一个长期的旨在取得重大成就的计划,是不能进行工作的。一般说来,一项政策的推出,往往只是指出实现政策目标的基本方向,比较抽象。要使政策执行顺利进行,就必须在这些基本原则指导之下,对总体目标进行分解,编制出政策执行活动的"线路图",明确工作任务指向,使执行活动有条不紊地进行。

物质准备是保证政策执行顺利进行的经济基础,是必不可少的环节。物质准备主要是指必需的财力(经费)和必要的物力(设备)两方面的准备。第一,管理者应根据政策执行活动中的各项开支,本着既能保证执行活动正常开展,又持勤俭节约的原则编制预算。预算报经有关部门批准后,才能执行,亦才算落实了活动经费。第二,应做好必要的设备准备,包括交通工具、通信器材设备、办公用品等方面的准备。只有做好充分的物质准备,才能为有效地执行政策提供有利的条件和环境。

组织准备是政策具体贯彻落实的保障机制。组织准备不只是解决组织形式问题,而且包括建立精干高效的组织机构,配备胜任称职的领导者和一般的政策执行人员,制定必要的规章制度,使人力、物力、财力得到最合理的利用。

政策实验是政策实施过程中的重要步骤。政策实验既可以验证政策,如发现偏差,及时反馈信息,修改和完善政策,又可以从中取得带有普遍指导意义的东西,如实施的方法、步骤、注意事项等,为政策的全面实施取得经验。那些涉及全局关系的重大政策,非常规性政策特别是带有风险性的政策,受各种因素制约、难以进行精确定量分析的政策,缺乏政策经验、结果难以预料、后果影响深远的政策,都必须经过政策实验。

全面实施是政策实施过程中操作性、程序性最强,涉及面最具体、最广泛的一个环节。全面实施政策要求严格遵循政策执行的基本原则,充分发挥政策执行的功能要素,以保证政策目标的圆满实现。

政策的协调与监控贯穿于政策实施全过程。协调工作做好了,才能使执行人员及其他有关人员做到思想观念上的统一和行动上的一致,才能保证执行活动的同步与和谐,才能提高工作效率,减少或杜绝人力、物力、财力、时间等方面的浪费。监控是政策实施过程的保障环节。在实际的政策实施过程中,常常由于政策执行者认识上的差异等原因,造成对政策理解的失当,或者由于政策制定者与执行者之间存在的利益差别的影响,往往会使政策执行活动偏离政策目标,因此必须对整个实施过程加强监督和控制,以保证政策的全面贯彻和落实。

上述诸环节构成政策执行的功能活动过程。只有每个功能活动环节都做好了,政策执行活动才能顺利进行,政策方案才能取得预期的政策效果。

(二)政策执行的基本手段

政策执行手段是指政策执行机关及其执行者为完成一定政策任务,达到一定政策目标,而采取的各种措施和方法。政策执行的每一环节都离不开一定的执行手段,政策执行手段的恰当与否直接关系到政策目标能否顺利实现。研究政策执行手段是为了更好地运用这些手段,更有效地完成政策执行任务。政策的复杂性决定了政策执行手段的多样性。

行政手段是指依靠行政组织的权威,采用行政命令、指示、规定及规章制度等行政方式,按照行政系统、行政层次和行政区划来实施政策的方法。行政手段具有权威性、强制性、对象的有限性和时效性等特点。

法律手段是指通过各种法律、法令、法规、司法、仲裁工作,特别是通过行政立法和司法方式来调整政策执行活动中各种关系的方法。法律手段所依靠的不仅仅是国家正式颁布的法律,同时也包括国家各类管理机构制定和实施的各种类似于法律、具有法律效力的规范。法律手段除了与行政手段一样具有权威性和强制性外,它还具有稳定性和规范性的特点。法律手段是政策执行活动得以进行的根本保障。依法行政、依法管理不仅具权威性,而且具有科学性和客观性。只有运用法律手段,才能消除阻碍政策目标实现的各种干扰,保障政策执行活动有法可依、有章可循,从而有利于政策的顺利实施。

经济手段运用价格、工资、利润、利息、税收、资金、罚款以及经济责任、经济合同等来组织、调节和影响政策执行者和政策对象的活动。经济手段不同于行政手段和法律手段。它不像行政手段那样是直接干预,而是利用经济杠杆作用对各个方面的经济利益进行调节来实行间接控制的。一种经济手段的变化不仅会引起社会多方面经济关系的连锁反应,而且会导致其他各种经济手段的相应调整,它不仅影响当前,而且会波及今后。

思想诱导手段是一种以人为中心的人本主义管理方法,它通过运用非强制性手段,诱使政策执行者和政策对象自觉自愿地去贯彻执行政策,而不从事与政策相违背的活动。常用的思想诱导手段有制造舆论、说服教育、协商对话、奖功罚过等。

第三节 我国出版产业政策体系

我国的出版产业受传统计划经济的影响较深,市场化程度相对于我国其他行业仍然比较低。改革开放初期,我国政府出台了一系列的政策,主要内容是突破原有计划体系的限制,逐渐允许民营资本介入出版业,建立全国统一的市场体系,如《关于报社、期刊社、出版社开展有偿服务和经营活动的暂行办法》《关于当前出版社改革的若干意见》《关于当前图书发行体制改革的若干意见》《关于调整书刊印刷企业承印范围的通知》等。20世纪90年代,《关于出版单位的主办单位和主管单位职责的暂行规定》《关于加强书号总量宏观调控的通知》等政策控制出版社及书号的买卖,提高出版质量,并推动集团化的试点工作。2000年,中共中央关于"十五"计划的建议中提出"深化文化体制改革""推动信息产业与有关文化产业结合"的导向性意见,拉开了文化体制改革的序幕。2001年加入WTO之后,中国融入全球化的进程大大加快。2001—2015年间出版产业政策体系的主要价值取向是深化出版企业的市场化改革,促进新技术手段在产业内的应用,构建科学的宏观出版管理体制和实施"走出去"战略。

一、出版产业发展政策

(一)出版产业技术政策

2001年1月,新闻出版总署发布《新闻出版行业标准化管理办法》,对标准的制定与修订、标准的出版发行与咨询服务、标准的实施与监督等做出规定,提出新闻出版行业标准化工作应及时收集、研究国际标准和国外先进标准,这是中国出版业迈向国际化的重要举措。2013年12月27日公布了新的《新闻出版行业标准化管理办法》。

2006—2010年间,我国相继出台了《互联网著作权行政保护办法》《标准网络出版发行管理规定(试行)》《互联网新闻信息服务管理规定》《信息网络传播保护条例》《关于保护未成年人身心健康实施网络游戏防沉迷系统的通知》《关于加快我国数字出版产业发展的若干意见》《关于发展电子书产业的意见》等法律法规。这些法规文件支持、鼓励和引导传统出版产业转型升级,推动数字出版产业发展。

2011年,国家质检总局、国家标准化管理委员会颁布了《MPR出版物》系列国家标准。通过推动国家标准的应用,帮助传统出版企业摆脱数字化转型过程中面临的"存量内容资源无法再利用"的困境,降低转型成本,还能推动我国数字出版业在标准战略高度上实现走出去。

2012年,我国《标准化事业发展"十二五"规划》得到进一步落实。数字出版、网络出版、数字印刷以及动漫、游戏等标准得到进一步研究和制定。

(二)出版产业布局政策

一般情况下,区域自然因素、社会经济因素、科学技术因素及地理位置因素影响区域产业布局。同时,产业布局政策也影响产业布局。产业布局政策是政府根据不同时期产业的经济技术特性、国民经济与区域经济发展的需要,在地域空间上按照集中与分散相结合的原则,对各种生产要素进行合理配置和组合的政策措施。产业布局政策一般包括经济发展、社会稳定、生态平衡及国家安全四大目标,并具有地域性、层次性及综合性等特点。

随着我国数字出版产业基地的建设和运营,目前我国已经形成以下数字出版四大格局:东部上海,建设数字出版产业高地;南部广东,自主创新技术领跑全国;西部重庆,成为"云端"下的数字出版基地;北部天津,发力数字出版薄弱环节。另外还有陕西西安、浙江杭州、湖北武汉等地的数字出版产业基地也投入运营。

(三)出版产业财政与金融政策

出版产业财政与金融政策主要包括加大政府投入、加大金融支持力度、设立文化发展专项基金、税收优惠政策等。从2001年起,《国家"十一五"时期文化发展规划纲要》(2006)、《文化产业振兴规划》(2009)、《关于进一步推动新闻出版产业发展的指导意见》(2010)、《关于金融支持文化产业振兴和发展繁荣的指导意见》(2010)及《新闻出版业"十二五"时期发展规划》(2011)、《新闻出版广播影视"十三五"发展规划》(2017)中,提出制定及完善支持出版产业发展的经济政策,设立国家文化发展专项资金和基金,加大对出版产业发展的投入,积极争取各级财政支持,采取贴息、补助、奖励等方式,支持出版产业发展。

根据国务院办公厅《关于印发文化体制改革中经营性文化事业单位转制为企业和进一步支持文化企业发展两个规定的通知》以及《关于继续实施文化体制改革中经营性文化事业单位转制为企业若干税收政策的通知》,为进一步深化文化体制改革,推进国有经营性出版事业单位转企改制,继续执行免征企业所得税。根据《财政部、国家税务总局关于延续宣传文化增值税和营业税优惠政策的通知》规定,自2013年1月1日起至2017年12月31日,专为少年儿童出版发行的报纸和期刊、中小学的学生课本、专为老年人出版发行的报纸和期刊、少数民族文字出版物、盲文图书和盲文期刊等在出版环节享受增值税100%"先征后退"的政策,免征图书批发、零售环节增值税。2012年4月,财政部出台《关于贯彻落实十七届六中全会精神做好财政支持文化改革发展工作的通知》,明确支持经营性出版事业单位转企改制,继续落实各项扶持政策并按照中央规定将执行期再延长五年。2018年6月,财政部、国家税务总局下发《关于延续宣传文化增值税优惠政策的通知》,确定自2018年1月1日起至2020年12月31日,免征图书批发、零售环节增值税,对7类出版物在出版环节执行增值税100%先征后退的政策,对2类出版物在出版环节执行增值税先征后退50%的政策。

(四)出版产业外贸政策

2001年来,我国各级政府出台了一系列政策大力推动中国出版"走出去"。2003年,新闻出版"走出去"在全国新闻出版局长会上被确定为行业改革发展的五大战略之一。2003年9月,文化部颁布的《关于支持和促进文化产业发展的若干意见》中明确提出,文化产业要实施"走出去"战略。积极争取有关部门支持,对出口的文化产品和文化服务给予优惠,在金融、保险、外汇、财税、人才、法律、信息服务、出入境管理等方面,为文化企业开拓国际市场,扩大市场份额、提高国际竞争力创造必要条件。

2003年,《外商投资图书、报纸、期刊分销企业管理办法》规定了外商投资图书、报纸、期刊批发和零售企业分别应具备的条件和申请、审批手续等。这个文件的颁布标志着我国出版物分销市场的正式对外开放。

2004年,国务院新闻办公室和新闻出版总署一起启动了中国图书对外推广计划,开始对入选图书进行翻译费用的资助。之后,《关于鼓励和支持文化产品和服务出口的若干政策》《关于进一步推进国家文化出口重点企业和项目目录相关工作的指导意见》等配套政策相继出台。

2005年7月,文化部等五部门联合颁布的《关于文化领域引进外资的若干意见》,为文化领域引进外资工作、提高利用外资的质量和水平提出了具体的指导意见。

积极实施"中国新闻出版业走出去"战略,以国际汉文化圈和西方主流文化市场为重点,大力推进出版物走出去、版权走出去、新闻出版业务走出去和资本走出去,努力提高中国出版的国际竞争力和中国文化的国际影响力。

二、出版产业结构政策

出版产业结构政策是政府根据本国不同时期产业结构的变化趋势而制定的,旨在通过产业间资源的合理配置,影响与推动产业结构的调整与优化,促进经济增长的产业政策。政策关键在于确立结构政策目标和主导产业的选择、支柱产业的振兴、对特定产业的保护支援和扶持,从而为规划产业发展的基本格局和实现产业结构的合理化奠定坚实的基础。产业结构政策的宗旨是以技术进步不断来促进产业结构的优化,一般可以分为产业调整政策和产业援助政策。

出版产业结构政策的目标是调整出版产业结构,引导传统出版走数字化道路。2003年9月,文化部颁布的《关于支持和促进文化产业发展的若干意见》中提出,"用高新技术和适用技术改造传统文化产业,培植开发新兴文化产业。大力发展音像业和网络文化业等与高新技术密切结合的新兴文化产业,引导国内软件开发商、网络运营商、内容供应商等各类企业开发具有世界先进技术水平、自主知识产权和民族特色的高科技文化产品"。2006年,国家先后公布的《中华人民共和国国民经济和社会发展第十一个五年规划纲要》《国家中长期科学和技术发展规划纲要》《国家"十一五"时期文化发展规划纲要》将数字出版技术、数字化出版印刷、复制和发展新媒体列入了科技创新的重点。2009年,国务院颁布《文化产业振兴规划》,提出要用数字技术、网络技术等高新技术来推动我国出版产业的升级,积极开发纸质有声读物、电子书、手机报、网络出版物等新兴出版发行业态。

2009年年底,数字出版总产值首次超过传统图书报刊出版物总产值,这在一定程度上也得益于我国政府给予数字出版以支持、鼓励的政策环境。

2010年,新闻出版总署颁布《关于加快我国数字出版产业发展的若干意见》,提出了加快数字出版产业发展的主要任务:加快推动传统出版单位数字化转型,加快推动音像电子出版单位数字化升级,加快推动传统印刷复制企业数字化改造,大力增强网游动漫出版产品的创作和研发能力,切实加强新闻出版公共服务项目的数字化建设,加快国家数字出版重点科技工程和重大项目建设,加快推进数字出版相关标准研制工作,推动数字出版产业聚集区建设,支持非公有企业从事数字出版活动,推动数字出版"走出去"。

2011年,《数字出版"十二五"时期发展规划》明确了"十二五"期间发展数字出版业的战略重点、主要目标和保障措施。2012年,新闻出版总署印发了《关于加快出版传媒集团改革发展的指导意见》,提出出版集团实施数字化的战略性指导意见。之后,仍旧不断有新的鼓励发展数字出版业的政策出台。全媒体出版的发展离不开出版体制变革。只有进行出版体制的变革,政府的一系列引导性、扶持性政策的绩效才能通过出版主体的不断创新显现出来。2014年,国家新闻出版广电总局出台的《关于推动新闻出版业数字化转型升级的指导意见》对传统出版如何在数字化的大环境下转型升级提出了具体的指导意见。

为鼓励新技术在出版产业内的应用,政府也出台了很多支持数字产业某一方面发展的政策。2006年,国务院颁布《关于推动我国动漫产业发展的若干意见》,该意见对于采用新技术支持动漫产业发展方面,提出了我国科技、信息产业等政府部门要加强对动漫产业核心技术的研发力度,支持其产业化发展,同时鼓励各类科研机构对我国的动漫产业提供智力支持。2010年,新闻出版总署颁布《关于发展电子书产业的意见》,提出了关于电子书产业发展的重点任务:①丰富电子书内容资源;②优化传统出版资源数字化转换质量;③搭建电子书内容资源投送平台;④提高电子书生产技术水平;⑤实施电子书产业重大项目;⑥落实电子书品牌战略;⑦培育电子书消费市场;⑧加快电子书标准制定;⑨依法依规建立电子书行业准入制度。

2013年,全国60万家农家书屋全面投入使用。每个农家书屋按照每年2000元的出版物补充更新标准,国家财政投资12亿元。2013年还建成了数字农家书屋1.75万个,其中卫星数字农家书屋超过1.5万个。数字农家书屋有效解决了报刊在偏远地区的投放问题,对丰富书屋的内容、形式有同样重要的意义。

三、出版产业组织政策

产业组织政策是政府为优化产业内资源有效配置,保证公共利益,调整和干预产业内企业间关系和企业市场行为,推动产业振兴所采取的公共政策的综合。产业组织政策的实质是协调竞争与规模经济之间的矛盾,以维持正常的市场秩序,促进有效竞争态势的形成。产业组织政策在产业内能够形成有效的竞争环境,从根本上奠定产业整体效益的微观基础,也可以充分利用规模经济,建立以社会分工协作为基础的大批量生产体系,从而提高产业整体的经济效益。我国现阶段出版产业组织政策核心目标是通过对出版单位的转企改制、组建大型出版发行集团及扶持非国有出版企业发展,打造真正的市场主体。

2003年9月,文化部颁布《关于支持和促进文化产业发展的若干意见》,提出要对国有经营性文化单位进行改革,具体措施是进行企业化改制、公司化改造,同时完善企业市场化的管理制度。2006年,中共中央、国务院联合颁布《国家"十一五"时期文化发展规划纲要》,提出要培育文化市场的主体,提高国有文化企业的市场竞争力,具体措施包括:一是推动经营性文化事业单位转制;二是加快国有文化企业公司制改造;三是培育文化产业战略投资者;四是鼓励非公有资本进入文化产业。2009年,《文化产业振兴规划》和《文化部关于加快文化产业发展的指导意见》都指出要完成经营性文化单位的"转企改制"。2010年,《关于进一步推动新闻出版产业发展的指导意见》提出要深化出版业的体制改革,推动经营性新闻出版单位转制和改制,同时完成"转企改制"的出版单位,要在企业内部建立和完善法人治理结构,实行股份制改造,以培育合格的出版市场主体。

2003年,《出版物市场管理规定》分别取消了设立出版物总发行单位、批发单位和零售单位的一些限制,同时也分别增加了一些条件,放宽了民营企业介入出版物批发、总发行的限制,为各种所有制资本和个人实行彻底的市场准入平等提供了法律保障。2009年,《文化部关于加快文化产业发展的指导意见》鼓励非公有资本进入文化产业。2010年,《关于进一步推动新闻出版产业发展的指导意见》提出要引导和规范非公有资本有序进入新闻出版产业。2012—2013年,政府出台并继续落实《关于支持民间资本参与出版经营活动的实施细则》,支持民间资本参与出版经营活动。2013年,国务院取消下放的审批事项中,出版行政审批事项占到14项,占总量的39%。其中包括取消出版物总发行单位设立审批,以后任何一家出版物批发单位均可与出版单位合作,从事某一出版物的总发行,这使得那些在市场竞争中脱颖而出的市场主体在出版物发行市场中没有准入的门槛。2016年6月1日,新的《出版物市场管理规定》施行,降低了出版物批发单位门槛,取消出版物总发行审批,取消出版物连锁经营审批,取消出版物发行员职业资格,对外资也相对放开。

 关键术语

出版产业政策 政策制定 政策执行 出版产业组织政策 出版产业结构政策
出版产业发展政策

 问题与思考

1. 如何理解出版政策的作用?
2. 试述出版产业政策合法化。
3. 出版产业政策执行包括哪些环节?
4. 试述我国数字出版产业发展政策。

发展实践篇

第十章 我国出版产业集团的发展

 学习目标

通过本章学习,应了解和掌握以下内容:
1. 我国出版产业集团化提出的背景。
2. 我国出版产业集团的发展现状。
3. 我国出版产业集团的发展战略。

进入 21 世纪后,我国出版产业面临着新的变革与更广阔的发展空间:全球化、互联网逐渐模糊了产业的边界,出版产业与相关产业发生产业融合;电子商务、大数据、现代物流改变着图书流通市场;粉丝经济、微电影、新媒体拓展了文化消费的方式。但这一时期最值得关注的还是我国出版组织的演变,其中最主要的是我国出版产业集团的发展。本章主要论述我国出版产业集团的产生与发展。

第一节 我国出版产业集团化的提出

集团化是我国出版产业发展的必由之路,是提高我国出版产业国际竞争力、迎接国际挑战的关键。自 20 世纪 80 年代以来,我国出版组织就在自愿基础上成立了跨地区的松散发行联盟,但这种集团是松散的,成员之间没有资本和行政的联结。之后是以行政区划为基础、由地方政府批准的联系紧密的出版集团,包括山东、四川、江西等出版集团,但多数以行政力量为纽带,体制和机制没有相应改变,缺少实际内容。真正意义上的我国第一家出版产业集团是 1999 年成立的由上海人民出版社、少年儿童出版社、上海科学技术出版社、上海教育出版社、上海译文出版社、上海辞书出版社、上海古籍出版社等出版社成立的"上海世纪出版集团"。那么,产业集团最主要的特征是什么?为什么我国会在 21 世纪初提出出版产业集团化?下面我们进行分析和阐述。

一、产业集团的内涵

产业是一系列相互关联的企业群体组成的经济系统。自 20 世纪 80 年代以来,全球化、信息化及知识化给许多国家及区域经济发展带来很大冲击,产业领域也日益受到政治、经济、地理位置等因素的影响,呈现出新的变化特征,如从宏观上表现为产业集群、产业融合、战略联盟、知识联盟等出现,从微观上表现为灵活的网络组织、学习型组织、企业异质能力、小企业快速的创新和反应能力、企业持续进入和退出某一产业等现象。

产业集团是社会化大生产和市场经济发展的必然产物,是现代企业先进的联合形式,是生产集中和资本积聚的最新表现。产业集团在当今世界经济发展中起着主导作用。产业集团是为了一定的目的组织起来共同行动的团体,指多个公司在业务、流通、生产等方面联系紧密,从而聚集在一起形成的公司(或者企业)联盟。产业集团是一种重要的产业组织形态。产业组织是指同一产业内企业间的组织或者市场关系,这种市场关系包括了市场主体的交易关系、行为关系、资源占有关系和利益关系。产业内企业间的组织形态是指产业组织的具体表现形式。现实中,典型的产业组织形态有纯市场形态、网络组织、战略联盟和产业集团等。这些不同的产业组织形态既根源于企业间技术关联的专业化协作程度,又取决于产业内企业间垄断与竞争的不同结合形态。一般来说,企业间竞争环境及市场需求复杂多变,生产技术和产品寿命周期日益缩短,这些推动着企业间关系从单纯的竞争关系向合作竞争方向演进,从而推动着产业组织形态从纯市场形态向网络组织、战略联盟和产业集团方向演进。

产业集团是指以资本为主要联结纽带,以母子公司为主体,以集团章程为共同行为规范,由母公司、子公司、参股公司及其他成员企业或机构共同组成的具有一定规模的企业法人联合体。产业集团具有以下五个特征:一是法人多元化的群体性。产业集团不是公司那样的单一法人经济实体,而是由多个法人组成的联合体。二是组织结构的多层次性。产业集团都拥有一定数量的各自独立的成员企业,它们之间依靠一定的经济技术关系,形成了紧密程度不同的多层次结构,由此引发企业集团的管理、控制和协调的多样化。三是组织结构的稳定性。资本联结是最基本、最主要的联结纽带,由于产业集团以资金为主要联系方式,产业集团的成员企业之间形成了经营上共担风险、利益上共负盈亏的关系,因此产业集团具有长期、稳定的特征。四是经营方针的多元化。产业集团作为一个整体,其经营方针体现出了多元化的特点。五是生产经营的国际化。随着市场竞争日趋激烈,产业集团越来越有明显的生产经营国际化的特点。对一国来讲,产业集团作为该国实力较强、优势比较明显的经济主体之一,是该国从事生产经营国际化的重要力量。

产业经济学理论认为,产业集团是企业组织制度演变的产物。与产业集群相同,产业集团也是介于分散市场和纵向一体化企业之间的中间网络组织,但它较产业集群更为紧密。早期的产业集群可能从小企业的聚集开始,随着集群的演化,中小企业之间可能会以更加紧密的企业集团的组织形式联合起来,这又促进了产业集群的发展。产业集团的产生主要基于规模经济理论。规模经济理论认为,在特定时期内,企业产品产量增加时,平均成本下降,即扩大经营规模可以降低平均成本,从而提高利润水平。兼并可以在两个层次上实现企业的规模效益,即产量的提高和单位成本的降低。兼并给企业带来的内在规模经济在于:通过兼并,可以对资产进行补充和调整。横向兼并可实现产品单一化生产,降低多种经营带来的不适应;纵向兼并将各生产流程纳入同一企业，可节省交易成本等。兼并的外在规模经济在于：兼并增强了企业整体实力，巩固了市场占有率，能提供全面的专业化生产服务，更好地满足不同市场的需要。

二、我国组建出版产业集团的必要性

21世纪初，中央宣传部、新闻出版总署要求积极推进出版集团化建设，重点培育大型出版集团，要以资产为纽带进行体制创新。到2017年年底，全国成立的出版产业集团约125家。

（一）组建产业集团是做大做强出版业的需要

从1998年开始，随着整个经济体制的市场化进程和加入WTO后国外资本进入压力的迫近，"做大做强出版业，迎接国际出版巨头的挑战"成为出版业的主旋律。随着入世过渡期的结束，中国发行领域将对外资全面开放，外国资本投资中国书刊发行领域将不受限制。中国网上图书音像零售商卓越网的股权已被全球最大的网上零售商亚马逊公司买断。而约翰·威利、培生集团、兰登书屋、哈珀·科林斯、斯普林格等出版巨头也都表现出强烈的意向试图曲线进入中国出版领域。另外，也已有一些国外出版机构开始在中国拓展电子图书市场、远程教育体系、电子期刊、数据库等新兴出版业务。国际出版巨头有强大的资金和技术优势，有丰富的市场营销经验和管理水平，它们直接或间接地进入出版领域，必将对中国出版企业构成巨大的挑战。在这个背景下，集团化发展成为出版业的应对之策，并进而成为新的中心议题。在这个思想的指导下，从1998年开始，许多省纷纷通过行政力量将本地区新闻出版系统的出版、发行、印刷、物资供应等企事业单位甚至专业学校统统整合到一起，向集团化进军。在这个过程中，一些集团上升为国家级试点集团，一些没有挤进去的集团则成为省级试点集团。1999年2月，上海世纪出版集团作为全国第一家试点出版集团宣告成立。同年12月，广东出版集团挂牌。这两家集团均是在1998年12月由新闻出版署批准成立的。到2000年年底，经中央主管部门批准，全国已有8家地方性和行业性出版集团挂牌成立。各种类型的出版集团相继建立，对我国出版业发展产生了重要的影响。与早期最大不同的是，这一阶段建立的出版集团，开始有了资产纽带。

（二）实现规模效应

按照竞争理论，企业竞争优势的获得取决于外部各种竞争力量的对比，更取决于内部资金、市场、信息、人力和管理等各种资源的合理有效配置。中国出版市场选题重复、跟风出版严重，如中国的父母历来重视孩子的教育问题，于是人人都想在教材教辅市场分一杯羹，除了正规的教材由国家规定的出版社出版外，教辅市场上的队伍"群雄云集"，大学、少儿、教育出版社自然不甘示弱，而不少文艺、科技出版社也把眼睛盯在了这块大蛋糕上，造成了从业人员以浮躁的、短线操作的心态去参与出版市场，导致出版业的无序竞争，不能形成规模效应。将单个的出版社整合成出版集团能够将外部的无序竞争转化为内部竞争，内部竞争存在优劣势的互补和协调，并促进形成新的更大的竞争优势。集团以其中某些企业的优势来抵消补偿另外一些企业的劣势,从而大大减少了各种资源运用的风险,形成优势互补关系,以达到整体经济效益。在资金方面,出版集团可以将分散的资金集中起来综合利用,获得投资的规模效益,资金调配上可以更有效地缩短周期以降低成本。

(三)国际出版产业发展的经验

集团化经营是当今出版业发展的趋势。在英国众多的出版公司中,占据核心地位的是大型出版集团,包括培生集团、里德·爱思唯尔集团、哈珀·柯林斯集团、牛津大学出版社等。据《全球出版业排名》显示,全球图书出版商50强当中,培生集团与里德·爱思唯尔集团居第一和第二名。培生集团是世界最大的出版集团,旗下拥有培生教育出版集团(Pearson Education)、金融时报集团(FT Group)和企鹅出版集团(Penguin)三个子集团,业务涉及教育、信息和大众出版等方面,在全球60多个国家和地区设有办事机构,雇员达3.4万人,并持有经济学人集团50%的股份,它以拥有最丰富的知识产权和高品质出版物而享誉世界,年销售额为70多亿美元。里德·爱思唯尔集团也是世界著名的出版公司,出版活动主要集中于欧洲和北美,出版物涉及科技、医疗、经济、法律等领域。随着这些出版集团的发展,英国出版业的实力大大增强,市场集中度也不断提高,从而奠定了整个出版业的基本实力与格局。

第二节 我国出版产业集团的发展现状

一、出版产业集团的发展规模

2002年,中央宣传部、新闻出版总署要求加速出版集团化建设进程,培育大型出版产业集团,并且通过资产为纽带进行体制改革。同年,新闻出版总署在《关于新闻出版业集团化建设的若干意见》中也提出在优化试点集团的基础上,加快新闻出版业集团化的建设。随后,它又颁布了《出版集团组建基本条件和审批程序》和《发行集团组建基本条件和审批程序》。这一系列文件的出台,基本明晰了集团化建设的基本诉求,从根本上推动了我国出版产业集团的组建。

2003年,中共十六届三中全会提出要加快文化体制改革,实现社会主义市场经济体制的要求,出版集团化成为我国图书出版业改革的重要内容之一,是提高国际国内文化传播能力的重要途径,是出版企业做大做强、成为国际一流传媒企业的重要手段。2003年,中央召开了文化体制改革试点工作会议,按照经营性出版企业与公益性出版事业单位分离的原则,在全国范围内确定了21家省级新闻出版企业为"转企改制"试点单位,实施出版单位市场化和集团化改革,实现经营性出版单位"转企改制",并在全国进行推广。2009年,对部委出版社进行改制,以专业出版社为集团发展核心,组建关于教育、科学、财经等大型出版传媒集团。到2010年年底,我国出版单位分类发展的格局基本成型,在全国500多家图书出版单位中,保留公益性质出版单位,其余所有出版单位均完成"转企改制"的重要转变,市场化为主体的出版产业集团纷纷以省为单位逐渐建立,出版产业集团在真正意义上开始走进市场化竞争行列。

据《2017年新闻出版产业分析报告》显示,2017年,我国出版、印刷和发行服务(不含数字出版)实现营业收入18119.2亿元,较2016年增长4.5%;拥有资产总额22165.4亿元,增长3.0%;利润总额1344.3亿元,增长2.7%;2017年数字出版实现营业收入7071.9亿元,增长23.6%。2017年,共有18家集团资产总额超过百亿元,其中凤凰出版传媒集团有限公司、安徽出版集团有限责任公司、江西省出版集团公司、湖南出版投资控股集团有限公司、浙江出版联合集团有限公司、安徽新华发行(集团)控股有限公司和中国出版集团公司等7家集团资产总额、主营业务收入和所有者权益均超过百亿元。

截至2017年年底,我国共有经国家新闻出版行政管理部门或省级新闻出版行政管理部门批准的出版传媒集团125家,其中图书出版集团40家、报刊出版集团47家、发行集团27家、印刷集团11家。根据国家国有资产管理委员会的基本思路,发行集团和印刷集团在所有制结构上可以保持国有相对控股或者部分采取国有参股形式,应积极发展混合所有制经济。第一,应加快集团股份制改革,规范混合所有制下董事会建设模式,同时明确政企分开、政资分离的重要性;第二,完善集团内部治理结构,形成有效的内部制衡机制,减少行政管理人员的同时积极引入职业经理人;第三,建立健全激励约束机制,并在此基础上增强企业运转活力。由于图书出版产业集团和报刊出版集团中的出版环节属于意识形态范畴,涉及国家文化安全问题,所以应当采用国有独资形式,而这种形式最好的发展方式便是直接进行市场化改造,即通过上市来实现对资本市场的依托。

二、出版产业集团上市

自从2006年10月上海新华发行集团实现借壳上市以来,截至2017年12月31日,我国内地共有出版传媒上市公司43家,其中出版公司14家、发行公司8家、报业公司6家、印刷公司10家、新媒体公司5家。

我国上市出版企业的发展规模近年来持续扩大,营业收入和净利润都保持一个稳定增长的趋势。在营业收入方面,长江传媒2016年营业收入居第一,全年收入137.89亿元,与中文传媒、中南传媒和凤凰传媒四家企业形成了稳定"百亿俱乐部"第一梯队。中原传媒、时代出版和南方传媒收入在40亿元到80亿元之间不等,城市传媒、出版传媒在总资产方面和读者传媒共同组成了第三梯队,总营业收入介于15亿元至17亿元。共有4家公司总资产过百亿元,中南传媒、凤凰传媒以及中文传媒是资产超出180亿元的大型企业集团,是全国资产排行的前三位。中原传媒以101.48亿元的资产规模位居第四,长江传媒与南方传媒也分别以97.46亿元和86.09亿元总资产紧随其后。2016年《全球出版五十强排名》中,中南出版传媒集团有限公司以28.11亿美元年收入位列第6名,凤凰出版传媒集团有限公司以27.55亿美元年收入位列第7名。可以看出我国一部分出版企业在规模上已经具备了国际竞争力。

上市给出版产业集团带来很大的发展机会。通过上市融资,出版产业可以做得更规范,打造精品,形成品牌,传承文明。对于上市出版产业集团来说,能够更直接地享受到国家政策对出版产业大发展大繁荣带来的股价上涨与市值增加的利好。出版上市集团中,无论从总市值、营业收入、利润总额来看,实力较强的都是处在产业链后端的发行集团。还应注意到,当前作为前端的内容生产环节图书出版集团而言,实力偏弱,反映出内容原创方面的不足。

三、出版产业的市场集中度

市场集中度是指规模上处于前几位的企业在生产、销售、资产和雇员等方面的累计数占整个行业的比重。一般情况下,可以计算最大的 4、8、20 或 50 家厂商市场占有率之和占全产业市场占有率之比,其计算公式为:

$$CR_n = \sum_{i=1}^{n} X_i / \sum_{i=1}^{N} X_i$$

式中:CR_n 表示四家集中度,$\sum_{i=1}^{n} X_i$ 表示四家最大企业的销售额,$\sum_{i=1}^{N} X_i$ 表示所有企业的销售额。

在产业经济学中,贝恩根据产业内前四位和前八位的市场集中度指标,对不同垄断、竞合程度的产业进行了分类。贝恩的产业结构与类型划分如表 10-1 所示。

表 10-1 贝恩的产业结构与类型划分

市场结构	CR_4 指数	CR_8 指数
寡占Ⅰ型	85%≤CR_4	95%≤CR_8
寡占Ⅱ型	75%≤CR_4<85%	85%≤CR_8<95%
寡占Ⅲ型	50%≤CR_4<85%	75%≤CR_8<85%
寡占Ⅳ型	35%≤CR_4<85%	45%≤CR_8<75%
寡占Ⅴ型	30%≤CR_4<85%	40%≤CR_8<45%
竞争型	CR_4<30%	CR_8<40%

影响市场集中度的因素有企业追求规模经济的动机和行为、产业的市场容量及规模的变化、垄断动机和垄断行为及国家政策等。一般情况下,在市场容量不变的情况下,少数企业规模越大,市场集中度越高,市场容量和规模扩大容易降低集中度。笔者收集了 2011—2015 年上市出版产业集团前八名的营业收入数据,包括中文天地、江苏凤凰、中南出版、新华文轩、安徽新华、南方出版、长江出版及时代传媒等集团营业收入,计算了出版产业集团前四家及前八家的市场集中度。根据市场集中度计算公式,计算结果如表 10-2 和表 10-3 所示。

表 10-2 2011—2015 年出版业上市公司四家集中度

年份	图书出版集团、报刊出版集团和发行集团营业收入(万元)	前四家上市出版集团营业收入(万元)	CR_4(%)
2011	20951000	2349405	11.21
2012	23339000	2836907	12.16
2013	26443000	3203396	12.11
2014	27600000	3626269	13.14
2015	29442000	4362066	14.82

资料来源:根据统计数据计算而成。

表 10-3 2011—2015 年出版业上市公司八家集中度

年份	图书出版集团、报刊出版集团和发行集团营业收入(万元)	前八家上市出版集团营业收入(万元)	CR_8(%)
2011	20951000	3448244	16.46
2012	23339000	4181583	17.92
2013	26443000	4896238	18.52
2014	27600000	5747363	20.82
2015	29442000	6909442	23.47

资料来源:根据统计数据计算而成。

整体来看,我国出版产业集团经过十几年的发展,依然没有形成在市场占有绝对领导地位的集团。2011 年至 2015 年,市场集中度虽然一直在提高,然而 2015 年,前四家出版集团的市场占有率之和仅为 14.82%,八家出版集团的市场占有率之和仅为 23.47%,远远低于发达国家。据资料显示,2015 年,法国前 10 位出版商控制了 87.5% 的市场份额;美国五大出版商控制了 80.2% 的市场份额;韩国九家大型企业营业额超过 1500 亿韩元,大都是教育出版企业;波兰收入 400 万英镑的 35 家大型出版企业市场占有率为 75%,前五家出版社市场占有率为 37%;英国五大出版企业市场占有率为 50.8%,前十大出版社占 59.8%;德国注册的出版社近两千家,但是出版市场却被贝塔斯曼、施普林格两家集团控制。按照贝恩的产业市场划分方法,无论是 CR_4 还是 CR_8,我国图书出版市场依然是竞争型市场。市场集中度越低,说明企业分散,总体资源的配置没有形成规模,条块分割严重,竞争只能停留在较低的层次上。这种局面的形成可以说是行政及区域分割的产物,也是出版资本市场不够强大的结果。

第三节 我国出版产业集团的发展战略

一、专业化与多元化经营混合发展战略

从世界经济和产业组织发展规律来看,在企业的集团化发展过程中,多元化经营和专业化

经营是其中两条并行不悖的主旋律。前者追求的是一种范围经济,通过业务匹配和功能耦合来降低成本,提高竞争力,通过多领域投资来降低风险;后者追求的是一种规模经济,通过专业分工来获得递增收益,建立核心竞争力和竞争优势,进而降低风险获取最大利润。当企业面对的是小市场、地区市场、本国市场时,企业扩张到一定阶段,只能是多元投资和经营,以获得范围经济的优势。而当企业面对的是大市场、全球市场时,就要求更加专业化地经营,由此大量的并购发生,大的跨国公司产生。现代以来,发达国家的出版企业正是沿着自我发展为主到收购兼并为主、跨行业发展为主到跨国发展为主的路径不断迈进。专业化和多元化这两种经营战略是当前世界上大多数出版集团的市场竞争行为,也是中国出版产业集团寻求发展、走向世界、取得较好效益应考虑的经营战略。

如果集团在一定时间里只是从事一种或一类产品的生产经营或服务,或只生产这些产品的部分零配件,或只完成这些活动的个别工序,就称为专业化经营战略。专业化协作是提高经济效益的要求。专业化协作生产,可以提高劳动效率,节约生产费用,提高质量,改善管理,所有这些都表现为经济效益的提高。专业化经营最根本的目的是为了在某一业务上取得竞争优势,打造企业的核心竞争力。

多元化经营,又称多角化经营或多样化经营,是20世纪50年代由美国著名战略管理学家安索夫在其"产品-市场战略组合"中首先提出的。其指产业集团不只生产某种产品,或不只提供某一种服务,而是同时生产多种产品甚至跨行业经营。根据产业集团新进入领域与原有经营领域的关系,多元化经营可划分为:①横向多元化,指企业集团经营领域扩展到与原有产品存在较高竞争程度的同类产品领域;②纵向多元化,指企业集团进入本企业所从事的生产经营活动或产品的上游产业或下游产业领域;③中心多元化,指企业集团新进入的产业领域与原有经营领域具有高度的相关性;④无关联多元化,指企业新进入的领域与原来经营行业基本上不相关。多元化战略最明显的优点是有些重要资源能实现共享,如销售网络、科研开发能力等;另一个优势便是分散风险,市场的复杂性决定了产业集团公司的投资不可能完全正确,多元化经营为分散风险创造了条件。这也就是当产业集团专业化发展到一定阶段后,必然要实行多元化战略的原因。

我国出版产业集团在近几年的发展中经营范围一直在不断拓展,内部经营结构也一直在调整。出版产业团都依据自身的优势特点,大力发展能增强核心竞争力的核心业务。将集团的有效资源集中于开发拓展某一板块的业务,体现专业化水平,使集团在这一领域中居于领先地位。从国外发达国家出版产业集团发展经验来看,全球顶尖的几大出版集团在现代出版业结构框架中都已寻找到了自己的定位,如:贝塔斯曼集团、新闻集团、维亚康姆及日本的讲谈社等是瞄准大众出版市场的出版集团;美国的麦格劳-希尔公司、英国的牛津大学出版社等是属于典型的教育出版集团,以出版教材、教育类图书为主。以贝塔斯曼集团为例,1998年购得美国大型大众读物出版公司兰登书屋,然后将其下属的、盈利能力很强的学术出版公司斯普林格进行出售,这都源于贝塔斯曼集团希望能将其精力集中在大众读物市场上。

各产业集团逐渐探索多元化经营方式，不断扩大集团的经营范围。其中，凤凰传媒扩展的领域最为广泛，企业在近几年的发展中涉足了游戏、影视等传媒行业，并且致力于软件、数据等信息业务的发展。凤凰传媒、中南传媒、中原传媒和南方传媒在发展中基本呈现出维持主业坚挺、积极探索新型业态的经营方式，四家集团出版发行业务营业收入平均占各企业总营业收入的75%以上，而其他业务占比较少。中文传媒在新型业态的发展上则有较为突出的表现。

随着数字信息技术的快速发展，出版产业集团也在不断摸索新型数字传媒业务与传统业务融合发展的经营方式。值得一提的是，中国科传2017年成功上市后，除了经营出版业务，还重点经营进口图书、期刊和电子资源以及出口业务和版权贸易等进出口业务，这也促进了我国出版企业的国际化交流与合作，拓展了海外市场，提升了出版企业的海外影响力。

表10-4列出了我国主要的上市出版产业集团主营业务分行业情况。

表10-4 我国主要的上市出版产业集团主营业务分行业情况表

企业名称	主营业务分行业情况						
凤凰传媒	出版业务	发行业务	印刷业务	游戏业务	影视业务	软件业务	数据业务
中南传媒	出版业务	发行业务	印刷业务	物资业务	报业业务	数字出版	金融服务
中文传媒	出版业务	发行业务	印刷业务	物流业务	物资业务	新型业态	
时代出版	出版业务	印刷业务	物资业务	数字出版	新型业态		
南方传媒	出版业务	发行业务	印刷业务	物资业务	报业业务		
中原传媒	出版业务	发行业务	印刷业务	物资业务			
出版传媒	出版业务	发行业务	印刷业务	物资业务			
长江传媒	出版业务	发行业务	印刷业务	物资业务			
城市传媒	出版业务	发行业务	物流业务				
中国科传	出版业务	期刊业务	进出口业务				
读者传媒	出版业务	数码产品					

二、"走出去"战略

中国出版业的"走出去"本质上是中国文化的输出。2000年10月，中共中央召开了十五届五中全会，会上通过了《中共中央关于制定国民经济和社会发展第十个五年计划的建议》，该建议首次明确提出了企业"走出去"战略，并把它与西部大开发战略、城镇化战略、人才战略作为四大新战略之一。企业"走出去"战略指的是使本国的产品、服务、资本、技术、劳动力、管理以及企业本身走向国际市场，到国外去投资建厂，去国外开展竞争与合作。企业"走出去"战略又称企业国际化经营战略、海外经营战略或全球化经营战略。"走出去"是与"请进来"相互对应的，"走出去"与"请进来"构成了对外经济开放的两个重要方面。

中国出版产业"走出去"指的是使本国的出版物、出版服务、资本、技术力、管理以及出版企业本身走向国际市场，到国外去投资创建出版社、发行网点等，在国际图书市场开展竞争与合作。中国出版产业"走出去"战略按照输出对象可以分为两大层次,即初级层次的出版物与版权输出、高级层次的出版资本输出。

出版物和版权输出"走出去"体现在:中文图书、报纸、期刊、音像制品、电子出版物通过实物贸易的形式出口到海外发行,这类中文出版物的受众大多数是海外华人和懂中文的外国人;出版物通过版权贸易和合作出版的形式,翻译成相应的外国文字在海外发行,其受众面相对于实物输出更为广泛,可以让中国出版真正进入西方的主流社会。因为任何出版物都是文化内容的承载物或者载体,出版物"走出去"的实质就是文化"走出去"。本国文化走出国门,融入世界文化,才能丰富世界文化,发扬和发展本国文化。任何一个民族都有责任和义务为世界文化做贡献,这是人类面临的共同使命和责任。

出版资本输出也就是通过投资、收购、兼并等资本运作方式,在海外经营书店、出版社,进行资本扩张;通过出版社境外上市,进行国际融资。在我国出版业转制过程中,出版资本输出,可以加强出版业的国际合作,学习西方先进的经营管理经验和操作模式。在政府的支持下,我国具有一定规模和实力的出版机构开始有计划地进入海外市场创建分支机构。2007年,中国青年出版总社投资的中国青年出版社伦敦分社正式成立,中国出版集团公司相继在巴黎、悉尼、纽约合资建立了自己的海外分公司。2008年,我国在国外投资成立的第一家医学专业出版机构——人民卫生出版社美国有限责任公司正式宣布成立。2008年,中国出版集团公司与美国百盛公司共同投资在纽约华人聚居区法拉盛开设海外第一家新华书店分店。

三、数字出版转型战略

进入21世纪以来,网络技术的兴起和应用使得网上书店、网络出版、电子书等蓬勃发展,对传统出版理念、出版流程带来了极大的冲击,掀起了一次强烈的数字化的浪潮,也给出版行业带来新的发展机会。对于数字出版的概念,学术界众说纷纭,至今仍无统一说法。数字出版英文为 digital publishing,国外称作"数字内容产业"(digital content industry)和"数字内容管理"(digital content management),包括了电子出版(电子期刊及电子书)、数字目录、数字图书馆、视频和音乐等。欧盟将数字内容产业定义为数字产品的制造、设计、管理和销售及相关技术与服务,其形态包括印刷出版、电子出版、广播和电视、电影和视频、音乐产业的私营行业,信息传播、贸易、公共广播服务的公共行业。

2005年,我国第一届数字出版博览会召开,网络原创文学、网络游戏、数字动漫出版等出版形式受到年轻一代的喜爱;移动、联通、电信三家通信企业的3G业务运营,使得手机出版形式异军突起,并迅速占领市场,以手机报和数字报为主,以其独特的优势和特色逐渐被人们所喜爱,逐渐形成商业规模。从世界范围看,2008年,电子书发展迅速,亚马逊推出的电子书阅读器 Kindle 销量达到40万台。2009年,在线阅读、手机阅读、手持式阅读器阅读等方式的数字图书阅读开始普及,国民各类数字媒介阅读率达到24.5%;2013年,数字化阅读方式的接触率达到了50.1%。阅读方式的改变直接带动了数字出版的发展。我国市场上也有多款电子书阅读器销售,出版商将更多的电子书产品则瞄准了手机用户,苹果的 iPhone 持有者,利用免费阅读软件,下载并浏览成千上万的电子书。

数字出版的主要特征是内容生产数字化、管理过程数字化、产品形态数字化和传播渠道网络化,它结合了传统出版的内容优势和现代信息传播的技术优势,一出现就发展迅猛。自 2006 年以来,我国数字出版连续 10 年以两位数增长,尤其是 2007、2008、2009 三年,增长率分别为 70.2%、68.0%、50.6%。2015 年,数字出版总收入达到 4403.9 亿元,是 2006 年的 20.7 倍。2016 年中国(深圳)国际文化产业博览交易会上,数字出版展出面积超过 5000 平方米,14 个国家数字出版基地的 194 家企业参展,集中展示了我国出版领域的新业态、新理念、新技术、新产品和新成果。2017 年,数字出版实现营业收入 7071.9 亿元。

信息技术、数字技术和网络技术的革命对出版业带来巨大的冲击,促进了传统的传媒、电信、出版三大产业出现融合现象。这一转变使得三大产业必然产生资源相互整合的要求,而以企业并购重组为主要表现形式的三大产业间的资源整合在发达国家已经深入展开。事实上,经过多年的企业重组和业务整合,发达国家传媒业、出版业的巨头已经初步完成了这种整合和重组,实现了自身业务发展和经营模式同信息技术革命的有机匹配和契合。值得我们注意的是,这种资源整合很大程度上是在全球范围内得以完成的。然而,对中国出版业来说,这种资源整合还没有真正发生,中国的数字出版虽然正在迅速发展,但是整体的商业模式尚未形成,还处于探索阶段,短期内难以为中国出版业的发展提供强大的发展动力和增长空间。因此,如何通过全球化的途径实现数字出版的突破也是中国出版业面临的重要挑战。

面对全球化的挑战与机遇,国际出版企业的跨国发展实践已经带给中国出版企业丰富而有益的启示,同时出版的全球化和数字化趋势也对中国出版企业的战略转型提出了更高的要求。20 世纪 90 年代中期,数字化进程的加速和互联网的迅猛扩张,各种类型的数字化业务平台不断涌现,导致了"内容产业"这个新的产业概念的出现,这使得建立在网络基础上的大规模个性化定制成为可能,新的商业模式逐步形成,而国际出版产业也经历了一次席卷全球的收购兼并浪潮,出版全球化的进程迅猛加速。

 关键术语

出版产业集团　规模经济　行政垄断　市场集中度　兼并　多元化战略　走出去战略　数字化战略

 问题与思考

1. 试述我国出版产业集团的发展现状。
2. 试述我国出版产业集团的发展战略。

第十一章 我国民营书业公司的发展

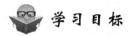学习目标

> 通过本章学习,应了解和掌握以下内容:
> 1. 我国民营书业公司的发展历程。
> 2. 我国民营书业公司的发展现状。
> 3. 促进我国民营书业公司发展的对策。

为了激发全民族文化活力,建设中国特色的社会主义文化,推动社会主义文化大发展、大繁荣,中央要求努力构建多种所有制形式共同发展的健康有序、繁荣稳定的出版物流通大市场。从 20 世纪 80 年代开始,我国民营书业公司出现并从专门的图书营销多方位参与到图书策划、编辑领域,现已成为我国出版产业的重要组织形态之一。本章主要阐述我国民营书业公司的发展历程,从经营规模、经营范围及经营优势等方面分析其现状,最后探讨促进其发展的对策建议。

第一节 我国民营书业公司的发展历程

改革开放以来,我国民营书业有了很大的发展。从经营规模看,已从小书摊发展到大书店;从经营项目看,已从单纯的零售发展到二级甚至一级代理发行;从经营内容上,已从单纯的图书销售、发行介入到图书的选题策划环节。梳理我国民营书业公司的发展,从中华人民共和国成立至今,我们可以将其划分为以下几个阶段:

一、严格管制阶段(1949—1978 年)

中华人民共和国成立以前,我国民营书业主要集中在上海。据资料显示,在其发展的鼎盛时期,上海市有各类出版机构接近 400 家,包括著名的北新书局、创造书店、新月书店、生活书店和新知书店等,上海也由此而集中和涌现了一大批作家和出版家。1951 年开始,我国政府开始对出版业进行整顿和改造,参照苏联的出版管理模式,对出版单位实行审批制,严格控制新建出版社。到 1956 年,我国出版业的社会主义改造基本完成,除少数几家宗教性质的出版社以外,其他出版社全部改造完毕。至此,民营书业公司作为一个独立形态不复存在了,仅有

少部分私有资本以股份的形式留存在实行公私合营的出版社内,这些资本只参加分红而不参加管理。1957年以后,随着一系列政治运动的开展,仅存的私有资本陆续退出。由此,我国出版业呈现出单一的公有制形态,也形成了完全的行政垄断状态,突出及强调出版的政治服务功能,忽略了出版的其他功能。出版社的设立依照主办部门和地区的行政级别,属于公共事业组织,政府支配出版社的资金调拨、生产计划、要素流通及人事安排,出版社靠系统内出书、行政摊派、公费购买能够良好运营,这一时期不存在真正意义上的出版企业和出版产业。

二、起步阶段(1979—1991年)

1979年到1991年是改革开放以后民营书业公司发展的第一个时期。1979年12月在长沙举行的全国出版工作座谈会,首次提出"出版体制改革",会议明确提出"出版体制改革"和在图书出版业中"按经济规律办事"的概念,当时讨论的主要对象就是民营出版。1979年以后国家开始逐步放开图书发行领域的零售环节,民营图书零售业开始出现并且得到快速发展。1988年国家对"二级批发权"的放开进一步促进了民营书业公司的发展。在图书策划环节,起先为了解决学术图书"出版难"的问题,国家允许出版社调动社会资源"协作出版"图书,于是开始出现社会人员参与图书策划和编辑之端倪。随着民营图书零售网点的增多和第一批民营图书出版业从业人员对图书市场规律的熟悉和把握,一部分人不满足发行环节的有限利润,开始向上游的图书策划编辑环节渗透。第一个时期在没有宣传营销的条件下出现了一大批畅销书,策划的图书产品类型多为通俗小说,内容涉及政治、武侠、言情、军事和娱乐等题材。这一时期,民营出版仅仅是国有出版业的"补充",国有出版业无论是政治地位还是产业份额都占有绝对的优势地位。

三、快速发展阶段(1992—2008年)

民营书业公司的第二个时期是从1992年邓小平"南方谈话"开始,由于前一时期国家政策的影响,民营书业公司从业者对行业的未来普遍持犹疑态度,因此经历了数年的观望期和启动期。1995年以后,民营书业公司在图书策划编辑环节开始活跃起来。一些民营文化公司陆续推出了一批具有较大社会影响的图书。同时,一批从事教育出版和大众出版的民营文化公司因为在市场上的优异表现开始形成品牌。这一时期民营出版继续凭借灵活的经营机制和高涨的创业热情,在我国图书出版市场整体向好、国有图书出版业转型不力的条件下获得质的发展,积累了管理经验和产业资本。随后,党的十四大确立了社会主义市场经济体制作为改革的目标取向;党的十六大报告将文化领域划分为文化事业和文化产业两个部分;十六届三中全会又进一步对公益性文化事业单位和经营性文化产业单位分别提出了深化体制改革的任务,使人们进一步明确了对出版业的地位与功能的认识,从而以发展为主线,深化了出版体制改革,解放和发展了出版生产力。2003年,新闻出版总署、对外贸易经济合作部联合发布《外商投资图书、报纸、期刊分销企业管理办法》,规定了外商投资书、报、刊批发和零售企业分别应具备的条件和申请、审批手续等。这个文件的颁布标志着我国出版物分销市场的正式对外开放。随后,新闻出版总署颁发了《出版物市场管理规定》,是对1999年发布的《出版物市场管理暂行规定》的全面修订。新规定分别取消了设立出版物总发行单位、批发单位和零售单位的一些限制,同时也分别增加了一些条件,特别是放宽了民营企业介入出版物批发、总发行的限制,为各种所有制资本和个人实行彻底的市场准入平等提供了法律保障。这个规定的实施,标志着我国出版物发行业进入全面开放时代。

四、稳定发展阶段(2009年至今)

民营书业在资本力量、市场本性和政治经济与社会需求诸多要素强有力的牵引下,在横向和纵向两个方面实现迅速扩张。横向是指一些民营书业公司在期初创立自己的品牌,然后经营品牌,延伸品牌,通过特许加盟和连锁经营的方式,来扩大自己的营销规模和市场份额。纵向是指产业链的纵向延伸,从书店直接发展成民营文化公司,以选题策划及编辑业务为龙头,形成自己统一的出版发行网络。就出版业务来说,民营出版公司一般以文化工作室、文化公司的名字存在。民营书业经营范围受政策限制,不拥有法定的出版权,但可以通过正当的手续注册经营,以合法合适的方式与国有出版企业合作,参与图书的策划和出版运营。2009年,新闻出版总署出台了《关于进一步推进新闻出版体制改革的指导意见》,提出要加快培育出版传媒骨干企业和战略投资者,首次正面肯定了非公有资本,肯定非公有出版工作室是一种新兴的文化生产力,鼓励和支持它们以多种形式进入政策许可的领域;并且第一次提出了要积极探索非公有出版工作室参与出版的通道问题,第一次提出要鼓励国有出版企业在确保导向正确和国有资本主导地位的前提下,与非公有出版工作室进行资本、项目等多种方式的合作,为非公有出版工作室搭建发展平台。这是民营出版首次获得官方的认同,政府将其提升到"新兴的文化生产力"高度。这也在一定程度上结束了民营出版持续近二十年的地下状态,给予民营出版公司合法身份。2009年7月22日,国务院讨论并原则通过《文化产业振兴规划》,要降低准入门槛,积极吸收社会资本和外资进入政策允许的文化产业领域。2009年10月,《文化部文化产业投资指导目录》出台,允许社会资本进入我国图书出版业。这些政策的出台为民营图书出版业的发展奠定了一个良好的政策环境。

总的来看,改革开放以来,我国民营书业公司经历了从"拾遗补阙"到"不可或缺",从经营混乱到规范有序的过程。20世纪80年代初期启动的出版体制改革,其改革的逻辑起点是为了解决在出版发行领域存在的"出书难、买书难和卖书难"的"三难"问题。时逢我国的经济体制由计划经济向市场经济过渡,出版业内部不可避免地受到市场规律的作用。国有出版业由于受到诸多历史因素的影响,未能及时适应环境。民营出版因其天然的市场特质适应了市场转型,获得了快速发展,逐渐从国有出版业的从属地位发展为竞争关系。

第二节 我国民营书业公司的发展现状

民营书业公司的出现,增加了图书品种,调整了图书出版结构,使我国图书出版业的生产和流通更贴近市场。民营书业公司使得大众图书出版获得迅猛发展,甚至专业出版领域也涌现出一批策划和市场运作能力强的民营书业公司,给我国出版业带来了活力。从民营书业公司诞生开始,它就具有天然的市场化取向,在很多方面都有令人称道的创新作用、示范作用和实验作用。如今,民营书业公司已经成为我国出版产业重要的组成部分,对于加速我国出版产业体制转型起着不可忽视的作用。

一、民营书业公司的规模

关于民营书业公司的具体规模,目前没有统一的统计数据。从2003年开始,中国出版科学研究所连续出版《中国民营书业发展研究报告》,这也是我国唯一由国家级科研机构正式发布的关于民营书业整体发展的报告。在2003年的报告中,分析了民营书业的现状、经营优势、历史作用以及制约发展的主要问题,提出了民营书业的发展前景和政策建议,但对民营书业的描述还主要是在图书发行层面。2004年、2005年、2007年都有研究报告,但也都只是定性地描述了民营书业的规模。2009年的报告中指出,2009年全国民营书业机构操作的图书品种占了全部品种的三分之一。在教辅书领域,年销售码洋超过2亿元的已经有20多家;约占全国45%的北京民营出版机构,年策划出版图书近5万种,约占北京地区出版图书总量的40%,策划的畅销书约占市场份额的40%。这也从一定程度上反映了在非国有体制下的出版公司中由于体制更能调动从业者的积极性,他们以极大的工作热情和高效的运行效率,密切关注市场的变化,捕捉市场需求,寻求具有畅销潜力的大众读物。

《2016中国民营书业发展报告》指出,国家继续实行出版物出版环节增值税先征后退,扶持实体书店、对外专项出版权等政策之后,2016年我国的民营书业以高昂的态势向前发展。根据国家新闻出版广电总局公布的统计数据,截止到2015年年底,全国新闻出版企业法人总数是14.7万家,比2014年减少了1800家,而民营企业的总量不降反增,比2014年增加了1400家,民营书业的企业总数已经占到全国新闻出版企业总数的84%。从印刷业务来看,2015年,民营书业企业的营业收入超过万亿元,已经占到全国印刷业的88.6%;民营书业的利润增长超过9%,利润总额已经占到全国印刷业总额的89.6%。从发行领域来看,2015年民营书业的发行收入为2186亿元,增速超过10%;民营书业的发行收入已经占到全国发行业收入的67.6%,利润总额也占到全国发行业的67.4%。从亚马逊、当当等几个大型图书销售网站和图书消费排行榜来看,2016年,我国民营书业在大众阅读、教材教辅等领域,都取得了长足的发展。

《2017中国民营书业发展报告》显示,截至2016年底,全国共有14.9万家新闻出版企业法人单位,其中民营企业12.73万家,占到全国的85%。2017年,4家民营书业公司实现上市。民营非上市公司扩充IP库、进军影视开发的计划也获得了资本支持。在听书网站中,影响较大的基本上是民营企业;在互联网知识服务中,民营企业也占据了市场先机。报告还显示,2016年,网上书店销售额首次超过实体书店,2017年网上书店势头依然不减,实现了25.82%的增长,其中第三方平台业务是网上书店中规模最大、增长较快的部分。京东、当当、亚马逊三大图书平台1902家书店,淘宝网2.9万家淘宝书店(包括3000多家天猫书店),绝大多数是民营书企。2017年,实体书店一举扭转负增长态势,实现了2.33%的增长,这其中在实体书店中占绝大多数的民营书店发挥了重要作用。西西弗、言几又、钟书阁、方所、先锋书店等品牌民营实体书店进入大众视野,其连锁经营势头猛增。

二、民营书业公司的经营范围

从20世纪90年代开始,由于民营书业公司经营范围受政策限制,不拥有法定的出版权,但可以通过正当的手续注册经营,以合法合适的方式与国有出版企业合作,参与图书的策划和出版运营。政府禁止民营书业公司涉入出版某些教材、党政文件等,所以民营书业公司经营范围主要集中在两大领域:一是教育出版,二是大众出版。早在20世纪90年代,在大众出版和教育出版领域,民营书业公司由于其重视品牌经营、发展专业特色等优势,在策划图书在数量上已超过了"半壁江山",而在质量上也攀到了"金字塔"的顶端。在教辅方面,许多知名品牌很多都是由民营公司策划的,如金星书业的"教材全解"、志鸿教育的"优化设计"等。它们在选题研发上成立了自己的教育研究院所,系统研发确保图书质量;在渠道建设上,逐渐形成较有特色的渠道模式,如金星的省级代理,志鸿的直销优势,江苏春雨、世纪捷进等探索的渠道扁平化以及全品的半封闭式销售等。在数字出版的今天,民营书业公司对于在线教育与数字出版的探索一直领先。世纪金榜早在2007年就打造出了世纪金榜教学资源网,运行十余年来,提供海量优质教育资源,供用户免费浏览、下载,日在线稳定保持于70万人次;他们还率先推出教学课件光盘、互动教育平台、智能题库组卷软件,成功研发出智能教学E课堂系统,首创音视频富媒体、扫码扫图技术,大力推动了教育教学的现代化进程。江西金太阳教育研究有限公司是一家运营20多年的企业,其编写的金太阳系列丛书、金太阳系列试卷在全国影响深远,最近几年发展势头愈来愈好,保持着十足的发展活力和创新力,其开发的"知心慧学"提分宝、Sunclass智慧课堂、3D打印等产品,效果很好。

近年来,随着多项支持民营书业公司的政策颁布实施,如对外专项出版权、制播分离等政策,理顺了民营书业与国有书业的关系,也奠定了民营书业的信心,鼓舞更多的民营书业参与到出版产业当中来。在大众出版领域,很多民营公司策划出版了许多畅销图书,如《巨人的陨落》《岛上书店》等。在教辅出版领域,数字化已经成为一种标配,数字化已经全面渗透到了整个教育出版的产业链,从产品策划到制作,很多图书已经加入了二维码;民营书企纷纷开发数字化教材教辅,提供线上线下的辅导,新兴的民营教育公司已经进入数字教育领域,数字教育已经成为投资的热点。更值得关注的是,最近几年民营书业企业更加主动参与到主流文化建设中来,在主题出版、出版走出去等方面加大力度并取得显著成效。例如:求是园文化公司在面向"一带一路"国家的选题策划方面力度很大,每年的丝路书香出版工程评审中,他们都有多种图书入选;新经典策划的反腐小说《人民的名义》广受好评,纸质图书年销售过百万,电子书点击过5亿人次;北京时代华语图书公司把中国的主题图书在美国出版,起到了重要的作用;世纪金榜的中国梦系列连环画,把古今中国的杰出人物用连环画的方式,向青少年进行普及,也取得了很好的效果。有的民营书业企业在东南亚国家建立华文书店,把中国图书推广出去;互联网文学在美国、东南亚都有广泛的影响,晋江文学、17K等在走出去方面取得可喜成就。还有很多的民营书业企业,出版了多种形式的宣传社会主义核心价值观、传播正能量的出版物。

从发行领域来看,对民营发行的门槛进一步放宽,借助对全民阅读的倡导,以及中央财政资金的支持和地方政策的扶持,一批特色品牌实体书店通过转型升级也逐渐走向复兴。2016年,中宣部等11个部门联合印发了《关于支持实体书店发展的指导意见》,北京、上海、安徽、江苏等多地也出台了落实这一政策的具体实施办法。以北京为例,北京市将实体书店扶持资金纳入到了北京市的"十三五"规划,计划在5年内扶持400～500家具有较强社会影响力的实体书店,投入资金总额超过1亿元,2016年已经投入了1800万元,对71家实体书店给予了扶持。国家政策的落地,坚定了民营资本投入实体书店的意愿,也掀起了实体书店转型升级和扩张发展的热潮。据不完全统计,最美书店钟书阁2016年在上海开了4家连锁书店,在读书日当天,钟书阁一天营业收入超过10万元;国内最大的民营连锁书店西西弗,2016年开了40家连锁店,年营业收入超过了3亿元。2016年,我国微信用户超过了10亿,移动用户端超过了8.5万个,因此社群营销已经成为图书销售的黑马。

在产业融合的背景下,泛出版、泛娱乐已经成为民营书业公司发展的一个重要方向。随着互联网的发展,许多业态之间的横向交叉融合也已经加速,产业界限进一步模糊,已经形成一种新的业态格局,泛娱乐、泛教育、泛文化,乃至泛出版的概念随之出现。多数民营教辅出版企业的投资,比如向少儿扩展,或者向物流、印刷办公产业园区扩展,但是在2016年,很多企业向泛出版、泛教育领域发展,一些民企投向了教育信息化,包括教育硬件、教育软件、教育装备等方向,从教育出版商向教育方案和教育产品的提供商转变。比如,金太阳教育地产初具规模,通过打造名校,提升地产的价值。还有一些民营企业开始做天使投资。2015年被称为IP元年,大众出版的民营书企以IP为中心向泛娱乐化方向发展,如磨铁、新经典、凤凰联动、读客等都在积极布局影视业、游戏产业。

三、民营书业公司的经营优势

与国有图书发行业相比,民营书业最大的优势是体制方面的特点。除少数民营书业企业是股份制或股份合作制外,绝大多数都是个体私营企业,由于产权明确,因此在经营中能完全以效益最大化为目标,经营者的积极性更高。民营书业公司依照市场规律,不断走细分路线,向特色经营发展,并依照资本向利润而流动的本性,采取各种方式间接进入图书出版相关环节,以获取更高的利润。这样,民营书业逐步分化成了书商、批发商、零售商,从而形成了独立于国有书店之外的产、供、销产业体系。灵活的运行机制,使民营书业策划出了不少全国性图书营销的大动作,催生出了许多图书市场的热点。发展至今,民营书业担负着全国相当比例的畅销书策划职能。在一般图书销售中,体制方面的特点还使民营书业在企业内部经营管理上更加讲求效率与效益。虽然大多数民营书业还囿于企业规模与发展水平,无法真正建立起现代企业制度,形成科学规范的管理体系,但是,在市场经济中成长起来的民营书业却天然地更易于按照市场规律,形成市场化的用人、劳动、分配机制,能按照企业的发展需要进行有效的人员配置,能形成多劳多得的业绩考核激励机制。这套企业机制使企业的效率和效益都更高,更具有市场生命力。

体制方面的特点使民营书业对自身扩张壮大的积极性也非常高,他们一旦业务确定以后,就会尽一切力量努力做强做大,形成规模。而且在做强做大的过程中多不会盲目行动,而是根据市场的需求进行扩张。由于民营书业企业在生产关系方面显示出所有制关系明确、所有者权益清晰的主要特征,因而能有效地反作用于生产力范畴中人的要素,作用于人的要素中的管理者、经营者诸要素,使得管理者、经营者非常明确投入与产出之间的函数关系,并能最大限度地减少投入,增加产出,获取投入与产出的最佳比;因而其具有较为充分的创业精神和较为持久的财富积累冲动,以及扩大再生产的不懈追求。这就成为所有民营书业企业在经营中诸多积极性特征和产生诸多正效应的总发端。

由体制特点决定的高质量的服务态度首先是在卖场设计上对读者所具有的亲和力。宽敞明亮的厅堂、柔和的背景音乐、畅销书排行榜、阅读及休息等功能区的划分,这些在我们今天看来已是习以为常的东西,最早正是从民营书店中一点一滴地萌芽。其次,民营书店在"软件"服务上真可谓用心良苦,至今仍让国营书店难出其右。比如组织各种签名售书、专家讲座、学术研讨等都是他们的拿手戏。

资料链接

诚品书店

一家民营书店能开到吸引游客、增加外汇收入、刺激经济、提升形象的地步,放眼全球,除了中国台湾地区的诚品书店,无出其右。诚品成为台湾文化提升的指标,还一度引起艺文界探讨"诚品现象"。这家台湾本土自创品牌,跟一般印象中的传统书店迥然不同。一踏进诚品敦南店大门,就可以嗅到书店内附设雅座所飘逸的浓浓咖啡香,伴随着书香,两种香气在空气中奇妙结合,散发出迷人的气息。明亮、开阔的空间,具有欧洲图书馆风味的书城,空间对称而有层次,连贯中有区隔,一反传统书店的沉闷与规格化,以沉稳、优雅、温馨的色系,作为其装潢特色,创造出充满人文艺术气质的氛围感受,让每个人一进入诚品书店,就不自觉地轻声细语、放慢脚步。

诚品植根于推广阅读、激发创意、深耕文化、提升心灵的理念。成立三十年以来,在空间规划、图书品种、艺术文化活动推广以及经营模式上,努力创造出既具本地特色,又具国际视野的文化景观。书店与社会的脉动紧密结合,持续邀请文化创意界与学术界人士参与讲堂、展览、座谈、出版等各项文化活动,积极与国际策展团队、艺术家、出版界交流合作,开创出独具人文创意且具执行绩效的经营策略,成为亚洲地区具有影响力的文化企业之一。

创立诚品的吴清友出生于台南县将军乡最西边的贫穷渔村马沙沟,父亲吴寅卯是家族中第一位受高等教育的人。吴清友由于有先天性心脏扩大症,不必当兵,从台北工专毕业后,他进入专卖观光饭店餐厨设备的诚建公司,从业务员做起。31岁,接下该公司的全部股权,业务蒸蒸日上,占有台湾大型观光饭店80%的市场。当时台湾高级饭店已趋饱和,诚建的发展也到了极限,吴清友转而全力经营诚品。1989年3月,吴清友创立了以建筑、艺术书籍为主的诚品书店。1991年扩大营业,综合书区、艺文空间与画廊的组合,建立了台湾书店经营的里程碑。由于诚品书店独特的定位与经营者对理念的执着,让爱书人眼睛为之一亮,开业后很快就在市场上树立起广泛的知名度,媒体争相报道这家风格出众的书店,很多人惊讶台北竟然会出现这么高水平的书店。

诚品的发展策略打破了传统书店的经营模式,先由品牌奠定成功基础,再带动商场、书店与零售的"复合式经营",使书店不只卖书,而是包罗书店、画廊、花店、商场、餐饮的复合组织。

诚品将书店定义为多元的、动态的文化事业,而非零售业,它在活动行销上的创意,更是其他连锁书店望尘莫及。除了以精致优雅的阅读空间规划、精心陈设展现阅读价值外,更长期举办各项演讲、座谈、表演与展览等延伸阅读活动,每年至少举办4500场演讲与展览,范畴遍及文学、戏剧、环保、舞蹈与美术,开创了书店与读者各种对话的可能。

诚品力图营造阅读空间与阅读心情,其书柜面板保持15度倾斜,体贴读者,书架上的书伸手可及,或站或坐,随你高兴。一位爱逛诚品的人士指出,诚品书店让书店不再只是购书地点,而是可以悠然流连的书香世界。

书种的组合更是诚品的经营特色。"诚品畅榜"定期向读者推荐一些有点冷门的好书,即使已在书架上睡上3个月的书也不把它送入仓库,这就是诚品与传统书店的差异,并为爱书者称道之处。事实上,这种看似逆势操作的手法,在诚品悉心规划下,一些冷门书往往也大爆冷门,销售奇佳。吴清友表示,畅销书也许周转率高,可以带来很高的利润,却不是他的经营重点。"好书不寂寞"才是他们努力的目标。

此外,诚品首先打破传统的图书分类,从早期便创新类别书区的规划及平台陈列方式,进而带动出版新象。如别具特色的性别研究、台湾研究与自然生态环保等,逐渐开发了许多台湾先前尚未成熟的出版书种。

"因地制宜"的经营方式是诚品另一项创新,诚品每家分店的设立,都会依当地的人文色彩与生活风格,设计出各异其趣的陈设风格与书籍内容,也做到区域结合的特色。如在青少年聚集的台北西门町,就多摆了漫画与罗曼史的图书区;天母店即注重休闲、旅游与家居书籍;而中南部分店则是增加了中文书籍的比重。

诚品最大创新是翻新了"书店"的经营概念,将书店提升为新文化的休闲场所,尤其自 1999 年 3 月起,面积约 1653 平方米的诚品敦南店,将营业时间开放为 24 小时。这项极为创新的经营举措,受到热烈的回应,夜猫族不再无处可去,满足了现代人生活的多元需求。

当书店里不只是书,还包括人文、创意、艺术、生活的精神,它就不再是只买书付钱就走的地方,这便是诚品的迷人之处。可以预见,飘散书香 30 年的诚品将继续散播丰富的阅读文化,用书店攻占人心。

第三节 促进我国民营书业公司发展的对策建议

为促进我国民营书业公司发展,应从政府、民营书业公司及社会三个方面着手。

一、政府层面

(一)完善对民营书业公司的管理政策

目前,民营出版公司还没有被纳入国家和地方的出版行政管理机关的日常管理之中。尤其是民营出版公司的出版策划、销售等数据,不向国家和地方出版行政管理机关上报,导致国家对民营出版的监管力度不够。建议国家出版行政管理部门尽早出台民营出版公司管理条例,将民营出版纳入出版行政机构的日常管理范围,在民营出版公司的人员培训、出版资格认定、职称评定、责任编辑注册、出版物质量的检查和监管、出版数据的规划及统计等方面提供服务,为民营出版公司的健康成长创造有吸引力的政策环境,为民营出版公司的顺利发展保驾护航。

(二)制定相关经济激励政策

国有出版社和书店享受着国家给予的各种优惠政策。如出版社可以申请国家的各项出版基金或补助,可以免费获得书号;县及县以下的新华书店和农村供销社在本地销售的出版物可以免征增值税,部分新华书店在转企改制后可以免征企业所得税、出口退税等。而这些是民营出版业不可能获得的。在编辑领域,因民营出版公司暂不可能获得出版许可证,建议可由与之合作的出版社代为申请各项国家优惠政策。在销售领域,对国有书店和民营书店要一视同仁,让民营书店也享受国有书店的各项优惠政策。鉴于近年来实体民营书店的生存状况变差,而实体民营书店在文化建设中具有不可取代的独特作用,建议国家出台相关政策,对实体民营书店采取减税或免税的政策,并对有特色的实体民营书店给予资助、贴息、经济奖励等措施,帮助实体民营书店发展。

二、企业层面

(一)突出主业

在多元化的经营中,实体书店的主业功能有弱化的趋势。实体书店转型升级的过程当中,一些有担当、有情怀的民营企业家坚持以图书销售为主、以阅读为主,以其他业态为辅,实现了社会效益和经济效益的双丰收。但也有个别书店把卖书当作辅业,图书销售只占很小的比例,少卖书,甚至不卖书,弱化了自身文化服务功能,违背了开设书店的初衷。民营书业业态升级、业态多元化,只有坚持主业为主,才能真正发挥民营书业在文化建设中的重要作用。

资料链接

新经典

纵使新经典本身早就是中国书业最具传奇色彩的民营图书公司之一,登陆主板的这个瞬间注定会载入中国出版史册中,因为它标志着我国首家主板上市民营书企的诞生,对于从夹缝中艰难求索的民营书业而言,这声锣鸣或许意味着曙光的到来。

IPO前夜,新经典文化传媒有限公司董事长陈明俊在答谢晚宴上分享了公司创立的初衷:和更多的人分享阅读的快乐。"我们希望通过自身的专业和努力,让《平凡的世界》《撒哈拉的故事》这样的华语文学经典重新焕发活力,让《百年孤独》《爱心树》《窗边的小豆豆》这样的海外经典作品进入读者视野,发现《解谜》《第七天》《人民的名义》这样的当代优秀作品,把有趣、有益、值得反复阅读的好作品送到更多读者手中。"他还指出,新经典15年来一以贯之的"既畅销又长销"的品牌战略,受到了业内与读者的高度评价。

成功IPO之际,新经典也公布了新的企业Logo,首次亮相的外文名"THINKINGDOM"预示着今天的新经典确已成长为一家覆盖多个出版领域,服务读者超过两亿人次的思想乌托邦。那么这家以出版经典文学图书为宗旨的民营书企究竟是如何一步步成为如今优质内容的发现者、创造者、守护者的?

麦家是严肃文学圈里最早与民营图书公司合作的作家之一,其作品曾与多家知名民营出版商有过交集,而在他看来,陈明俊与他掌舵的新经典确实是一朵"奇葩"。"明明可以做航空母舰,新经典非要当'核潜艇'。一直很低调,一直专心做事,但手上的版权与作品的质量有目共睹,经典二字堪称'名至实归'。"

作家颇为看重的,首先是新经典十余年如一日的坚持,"政策有冷暖,但无论外界环境如何变化,陈明俊始终那么安静和内敛,公司终于越做越强大、越迈越坚实"。他还指出,在这个喧嚣的时代,许多书商过分看重商业价值,炮制了太多一夜爆红,又一夜消失的书。而新经典与陈明俊并没有被环境裹挟,而是选择把冷冷清清的文学出版做得红红火火,这"不但需要眼光,更需要情怀"。对于这样一家与众不同的企业,麦家"不仅喜欢,还由衷地敬佩",因此他最终选择将自己的作品版权交付新经典,从读者摇身一变,成为新经典作者库中的一员。

(二)注重出版精品

民营书企在内容建设方面要有担当,网络文学更是如此。目前,经典丛书重复出版的现象仍然十分严重,这不仅造成了社会资源的浪费,也损害了民营书业的形象;严重依赖版权进口,在少儿图书领域也比较明显。要改变这一现象,民营书业要有责任担当,要重视原创,要重视品牌打造,发扬工匠精神,不盲从,也不盲目,生产更多的精品力作。2016年,网络文学发展非常迅猛,成为IP的重要摇篮。但是网络文学领域质量参差不齐,精品力作虽然也有,但是粗制滥造的情况也不缺乏,还时常引发版权纠纷,严重影响了网络文学自身的发展和社会对其的认知。要促进网络文学健康发展,一方面政府要加强监管,另外一方面民营企业要加强自律,要以为读者提供优质的内容为根本原则,只有坚持社会效益,才能真正实现社会效益和经济效益统一。

(三)创新商业模式

互联网技术的变革引发商业模式和盈利模式的转变,民营书企处在风口浪尖之上,不仅要考虑如何卖书,还要考虑如何提供产品和服务。2015年出现了智慧社区、在线课堂等自费平台,包括豆瓣、知乎纷纷试水付费服务的现象,显示出了互联网免费定律正在被打破,给数字出版带来了新的发展机遇。民营书企应当积极应对新的商业形态和商业模式,跟上移动互联网时代的发展步伐,同时通过多元化、特色化经营,形成高速流畅的出版经营机制,打造更多的精品。

(四)理性对待新技术

随着大数据、人工智能、VR、AR新技术的应用,民营书业已瞄准了这样的风向标,尝试利用新技术驱动市场和产品。不过在增加技术含量的同时,也要理性对待新技术。比如2015年风行的VR技术,在2016年就出现一些公司产业链断裂、破产倒闭的现象,有些技术看上去很美,但是市场还不能够真正形成。比如在少儿领域,手机、电脑、iPad的课件很多,但是这些课件真正落地还需要家长的同意,而很多家长为了保护儿童视力,防止儿童沉迷网络,禁止儿童长时间使用这样的产品。所以,有些技术和市场,还没有实现完全性的对接。

三、社会层面

行业组织或行业协会是商业社会发展到一定阶段的产物,代表着公共领域的民间力量。民营书业公司应该在其中占有一席之地。中国出版协会作为全国最高级别的行业性群众组织,虽然允许民营出版公司入会,但在组织机构尚未设立民营出版工作委员会,也没有有影响的民营出版公司代表当选为副理事长以上的负责人。中国出版协会等群众性行业组织,应该加大吸收民营出版公司加入该组织的力度,并推选出有影响的民营出版公司负责人担任副理事长以上的职务,以推动和扶持民营出版的发展,并将民营出版公司纳入出版行业自律和职业道德规范的约束范围,更好地规范和引导民营出版业的健康发展。

2004年2月26日,中华全国工商业联合会书业商会成立。该商会是全国工商联领导下的非营利性的书业及相关行业的会员组织,下设书店工作、教育图书、科技图书等10个专业工作委员会。因为该商会涉及的领域已经不仅是出版行业,它可以在全国更广泛的经济范围内为民营图书出版业代言。该商会成立以来得到了政府业务主管部门的大力支持,与港台同行和国外著名的出版机构、大型图书公司以及欧美一些国家的相关行业协会、商会建立了联络关系,并率团参加过法兰克福书展等,为民营图书出版业的发展发挥着其独特作用。这些民营图书出版业自己的行业协会或类似行业协会的组织在为民营图书出版业代言、为民营图书出版业企业争取各种支持与合作、规范民营图书出版业企业日常经营等各方面发挥了重要作用。

关键术语

民营书业公司　经营规模　经营范围　产业融合

问题与思考

1. 试述我国民营书业公司的发展历程。
2. 试述我国民营书业公司的经营优势。
3. 产业融合背景下,我国民营书业公司应该如何发展?

第十二章 我国出版产业治理现代化

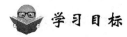

通过本章学习,应了解和掌握以下内容:
1. 出版产业治理现代化的基本概念。
2. 出版产业治理现代化的标准。
3. 出版产业治理现代化的实现路径。

十九大报告指出,全面深化改革的总目标是完善和发展中国特色社会主义制度、推进国家治理体系和治理能力现代化。"国家治理体系是在党领导下管理国家的制度体系,包括经济、政治、文化、社会、生态文明和党的建设等各领域体制机制、法律法规安排,也就是一整套紧密相连、相互协调的国家制度。"出版治理体系及其现代化无疑在国家治理体系现代化中居于重要位置,如何认识、理解以及推进出版治理体系的现代化,已经成为出版深化改革的新任务。

第一节 出版产业治理现代化的概念

一、治理理论

治理理论兴起于 20 世纪 90 年代,是以西方国家政府失效、市场失灵和全球合作共治为背景,以多方参与、政社合作、良性互动、多元共治等为核心观念的理论。世界银行(World Bank)认为,治理是管理一国经济社会的发展资源的权力运作模式。全球治理委员会(Commission on Global Governance)将治理界定为:"各种公共的或私人的个人和机构管理其共同事务的诸多方式的总和,是使相互冲突的或不同的利益得以调和并采取联合行动的持续过程。这既包括有权迫使人们服从的政治制度安排和规则,也包括各种人们同意或以为符合其利益的非正式的制度安排。"作为治理理论的创始人之一,詹姆斯·罗西瑙(James N. Rosenau)认为治理与政府统治不是同义语,它们之间有重大区别。治理指的是一种有共同目标支持的活动,这些管理活动的主体未必是政府,也无须依靠国家的强制力量来实现。治理既包括政府机制,也包括非正式、非政府的机制。治理理论的另一位代表人物罗茨(Rhodes)认为:治理意味着"统治的含义有了变化,意味着一种新的统治过程,意味着有序统治的条件已经不同以前,或是以新的方法来统治社会"。他同时还详细列举了六种关于治理的不同定义：①作为最小国家的治理，它指的是国家削减公共开支，以最小的成本取得最大的效益；②作为公司的治理，它指的是指导、控制和监督企业运行的组织体制；③作为新公共管理的治理，它指的是将市场的激励机制和私人部门的管理手段引入政府的公共服务；④作为善治的治理，它指的是强调效率、法治、责任的公共服务体系；⑤作为社会-控制体系的治理，它指的是政府与民间、公共部门与私人部门之间的合作与互动；⑥作为自组织网络的治理，它指的是建立在信任与互利基础上的社会协调网络。

在国内，治理理论在近年来得到迅速传播，国内学者结合中国公共管理现状对治理理论进行了研究。俞可平认为："治理一词的基本含义是指官方的或民间的公共管理组织在一个既定的范围内运用公共权威维持秩序，满足公众的需要。治理的目的是在各种不同的制度关系中运用权力去引导、控制和规范公民的各种活动，以最大限度地增进公共利益。所以，治理是一种公共管理活动和公共管理过程，它包括必要的公共权威、管理规则、治理机制和治理方式。"申建林(2016)认为与中国传统的统治和管理相比，治理理论的核心在于"公共性"，强调治理的多主体，并且主体之间是一种平等的、相互依赖的关系。

还有一些学者从治理理论在国内的适用性角度对治理理论的国内实践展开了探讨。主张治理理论具有中国适用性的学者更看重该理论的激励、指引和规范作用。如：何增科认为，治理理论本身为我们提供了可资利用的学术资源和理论武器，它作为一种分析框架，对于研究、总结和展示我国改革开放以来政治发展的成就极为有用，改革开放以来中国在政治、经济和社会发展方面取得的一系列举世瞩目的成就，与治理和善治理论所倡导的理念是不谋而合的。郁建兴基于"策略性-关系性"的分析路径，对中国民间组织已经成为"国家体系以外的推动力量"和现行政治-行政体制中公民参与的可能性进行了论证，对治理理论的中国适用性进行了一种理论辩护，研究表明，中国现有的国家-社会关系和政治-行政体制并不必然排斥公民参与，政府、社会与市场的重新组合可能发生并且已经发生了。而质疑论者则更强调治理的实现条件，认为中国社会缺乏实现公共治理的一些必备条件，包括完善的市场经济体制、成熟的多元管理主体以及民主法治等。

从上述关于治理理论的观点中可以看出治理的一些共同特征：①治理理论认为政府并不是国家唯一的权力中心，各种机构(包括社会的、私人的)只要得到公众的认可，就可以成为社会权力的中心。因此，治理意味着来自政府但又不限于政府的社会公共机构和行为者。②治理在强调国家与社会合作的过程中，模糊了公私机构之间的界限和责任，不再坚持国家职能的专属性和排他性，而强调国家与社会组织间的相互依赖关系。③政府与市场，尤其与社会组织和公民的关系从单方强制走向自愿平等的协调合作关系。④政府更加突出其透明性、责任性、回应性及有效性的特征。

二、出版产业治理

近年来，随着人们对治理理论认识的不断加深，研究范围也不断扩大，从全球治理、国家治理、社会治理到科技治理、文化治理、出版治理,使"治理"这一概念被赋予了更丰富的内涵。中国在经历了政治治理、经济治理之后,正在走向文化治理。我国的文化治理经历了从文化统治到文化管理再到文化治理的发展过程。文化管理是国家通过建立一系列规章制度对人、社会和国家文化行为的规范化,对象是文化行为及其整个生态系统,主体是政府;文化治理是国家通过采取一系列政策措施和制度安排,利用和借助文化的功能用以克服与解决国家发展中问题的工具化,对象是政治、经济、社会和文化,主体是政党、政府和社会,政党和政府发挥主导作用,社会参与共治。文化治理是指遵循文化自身规律,主动配置文化资源与文化权力,以实现文化发展繁荣,促进文化在社会发展进程中发挥最大功能的一种治理模式。文化治理作为一种"软"治理,既是文化内在规定性的逻辑表现,又是文化外在实践的逻辑反映。文化治理既体现为基于文化的治理,又体现为对文化的治理。上述两种文化治理观点,前者体现的是基于文化的治理,即将文化引入治理以解决国家发展中的问题,后者强调的是对文化的治理,即将治理引入文化以提升文化治理能力现代化。

学术界对出版产业治理虽然没有一个明确的定义,但是从文化治理的内涵可以引申出来。在我国,中国共产党作为执政党,是推进出版治理体系现代化的中坚力量。执政党在出版治理体系中承担"元治理"主体角色,发挥"总揽全局、协调各方"的作用。出版治理即是在中国共产党的领导下,通过多元主体积极参与出版管理,形成平等互利、协商共治的合作关系,在相互依存的环境中分享公共权力,按照科学、民主和法治的原则共同管理出版业发展过程中的公共事务,实现资源的合理流动与优化配置及公共利益的最大化。

三、出版产业治理现代化

有学者认为"推进国家治理体系和治理能力现代化",这是自20世纪五六十年代提出四个现代化之后,党和政府所提出的第五个现代化,具有重大的理论意义。那么何为治理的现代化?胡鞍钢认为国家治理现代化就是国家治理制度和治理能力的现代化,即治理制度和治理能力作为现代政治要素,不断地、连续地发生由低级到高级的突破性变革的过程。一是国家治理体系更加完备、更加成熟、更加定型,这包括一整套政治的、经济的、社会的、文化的、生态环境的治理体系;二是在这一治理体系下,治理能力的运用能够更加有效、更加透明、更加公平,这包括各种政治的、经济的、社会的、文化的、生态环境的、科技的、信息的现代化手段。这两者相辅相成,构成一个有机整体。

国家治理现代化的最终目标是实现公共利益的最大化与治理效能的最优化。前者指的是,国家治理要以满足人民群众日益增长的美好生活需要为价值旨归,追求社会总效益的最大化;后者指的是,国家治理在追求社会总效益最大化的同时,要注重质量与效率,追求在单位资源投入的基础上,最大化、最优化地实现社会总效益的最大产出。这与"善治"所强调的内容不谋而合。

善治(good governance)是从治理理论中发展而来的。善治是多元合作治理形式的最高要求。善治的根本要求是一种社会分化和协作,它要求政府、市场、社会三者寻求公开、透明的合作关系,明确它们在公共产品供给上的权责关系。它是多个治理中心合作的理想状态,希望各个中心尤其是政府能够自觉地分配公共资源,划分权责关系,逐渐淡化主体之间的竞争关系而更多依赖合作关系。最早是世界银行(1996)针对发展中国家提出了善治。为了改进对第三世界的援助成效,提高受援国家的还贷能力,联合国、国际货币基金组织和世界银行等组织将善治作为评估有关国家现状的主要标准,要求那些治理不善的国家引入自由市场经济、消除贸易壁垒、进行相应的社会改革。世界银行和联合国等有关国际组织将善治的标准归纳为8个方面:参与(participation)、法治(rule of law)、透明(transparency)、回应性(responsiveness)、共识导向(consensus oriented)、公平和包容(equity and inclusiveness)、有效性和高效(effectiveness and efficiency)、责任性(accountability)。俞可平认为根据我国的实际情况应再加上稳定(stability)和廉洁(cleanness)2个要素。由此而构成的善治理论作为一种比较理想的政府管理模式设计,理应成为我国政府改革和国家治理的参照。

出版治理体系是指规范出版多元治理主体的权力与行为和维护出版产业秩序以实现出版繁荣发展的一系列制度和程序。而出版治理体系的现代化则指的是将这一系列的制度体系从传统的管制模式转变为现代的治理模式的过程。

第二节 我国出版产业治理现代化的标准

在学者们研究的基础上,结合出版的具体属性和发展情况及"善治"的基本理论,我国出版治理现代化的标准体现在以下几点:

一、推进依法治理

法治是人类文明的重要成果,是治理的内在要求和基本准则。法治的本质是崇尚宪法和法律在国家政治、经济和社会生活中的权威,彻底否定人治,确立法大于人、法高于权的原则,使社会主义民主制度和法律不受个人意志的影响。即不管是国家治理还是文化治理,都应该依照法律这种公共权威,这种普遍、稳定、明确的社会规范,而不是依照个人意志、主张进行治理。依法治理是出版治理的基本要求,推进出版治理法治化就是指出版治理应依照宪法和出版法律法规进行治理,如果没有健全的法制体系,没有建立在法律法规之上的运行秩序,就没有出版治理的现代化。出版治理应以体现出版产业发展规律的现行的法律法规为基准,严格行使各项权力,并制定各类规章制度,在实践中探索科学治理之道。

二、注重文化安全

社会契约论认为,保障公民的安全权是国家建立的初衷,同时也是国家最基本的职能。就当今社会而言,安全议题的重要性达到了一个前所未有的高度。从个人到国家,从传统领域到非传统领域,从生存到发展,安全概念的泛化,要求治理主体不但具备灵活构建多层次、全方位安全体系的能力,还要与时俱进地具备满足民众对安全需求的能力。文化作为一个民族、一个国家全部智慧与文明的集中体现,是维系一个国家的精神纽带,因此,保障文化安全成为治理现代化的重要指标之一。所谓文化安全,就是我们特有的民族文化和所愿意选择的中国特色的社会主义文化,不会因为外来的冲击而动摇其文化根基,或者说在外来的冲击面前能够保持自己的生存与发展,增强生机与活力。出版是文化的重要组成部分,在保护文化安全方面肩负着重大责任。在当前和未来的出版工作中,构筑文化安全体系,成为出版工作面临的新形势和要考虑的新问题。出版物作为人们主要的精神产品,影响和塑造了民族精神,体现了国家和民族的世界观与价值观,因此,出版产业安全涉及民族精神、文化认同、世界观与价值观、语言的纯洁性、文物保护等。

三、强调产业效能

效能主要指办事的效率和工作的能力,效能是衡量工作结果的尺度,效率、效益是衡量效能的依据。我国出版产业存在资源配置效率低下等问题。一方面,出版业审批运营过程中,政府严格控制出版社的审批管理,严格限制出版业的行业准入,无形中形成了某种垄断,导致了出版企业经营效率低下。如一些具有出版权的单位借助行政审批获得高额垄断利润,阻碍社会同类资源的合理配置,无法有效地发挥市场对资源配置。另一方面,政府主导的单一主体阻碍了全国统一出版市场的形成。强调产业效能即强调产业治理的有效性,善治理论中提出有效性的标准要求,认为良好的治理就是管理机构和管理流程能够在充分利用资源的同时产生符合社会需求的成果。它有两方面的基本意义:一是管理机构设置合理,能够科学地设计管理程序,促进出版活动有序运行;二是充分利用社会资源,能够最大限度地降低管理成本。可以说在出版治理过程中,能否有效改善出版产业发展中存在的问题并促进产业快速健康的发展,是衡量出版治理现代化程度的重要标尺。

四、追求公平正义

公平正义是中国特色社会主义的内在要求。公平正义是衡量一个国家或社会文明发展的标准,也是国家治理能力现代化的重要体现。现代意义上的公平指的是一种合理的社会状态,它包括社会成员之间在参与经济、政治和文化活动中的权利公平、机会公平、过程公平和结果公平。公平正义是现代社会追求的理想和目标,构建公平正义的社会环境,一方面,需要国家司法部门来守护社会公平正义。由于现代社会职业分工日趋细致,国家治理体系中主要是通过司法部门来保障社会的公平正义。另一方面,也需要提高公民在文化、法制、道德方面的素质,使人们有渴求公平正义的意识、参与公平正义的能力和依法追求公平正义的行为。公平正义在文化治理中体现在各类微观文化主体能够平等、独立、自主地开展文化创造活动和从事文化服务。实现文化治理的核心就是促进社会广泛参与和文化服务社会化,强调文化行政管理部门、公共部门以及文化社会组织的多向度相互影响,围绕社会文化事务协商互动、平等参与。

五、坚持以人为本

以人为本,就是一切从人出发、以人为中心,就是以实现人的全面发展为目标,从人民群众的根本利益出发谋发展、促发展,不断满足人民群众日益增长的物质文化需要,切实保障人民群众的经济、政治和文化权益,让发展的成果惠及全体人民。以人为本凝聚了中国社会的高度共识,是法治和治理理论本土化、政策化的体现。公民参与是国家治理合法性的主要来源,也是国家治理能力现代化的重要特征。

第三节 我国出版产业治理现代化面临的挑战

出版治理体系的现代化对于深化出版体制改革、促进出版产业健康繁荣发展都具有重大的意义。但目前实施出版治理现代化仍然面临诸多困境,治理适用环境的不成熟、多元主体治理观念的缺失、制度体系设计的残缺都对出版治理现代化的实现形成了种种挑战。

一、出版治理实施条件的挑战

治理理论最初出现的背景是西方国家在管理上出现了政府失效、市场失灵以及全球化带来的冲击。治理理论作为引入了除政府、市场以外第三方管理主体的一种新模式,在当时的西方国家得到了迅速的发展。但国内一些学者对这一理论在中国的适用性存在质疑,认为这一理论的发展是基于西方国家完善的市场经济体制以及成熟的多元管理主体等因素,有学者指出"治理离不开两个前提:一是成熟的多元管理主体的存在以及他们之间的伙伴关系;二是民主、协作和妥协精神"。综合考虑这些观点,目前出版治理体系中还存在两方面问题:从市场发展来看,目前,我国出版单位的转制已基本完成,但是,我国的出版企业仍属不同的政府或行业组织,享有特殊的保护政策,出版市场在某种程度上仍然是个垄断市场,主要依靠政府行为来推动,无法形成统一、规范的出版市场。出版产业治理不同于过去的计划管理,它不仅依赖于政府的政策,而且必须依赖于完备的市场体系,以及必要的法律和制度安排。然而,由于相关制度规则的不健全,加之法治基础本身也十分薄弱,过去一段时期,一些地方不仅忽视制度的建立与完善,而且人为破坏制度规则的现象也时有发生。这扭曲了出版市场配置资源的功能,破坏了市场秩序。

从社会组织发展来看,一方面,我国社会组织发展起步较晚,仍面临规模和数量较少、专业化程度较低等问题,其广泛参与出版产业治理的能力和范围还相对有限;另一方面,目前我国已成立的社会组织大多具有半官方性质,其普遍具有的特征之一就是缺乏独立性,这些组织基本都与政府有着一定的依附性和顺从性,甚至依靠政府而生存,以至于存在严重的行政化倾向。正是由于以上存在的问题导致出版产业的政府-市场-社会的治理结构失衡,而如何发展和培育良好的市场环境和成熟的社会组织是出版治理体系现代化需要解决的根本问题。

二、出版治理多元观念的挑战

从文化统治到文化管理再到文化治理,政府这一角色在其中不断地发生着变化,在传统统治阶段和文化管理阶段政府一直是作为管理的唯一主体,而在文化治理阶段,多元主体治理模式的出现,突破了原有将政府看作唯一主体的传统观点。但就目前的产业发展情况而言,政府、社会组织和公民不论是主体治理意识还是合作共治的能力都尚未达到治理现代化应有的状态。

从政府角度来看,政府主体及其工作人员的传统管制思想、意识与观念的根深蒂固,使得政府的管理理念依然停留在作为一元治理主体的角色中,其思想观念和行为方式没有实现根本性的转变,并导致了其他各治理主体的认知、态度和行为方式依然停留在政府一元管制模式状态,各治理主体之间尚未形成真正的合作共治的状态。

从社会组织和公民角度来看,随着我国改革开放的不断深入,社会主义市场经济高速发展,社会活力得到了极大的释放,企业、社会组织、相关利益团体以及公民利益诉求意识越来越强,参与到国家、社会、文化治理的积极性也越来越高,多元的价值观、文化观广泛而普遍存在,难以形成共识。而出版产业是具有政治、文化和精神导向的产业,其提供的产品与服务应该是能体现社会主义核心价值观,能向社会传播正能量的出版物和出版活动的集合。在这一背景下,多元出版治理主体价值观的多样化与出版产业意识形态对社会的导向化之间就存在一定的矛盾。特别是在互联网和数字出版发展迅速的条件下,如何赋予网络自发群体和个体网民治理的权利和义务,如何使得这一系列相关群体和个人合理地参与到出版治理当中,实现出版治理多元主体结构的完善,仍需要不断在实践中探索和改进。

三、出版治理体制转变的挑战

文化体制由各类文化机构体系和文化规范体系所构成。传统的政府体制的作用主要体现在:政府和文化规范相结合、相统一,政府通过建立市场规则,完善市场秩序,建设各类市场活动主体公平竞争的环境;提供公共安全、发展教育、传承文化、鼓励创新等公共物品;保障社会公平,建立社会保障体系;实施宏观调控,调整产业结构;等等。而治理则是通过政府、市场与社会的相互协调,促进资源的有效配置,并推动社会经济的持续、全面、均衡发展。可以说传统体制中政府包办一切,而治理带来了体制上的转变,即政府作为主体之一为文化建设营造良好的发展环境,各类文化机构参与共治、协调互动。

我国的文化体制改革创新相对落后,虽然我国出版业转企改制已经基本完成,但传统计划经济体制下政府的管理观念和管理模式仍然存在,政府过于宽泛的职责造成管办不分、政企不分、政事不分、职能交叉等问题依然存在。同时,长期以来出版单位在这种政府体制下形成了一定的依赖性,出版主体缺乏改革的动力,这抑制了以市场配置资源为主的发展模式,阻碍了统一开放竞争有序的市场环境的形成,导致以建立现代企业制度为目标的改革道路依然漫长,出版业的改革创新仍需深化。

出版治理体系现代化是出版业改革创新的首要任务和目标,要完善出版管理体制,转变政府职能,建立健全市场准入和退出机制,加强出版市场秩序管理,加大版权保护力度。然而现状是出版产业改革虽然取得了阶段性的成绩,但是到目前为止,在出版单位普遍转为企业的情况下,出版行业的市场化程度仍然不够高,计划经济体制下的政府职能还存在一定的影响;出版产业格局领域分割、区域分割、同质化现象严重,出版物结构单一、利润导向明显;数字出版市场盗版、非法出版现象仍屡禁不止。

第四节 我国出版产业治理现代化的实现路径

一、确立出版业在文化强国建设中的地位

文化发展可以依托许多载体,出版是最重要、最基础的载体之一,文化的积累、储存和传播依赖于出版。出版强则文化强,由文化大国向文化强国迈进,出版起着核心作用。一方面,"衡量一个时代的文艺成就最终要看作品。推动文艺繁荣发展,最根本的是要创作生产出无愧于我们这个伟大民族、伟大时代的优秀作品"。这就要求出版业要注重出精品,不光重规模,还要重质量,创造传播中国精神、中国思想、中国方案的出版物,让这些能够吸引、引导、启迪人们的好的作品,推动中华文化走出去。另一方面,我国出版产业集团经过二十年的发展,虽然出现了包括中南出版传媒集团、凤凰出版传媒集团、浙江出版联合集团、中国出版集团等集团在内的世界排名前二十强企业,有 16 家出版集团资产总额超过 100 亿元,然而与发达国家相比,我国出版产业市场集中度依然很低,因此有必要根据内容生产线的要求进行结构调整和资源重新配置,实行产品细化和专业化生产,最大限度地进行内容资源创新,降低成本,提升品牌的影响力,从而提高生产能力和企业核心竞争力,扩大市场占有率。

二、建全完善的出版市场体系,构建多元共治的治理机制

出版治理不同于过去的计划管理,它不仅仅依赖于政府的政策,而且必须依赖于完备的市场体系以及必要的法律和制度安排。自 20 世纪 90 年代末期开始,我国出版业进入了以集团化、股份制、转制试点整体推进为重点的全面深化改革阶段,出版业市场化改革力度空前。然而,各出版社完成了转企改制之后,改革的推动力量明显减弱,致使统一的出版市场体系难以形成。加强出版市场建设与管理,构建统一开放、竞争有序、健康繁荣的现代出版市场体系,从本质上来说就是要调整政府与市场的关系,改革政府当前的行政审批制度,破除不必要的行政垄断与行政干预,从直接干预出版企业向提供公共管理服务转变,从行政性管制向法治化规制转变;改革市场准入制度,给予民营出版机构的平等出版权利和市场公平竞争机会,激发出版

市场的无限活力,加强出版企业的退出机制,实行书号登记制,使得国有和民营出版机构能够平等地参与市场竞争,实现出版业的优胜劣汰。另外,还应割断政府与企业之间的利益纽带,打破地区或部门行政垄断,通过出版企业的股权多元化改制,从根本上解决出版业整合的体制障碍,促使生产要素合理流动,使市场在出版资源配置中起决定性作用。

三、推动出版行业组织的发展

构建出版治理体系,要求公共机构、企业、公民及各类社会组织不能因为身份和地位差别,被排除在出版治理主体之外。从国际范围来看,随着公共文化建设和服务的范围从精英文化逐渐扩展至大众文化,文化形态由传统精英文化扩展至各种消费型文化,政府在文化领域的主导角色逐渐退减,由直接管理、提供服务,向监督管理、引导资助等角色转型,若仅仅依靠政府则已经难以支撑公众的广泛文化服务需求,对于出版来说,更是如此。"加快实施政社分开,推进社会组织明确职责、依法自治、发挥作用。适合由社会组织提供的公共服务和解决的事项,交由社会组织承担。"因此,当前一个最紧迫的任务就是要推动我国各类出版社会组织的改革和转型,明确组织的使命定位、组织的运行模式和组织的治理结构,从而能够与政府组织、企业组织等建构起"平等伙伴关系",积极培育社会组织管理出版行业的能力,尤其要大力促进行业协会独立发挥作用,建立起行业自我管理、自我约束、利益协调、有序竞争、共同发展的自律性规则,使各出版企业以这些规则来约束自己的出版行为,真正发挥行业协会在规范行业竞争行为、维护行业整体形象和整体利益方面的作用,使得各方力量在整合中实现出版共建、共享、共管、共治的态势格局。

四、提高出版开放发展水平,推动文化走出去

市场化发展的深入,推动了出版业经营模式的根本转变,由主要面向国内的事业单位经营模式转型为面向国际、国内的开放型经营模式。在国家治理现代化下,出版业要积极促进全国出版市场的统一,打破出版业所有制壁垒,推动不同类型所有制出版单位相互间的交流与合作,共促出版业大发展。此外,还要积极促进出版业与其他行业间的合作,实现出版集团的"五跨"式发展——跨媒体、跨地区、跨行业、跨所有制、跨国界合作,将出版业"引进来"与"走出去"的举措相结合实施,推动出版业参与国际交流与合作,在国际出版市场中占有一席之地。出版业开放式治理就是构建一个开放化的治理运行结构,使得治理既促进国内出版业发展,又顺应国际出版业的开放大势。只有强调治理过程的开放有序才能实现出版业国际化发展趋势,促进出版产业的国际交流与融合。在出版业开放式治理过程中,要不断完善开放治理的体制,提高开放治理能力,规范开放治理的秩序,扩大开放治理的外延,提高出版受众对开放治理的参与度,中国出版业才能沿着市场化、国际化、集团化的改革方向奋勇前行,与国际业界共同发展。

关键术语

治理　出版产业治理　出版产业治理现代化

 问题与思考

1. 如何理解出版产业治理现代化?
2. 什么是出版产业治理现代化的标准?
3. 试述推进出版产业治理现代化的路径。

参考文献

[1] 罗紫初.出版发行学基础[M].太原:山西经济出版社,2000.
[2] 师曾志.现代出版学[M].北京:北京大学出版社,2006.
[3] 陈昕.中国图书出版产业增长方式转变研究[M].桂林:广西师范大学出版社,2008.
[4] 周蔚华.出版产业研究[M].北京:中国人民大学出版社,2005.
[5] 张志强.现代出版学[M].苏州:苏州大学出版社,2003.
[6] 余敏.中国民营书业发展研究报告[M].北京:中国书籍出版社,2006.
[7] 李金慧,王丹丹.出版产业经营与管理研究[M].北京:知识产权出版社,2015.
[8] 张天定.编辑出版学[M].开封:河南大学出版社,2003.
[9] 魏玉山.出版改革开放40年回顾与总结[J].编辑学刊,2018(3).
[10] 魏玉山.2016中国民营书业发展报告[J].出版参考,2017(5):10-13.
[11] 魏玉山.出版业:加快供给侧结构改革,满足不断升级的读者需求[J].编辑学刊,2016(3):6-9.
[12] 陈昕.中国出版业的转型与发展[J].印刷杂志,2015(1):9-11.
[13] 阙道隆.迎接出版科学的春天[J].出版发行研究,1986(2):16-18.
[14] 魏玉山.我国新闻出版经济政策30年[J].出版发行研究,2008(9):10-16.
[15] 巢峰.出版物的特殊性:出版经济学绪论[J].中国出版,1984(1):31-43.
[16] 柳斌杰.中国出版业的重构与展望[J].中国出版,2009(5):7-11.
[17] 周蔚华.中国图书出版产业的垄断分析[J].现代出版,2002(4):13-15.
[18] 王关义.中国出版业发展:现状趋势与变革[J].科技与出版,2010(1):53-57.
[19] 魏玉山.关于我国新闻出版业发展战略的思考[J].出版发行研究,2010(5):5-7.
[20] 王金龙.美国出版业的发展特征与历史启示[J].编辑之友,2012(8):126-128.
[21] 郑建涛,卜彦芳.解读英国出版业的"达·芬奇密码"[J].编辑之友,2010(1):67-69.
[22] 孙洪军.日本出版产业的特点与发展经验[J].中国出版,2007(7):57-60.
[23] 张世海.论德国的出版强国之路[J].出版科学,2015,23(6):93-97.
[24] 沈剑虹.德国专家谈德国书业现状[J].出版发行研究,2003(4):80-80.
[25] 王蒴骏.出版社社会效益评估体系探析:以上海市为例[J].出版发行研究,2015,(11):10-13.
[26] 周蔚华.出版物的价值和效益评价辨析:兼评"两个效益"重大命题[J].中国人民大学学报,2009,23(4):142-147.
[27] 周正兵.文化领域的"社会效益"概念及其应用[J].中国出版,2017(19):21-25.

[28] 罗贵权.把社会效益放在出版产业的首位[J].人民论坛,2008(9):18-19.

[29] 沈燕燕.原创力是出版的活力源泉[J].科技与出版,2017(8):109-112.

[30] 贺小桐,刘雨萌.融合发展背景下出版企业人力资源管理的创新对策研究[J].出版科学,2017,25(5):5-8.

[31] 沈挺.人力资本是出版企业发展的源动力:基于译林出版社人力资源管理实践的思考[J].出版广角,2017(16):16-18.

[32] 李凯声.简析出版企业人力资源管理方案设计[J].出版发行研究,2016(12):85-87.

[33] 范军,肖璐.出版融合背景下传统出版企业人才队伍建设的困境与对策[J].中国出版,2016(23):19-23.

[34] 刘绍佳.出版行业人力资源管理中存在的问题及解决方案[J].人力资源管理,2015(10):37.

[35] 王金蕊.后改制时期出版企业人力资源结构优化研究[J].出版广角,2015(9):34-35.

[36] 杜恒波,李东升.出版企业员工组织认同提升路径刍议[J].出版发行研究,2015(4):22-24.

[37] 方丰.出版行业人力资源竞争力提升途径及策略[J].传媒,2014(2):69-71.

[38] 徐向荣.基于价值链的出版企业人力资源管理探微[J].办公室业务,2013(20):36-37.

[39] 刘结玲.出版企业文化与人力资源管理适应性研究[J].出版广角,2013(13):74-75.

[40] 张星.出版行业人力资源管理存在的问题与对策[J].科技与出版,2012(2):24-27.

[41] 丁鹏.出版企业人力资本管理探析[J].科技与出版,2010(12):20-23.

[42] 杨伦增.出版业人力资源管理的研究[J].福建农林大学学报(哲学社会科学版),2005(4):94-96.

[43] 王志成.简谈出版企业的人力资源管理[J].出版发行研究,2003(4):26-27.

[44] 李永强.转企改制后出版企业财务管理的发展趋势[J].出版发行研究,2011(9):64-66.

[45] 王红英.新形态下的出版企业财务管理与创新[J].科技与出版,2012(8):22-25.

[46] 刘再智.出版企业财务管理创新[J].出版科学,2002(3):44-44.

[47] 孙正浩.出版企业财务风险管理探究[J].出版发行研究,2017(8):27-30.

[48] 雷霆.出版企业财务管理目标的确定[J].出版科学,2002(4):61-62.

[49] 路英勇,秦艳华,兰美娜."互联网+"时代的出版营销创新[J].科技与出版,2017(9):4-8.

[50] 王一鸣.近五年我国新媒体出版营销研究综述[J].出版发行研究,2015(8):36-40.

[51] 张美娟,张琪,曹子郁,柏雯.移动互联时代的出版营销新模式[J].现代出版,2015(6):37-39.

[52] 孙玉玲.大数据时代数字出版产业的发展趋势[J].出版发行研究,2013(4):5-8.

[53] 陈昕.中国出版业集团化建设的由来、现状与趋势[J].中国文化产业评论,2005(1):

257-265.

[54] 刘灿姣,黄立雄.论数字出版产业链的整合[J].中国出版,2009(1):44-47.

[55] 郝振省,等.2011年出版传媒集团创新发展的八大主题[J].出版发行研究,2012(1):5-9.

[56] 出版传媒集团发展研究课题组,庞沁文,刘火雄.出版传媒集团发展十大趋势[J].出版发行研究,2014(5):13-17.

[57] 欧美出版传媒集团研究课题组,魏玉山,姜晓娟.欧美重点出版传媒集团发展研究[J].出版发行研究,2014(9):10-15.

[58] 曾庆宾.中国出版产业发展研究[D].广州:暨南大学,2003.

[59] 周艳敏.我国数字出版产业政策法规回顾与展望[J].中国出版,2013(21):44-47.

[60] 王冰.我国上市出版企业可持续发展能力之比较[J].中国出版,2011(19):44-46.

[61] 曾少雄.论促进我国新闻出版上市企业发展的三大政策[J].中国编辑,2012(6):14-26.

[62] 陈昕.中国出版业集团化建设的探索与实践[J].编辑之友,2008(6):16-21.